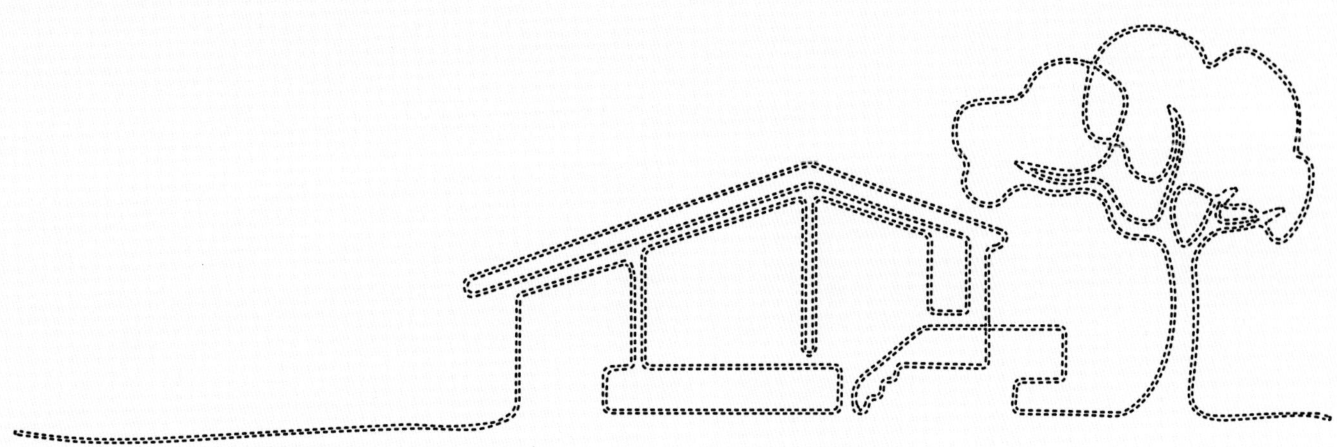

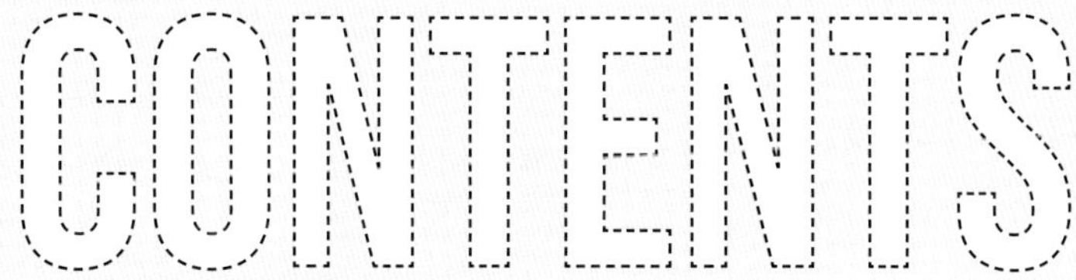

補助、減税、融資など

注目の住宅関連支援策

活用ガイド

国や自治体の補助制度をはじめ、減税制度、さらには融資など、住宅関連の支援策はますます拡充される傾向にある。最近では新築だけでなく、リフォーム関連の支援策も相次いでいる。注目の住宅関連支援策の概要などを紹介していく。

子育て世帯などを対象に100万円を給付

子育てエコホーム支援事業は、子育て世帯と若者夫婦世帯を対象として、新規で住宅を取得する際に最大100万円の補助を行うもの。

ここで言う子育て世帯とは、申請時点で2005年4月2日以降に出生した子どもを有する世帯（ただし、2024年3月31日までに建築着工するものについては、2004年4月2日以降）。

若者夫婦世帯とは、申請時点で夫婦であり、いずれかが1983年4月2日以降に生まれた世帯（2024年3月31日までに建築着工するものについては、1982年4月2日以降）。

補助の対象になるのは、長期優良住宅とZEH住宅。長期優良住宅であれば100万円、ZEH住宅であれば80万円の補助が受けられる。なお、ZEH住宅については、外皮基準をクリアすることが条件で、太陽光発電を搭載することは求めていない。

子育てエコホーム支援事業の補助を受けるには、遅くとも2024年12月31日までに交付申請を行う必要がある。ただし、2024年12月31日よりも前に予算上限に達した場合、その時点で交付申請の申込みが終了となる。

子育てエコホーム支援事業（新築）で対象となる住宅

次の要件のうち、①②のいずれか、かつ③～⑦を満たす住宅が対象になる。

選択要件

①証明書等により、長期優良住宅に該当することが確認できる

> 長期優良住宅とは…
> 長期にわたり良好な状態で使用するための措置が講じられている住宅で、所管行政庁（都道府県、市町村等）にて認定を受けたもの

②証明書等により、ZEH 住宅に該当することが確認できる

> ZEH 住宅とは…
> 強化外皮基準に適合し、再生可能エネルギー等を除き、基準一次エネルギー消費量から20% 以上の一次エネルギー消費量が削減される性能を有するもの

＋

必須要件

③所有者（建築主）自らが居住する
④住戸の床面積が 50㎡以上 240㎡以下である
⑤土砂災害防止法に基づく、土砂災害特別警戒区域又は災害危険区域（急傾斜地崩壊危険区域又は地すべり防止区域と重複する区域に限る）に原則立地しないもの
⑥都市再生特別措置法第 88 条第 5 項の規定により、当該住宅に係る届出をした者が同条第 3 項の規定による勧告に従わなかった旨の公表がされていないもの
⑦交付申請時、一定以上の出来高の工事完了が確認できる

子育てエコホーム支援事業（新築）の補助額

対象住宅	補助額
長期優良住宅	100 万円 / 戸
ZEH 住宅	80 万円 / 戸

INFORMATION　子育てエコホーム支援事業のウェブサイト：https://kosodate-ecohome.mlit.go.jp/

省エネリフォームに最大200万円以上の補助

国土交通省、経済産業省、環境省の3省では、住宅の省エネ化を促進するために「住宅省エネ2024キャンペーン」というものを実施している。

前ページで紹介した子育てエコホームのほか、先進的窓リノベ2024事業、給湯省エネ2024事業、賃貸集合給湯省エネ2024事業という4つの事業で構成するもので、主に省エネ関連のリフォームに対して、手厚い支援を講じている。

子育てエコホーム支援事業では―

①開口部の断熱改修
②外壁、屋根・天井または床の断熱改修
③エコ住宅設備の設置

―という3つのリフォーム工事を対象に補助を実施。また、これらの工事と同時に実施する―

④子育て対応改修
⑤防災向上改修
⑥バリアフリー改修
⑦空気清浄機能・換気機能付きエアコンの設置
⑧リフォーム瑕疵保険への加入

―といった省エネに関連する以外の工事なども補助の対象になっている。

補助の上限は1戸当たり20万円だが、長期優良住宅の認定（増築・改築）を受ける場合は30万円が上限になる。それ以外にも要件によって補助額の上限が変わる仕組みになっている。

先進的窓リノベ2024事業では、1戸当たり200万円を上限として、断熱性能などに優れた高性能窓に変更する工事に補助を行う。

なお、子育てエコホームと、先進的窓リノベ2024事業などの「住宅省エネ2024キャンペーン」の補助制度は、いずれも組み合わせて利用することができ、最大200万円以上の補助を利用することも可能だ。

子育てエコホーム支援事業（リフォーム）の補助額

世帯の属性	既存住宅購入・長期優良住宅の有無	1戸あたりの上限補助額
子育て世帯又は若者夫婦世帯	既存住宅を購入※1※2しリフォームを行う場合※3	60万円
	長期優良住宅の認定（増築・改築）を受ける場合※4	45万円
	上記以外のリフォームを行う場合※4	30万円
その他の世帯※5	長期優良住宅の認定（増築・改築）を受ける場合	30万円
	上記以外のリフォームを行う場合	20万円

※1 売買契約額が100万円（税込）以上であることとする。
※2 令和5年11月2日（令和5年度経済対策閣議決定日）以降に売買契約を締結したものに限る。
※3 自ら居住することを目的に購入する住宅について、売買契約締結から3ヶ月以内にリフォームの請負契約を締結する場合に限る。
※4 自ら居住する住宅でリフォーム工事を行う場合に限る。
※5 法人、管理組合を含む。

省エネリフォームなどの補助制度

	工事内容		補助対象	補助額
省エネ改修	1）高断熱窓の設置　先進的窓リノベ2024事業		高性能の断熱窓	上限200万円/戸
省エネ改修	2）給湯器	高効率給湯器の設置　給湯省エネ2024事業	高効率給湯器 (a) ヒートポンプ給湯機（エコキュート） (b) ハイブリッド給湯機 (c) 家庭用燃料電池（エネファーム） * 一定の性能を満たすものが対象 * 給湯器の設置に合わせた撤去工事に対する定額補助あり	(a) 最大13万円/台 (b) 最大15万円/台 (c) 最大20万円/台
省エネ改修	2）給湯器	既存賃貸集合住宅におけるエコジョーズ等取替　賃貸集合給湯省エネ2024事業	エコジョーズ/エコフィール * * 一定の性能を満たすものが対象 * 従来型からの取替に限る * 原則1棟当たり2台以上の取替に限る	追い焚き機能なし：5万円/台 追い焚き機能あり：7万円/台
省エネ改修	3）開口部・躯体等の省エネ改修工事　子育てエコホーム支援事業		開口部・躯体等の一定の断熱改修、エコ住宅設備（節湯水栓、高断熱浴槽等）の設置	上限20万円/戸～60万円/戸
その他のリフォーム工事 （1）～3）のいずれかの工事を行った場合に限る）			住宅の子育て対応修、バリアフリー改修、空気清浄機能・換気機能付きエアコン設置工事等	

INFORMATION　住宅省エネ2024キャンペーンのウェブサイト：https://jutaku-shoene2024.mlit.go.jp/

より高性能なZEHなら補助額は125万円

環境省と経済産業省が実施する2024年度のZEH補助金のうち、戸建住宅については1戸当たり55万円の補助を行う。

ZEH水準以上の省エネ性能を備えた上で、自家消費拡大を促す設備などを採用したZEH+は、1戸当たり100万円の補助を行う。ZEH+には、省エネ基準から25%以上の一次エネルギー消費量を削減するだけでなく―

①外皮性能のさらなる強化
②高度エネルギーマネジメント
③電気自動車（PHV車を含む）を活用した自家消費の拡大措置のための充電設備または充放電設備

―という設備のうち、2つ以上を導入することが求められる。

ZEH+のうち、断熱等性能等級6以上の外皮性能を有し、かつ設計一次エネルギー消費量（再生可能エネルギー等を除く）が基準一次エネルギー消費量から30%以上削減した住宅（ハイグレード仕様）については、最大25万円を追加で補助する。

さらに、ZEH、ZEH+ともに蓄電システムや直交集成板（CLT）、地中熱ヒートポンプシステム、PVTシステム、液体集熱式太陽熱利用システムなどを導入した場合の追加補助もある。

ZEH 補助（戸建住宅）の概要

	ZEH	ZEH +
対象となる住宅	・ZEH ・Nearly ZEH （寒冷地、低日射地域、多雪地域に限る） ・ZEH Oriented （都市部狭小地等の二階建以上及び多雪地域に限る）	・ZEH + ・Nearly ZEH + （寒冷地、低日射地域、多雪地域に限る）
交付要件の主なポイント	①戸建住宅における『ZEH』の定義を満たしていること ②（一社）環境共創イニシアチブに登録されているZEHビルダー／プランナーが関与（建築、設計又は販売）する住宅であること	①戸建住宅における『ZEH』の定義を満たし、かつ、以下のⅠとⅡを満たすこと Ⅰ．さらなる省エネルギーの実現 （省エネ基準から25%以上の一次エネルギー消費量削減） Ⅱ．以下の再生可能エネルギーの自家消費拡大措置のうち２つ以上を導入すること ❶外皮性能の更なる強化 ❷高度エネルギーマネジメント ❸電気自動車（PHV 車をむ）を活用した自家消費の拡大措置のための充電設備又は充放電設備 ②（一社）環境共創イニシアチブに登録されているZEHビルダー／プランナーが関与（建築、設計又は販売）する住宅であること
補助額	55万円／戸 先着方式 一般公募及び新規取組公募に分けて実施する	100万円／戸 先着方式 一般公募及び新規取組公募に分けて実施する

ZEH +の追加補助額及び選択要件

ZEHの種別	補助金	ZEH +の選択要件	ハイグレード仕様補助金
ZEH +	定額：100万円／戸	❶外皮性能のさらなる強化 + ❷高度エネルギーマネジメント + ❸電気自動車を活用した自家消費の拡大措置	25万円／戸 加算後： 定額 125万円／戸
		❶外皮性能のさらなる強化 + ❷高度エネルギーマネジメント	10万円／戸 加算後： 定額 110万円／戸
		❶外皮性能のさらなる強化 + ❸電気自動車を活用した自家消費の拡大措置	

ハイグレード仕様：断熱等性能等級６以上の外皮性能を有し、かつ設計一次エネルギー消費量（再生可能エネルギー等を除く）が基準一次エネルギー消費量から30%以上削減した住宅

ZEH と ZEH +における追加設備等による加算

追加補助対象設備	追加補助額
蓄電システム	上限 20万円
直交集成板（CLT）	定額 90万円
地中熱ヒートポンプ・システム	定額 90万円
PVT システム	65万円、80万円、90万円 （注）方式、パネル面積により異なる
液体集熱式太陽熱利用システム	12万円、15万円 （注）パネル面積により異なる

INFORMATION　ZEH 補助金のウェブサイト：https://zehweb.jp/

13年間にわたりローン残高の0・7%を控除

住宅ローン減税は、最長13年間にわたり、年末のローン残高の0・7%を所得税から控除するもの。例えば、年末のローン残高が3000万円であった場合、その0・7%である21万が所得税から控除される。

また、所得税から控除しきれない金額を住民税から控除する制度もある。

2024年については、最大借入限度額が5000万円から4500万円に引下げられる予定であったが、夫婦いずれかが40歳未満、もしくは19歳未満の扶養家族を有する個人を対象として、最大借入限度額5000万円が継続されることになった。

従来通り認定長期優良住宅と認定低炭素住宅の借入限度額が5000万円で、ZEH水準省エネ住宅は4500万円、省エネ基準適合住宅は4000万円。

若者夫婦、子育て世帯以外の世帯の借入限度額は、認定長期優良住宅と認定低炭素住宅が4500万円、ZEH水準省エネ住宅が3500万円、省エネ基準適合住宅が3000万円となっている。

なお、いずれの世帯も、その他の住宅は原則として控除対象外となるので注意が必要だ。

また、ローン減税が適用になる新築住宅の床面積要件を50㎡以上から40㎡以上に緩和する措置も継続された。

現時点では2024年の1年間に限った措置となっているが、政府・与党では借入限度額及び床面積要件の緩和措置について、2025年も同様の方向で検討を進める方針を打ち出している。

住宅ローン減税の概要（新築住宅・買取再販）

		入居年	2023(令和5)年	2024(令和6)年
借入限度額	新築住宅・買取再販	長期優良住宅・低炭素住宅	5,000万円	子育て世帯・若者夫婦世帯 ※1：5,000万円 その他の世帯：4,500万円
		ZEH水準省エネ住宅	4,500万円	子育て世帯・若者夫婦世帯 ※1：4,500万円 その他の世帯：3,500万円
		省エネ基準適合住宅	4,000万円	子育て世帯・若者夫婦世帯 ※1：4,000万円 その他の世帯：3,000万円
		その他の住宅 ※2	3,000万円	0円 (2023(令和5)年までに新築の建築確認：2,000万円)
控除期間		新築住宅・買取再販	13年(「その他の住宅」は2024年以降の入居の場合、10年)	
控除率			0.7%	
所得要件			2,000万円	
床面積要件			50㎡(2024年までに建築確認を受けた新築住宅:40㎡　所得要件:1,000万円)	

※1 「19歳未満の子を有する世帯」又は「夫婦のいずれかが40歳未満の世帯」
※2 省エネ基準に満たない買取再販住宅は、借入限度額2,000万円、控除期間10年として適用
なお、既存住宅は2024年も現行制度が継続

INFORMATION
国土交通省の住宅ローン減税に関するウェブサイト：
https://www.mlit.go.jp/jutakukentiku/house/jutakukentiku_house_tk2_000017.html

贈与税の非課税措置など まだまだある減税制度

住宅を取得する際に適用になる減税制度は、住宅ローン減税だけではない。

例えば住宅取得等資金に係る贈与税の非課税措置がある。この制度は、父母や祖父母などの直系尊属から贈与を受けた場合、贈与税が非課税になるものだ。

良質な住宅で1000万円、その他の住宅であれば500万円が非課税となる。

ここで言う良質な住宅（新築住宅）とは―

①断熱等性能等級5以上（結露の発生を防止する対策に関する基準を除く。）かつ一次エネルギー消費量等級6以上

②耐震等級2以上又は免震建築物

③高齢者等配慮対策等級3以上

―という3つの要件のうち、いずれかを満たすもの。

その他にも、ローンを使わずに住宅を新たに取得した際に適用を受けることができる「認定住宅等の新築等をした場合の所得税額の特別控除」というものもある。

この特別控除制度は、ローンを使わずに認定長期優良住宅や認定低炭素住宅、さらにはZEH水準の省エネ性能を有する住宅を新たに取得する際に、65万円を上限として性能強化費用相当額（かかりまし費用）の10％を控除するものだ。

その他にも、住宅を新築した場合、固定資産税額を3年間（マンションの場合は5年間）、2分の1に減額する「新築住宅に係る固定資産税の減額措置」や、住宅の買換え・譲渡に伴い譲渡損失が生じた場合、損失分に応じて最大4年間にわたり所得から控除する「居住用財産の買換え等に係る特例措置」など、様々な減税制度がある。

住宅関連の主な減税制度は下表の通りだが、補助制度だけでなく、こうした減税制度も見逃せない。

住宅関連の主な減税制度

特例措置	概要	税目
住宅ローン減税	年末の住宅ローン残高の 0.7%を所得税から控除する制度。最長 13 年間にわたり控除する。控除しきれない分を住民税から控除する制度もあり。	所得税 個人住民税
住宅取得等資金に係る贈与税の非課税措置	住宅の取得等のための贈与について、500 万円（質の高い住宅の場合は 1,000 万円）まで非課税となる。	贈与税 相続税
認定住宅等の新築等をした場合の所得税額の特別控除	ローンを使わずに認定住宅等を新築した場合に、標準的なかかりまし費用の 10%（最大 65 万円）を所得税から控除する。	所得税
新築住宅に係る固定資産税の減額措置	住宅を新築した場合、税額を3年間（マンションの場合は5年間） 2分の1に減額する。	固定資産税
居住用財産の買換え等に係る特例措置	住宅の買換え・譲渡に伴い譲渡損失が生じた場合、損失分に応じて最大4年間にわたり所得から控除する。	所得税 個人住民税
住宅用家屋に係る所有権の保存登記等に係る特例措置	住宅用家屋に係る登録免許税率について、以下のとおり軽減する。 ①所有権の保存登記：本則 0.4% → 0.15% ②所有権の移転登記：本則 2.0% → 0.3% ③住宅取得資金の貸付け等に係る抵当権の設定登記：本則 0.4% → 0.1%	登録免許税
買取再販で扱われる住宅の取得に係る特例措置	買取再販事業者により一定のリフォームが行われた既存住宅を取得する場合、家屋の所有権移転登記の税率を 0.1%に軽減。（一般住宅：0.3%）	登録免許税
認定長期優良住宅・認定低炭素住宅に係る特例措置	認定長期優良住宅と認定低炭素住宅について、一般住宅に係る特例を下記のとおり拡充する（認定低炭素住宅は登録免許税のみ）。 ・登録免許税（所有権保存登記）：一般住宅 0.15% → 0.1% 等 ・不動産取得税：課税標準から 1,300 万円控除（一般住宅特例 1,200 万円） ・固定資産税：新築住宅特例（1/2 減額）の適用期間を延長（戸建て5年、マンション7年）	登録免許税 不動産取得税 固定資産税
住宅の取得に係る不動産取得税の税率の特例措置	住宅の取得に係る不動産取得税率について、本則4% のものを3%に軽減。	不動産取得税

国土交通省資料より作成

INFORMATION

国土交通省の税制改正に関する資料：
https://www.mlit.go.jp/jutakukentiku/house/content/001720286.pdf

リフォームでも減税 新たに子育て対応リフォームも対象に

リフォーム工事に関する減税制度もある。

耐震・バリアフリー・省エネ・三世代同居・長期優良住宅化リフォームを対象として、所得税からの控除を行う。

この税制は2023年末で期限切れになる予定であったが、2年間延長された。

加えて、2024年の1年間に限り、対象工事に子育て世帯などが行う子育てに対応した住宅リフォームが追加された。

対象となる世帯は、19歳未満の扶養家族を有する世帯、または夫婦のいずれかが40歳未満の世帯。

対象工事は―

①住宅内における子どもの事故を防止するための工事

②対面式キッチンへの交換工事

③開口部の防犯性を高める工事

④収納設備を増設する工事

⑤開口部・界壁・界床の防音性を高める工事

⑥間取り変更工事（一定のものに限る）

―という6つのリフォーム工事になっている。

最大控除額は25万円で、一部のメニューについては、所得税だけでなく、固定資産税を減額する制度もある。

所得税（リフォーム促進税制）

一定のリフォームを行った場合、対象工事限度額の範囲内で標準的な費用相当額の10%を所得税額から控除。
（対象工事限度額超過分及びその他リフォームについても、一定の範囲で5%の税額控除が可能。）

対象工事		対象工事限度額	最大控除額（対象工事）
耐震		250万円	25万円
バリアフリー		200万円	20万円
省エネ		250万円（350万円）※1	25万円（35万円）※1
三世代同居		250万円	25万円
長期優良住宅化	耐震＋省エネ＋耐久性向上※2	500万円（600万円）※1	50万円（60万円）※1
	耐震 or 省エネ＋耐久性向上※2	250万円（350万円）※1	25万円（35万円）※1
子育て		250万円	25万円

※1　カッコ内の金額は、太陽光発電設備を設置する場合
※2　耐久性向上工事：劣化対策工事、維持管理・更新の容易性を確保する工事

固定資産税（リフォーム促進税制）

一定のリフォームを行った場合、固定資産税の一定割合を減額。

※4 特に重要な避難路として自治体が指定する道路の沿道にある住宅の耐震改修は2年間1/2減額
（長期優良住宅化リフォームの場合は1年目2/3減額、2年目1/2減額）

対象工事	減額割合	減額期間
耐震	1/2	1年※4
バリアフリー	1/3	1年
省エネ	1/3	1年
長期優良住宅化	2/3	1年※4

INFORMATION
国土交通省の住宅リフォーム減税に関するウェブサイト：
https://www.mlit.go.jp/jutakukentiku/house/jutakukentiku_house_tk4_000251.html

【フラット35】

安心の全期間固定型ローン 住宅性能や子どもの人数に応じて金利を優遇

【フラット35】は、(独)住宅金融支援機構が民間金融機関と連携して提供している全期間固定型の住宅ローン。

この【フラット35】には、一定の要件を満たすことで金利を引き下げる制度が用意されている。

例えば、ZEHの要件を満たしていれば3ポイント、長期優良住宅なら1ポイントといった具合に、住宅の性能などに応じてポイントを獲得できる仕組みになっている。獲得したポイントに応じて優遇金利の内容が決定する。

1ポイントであれば、当初5年間の金利を0・25%引き下げる。最大は6ポイント以上で、当初5年間の金利を1・0%、6〜10年目の金利を0・5%引き下げる。

新たに【フラット35】子育てプラスもスタートしている。

これは、子どもの人数に応じて獲得するポイントが変わるもの。若者夫婦世帯、または子どもが1人いる場合、1ポイントになる。それ以降、子どもの数だけポイントを獲得できるというわけだ。

(独)住宅金融支援機構が一定の要件で試算した結果によると、子ども1人なら【フラット35】より総返済額が約40万円も少なくなる。同様に、子ども2人なら約80万円、子ども3人なら約120万円も返済総額を軽減できるという。

【フラット35】のポイント数毎の優遇金利の概要

ポイント数	優遇金利の概要
1ポイント	当初5年間の金利を0.25%引き下げ
2ポイント	当初5年間の金利を0.50% 引き下げ
3ポイント	当初5年間の金利を0.75%引き下げ
4ポイント	当初5年間の金利を1.00%引き下げ
5ポイント	当初5年間の金利を1.00%、6〜10年目の金利を0.25%引き下げ
6ポイント以上	当初5年間の金利を1.00%、6〜10年目の金利を0.50%引き下げ

【フラット35】子育てプラスの返済額シミュレーション

【試算例】借入額3,000万円(融資率9割以下)、借入期間35年、元利均等返済、ボーナス返済なし、借入金利1.80%の場合

	【フラット35】	【フラット35】子育てプラス(こども1人)	【フラット35】子育てプラス(こども2人)	【フラット35】子育てプラス(こども3人)
借入金利	全期間 年1.80%	・当初5年間 年1.55% ・6年目以降 年1.80%	・当初5年間 年1.30% ・6年目以降 年1.80%	・当初5年間 年1.05% ・6年目以降 年1.80%
毎月の返済額	全期間 96,327円	・当初5年間 92,591円 ・6年目以降 95,835円	・当初5年間 88,944円 ・6年目以降 95,330円	・当初5年間 85,386円 ・6年目以降 94,811円
総返済額	40,457,296円	40,056,060円	39,655,280円	39,255,206円

こども1人なら【フラット35】より総返済額が 約40万円 お得!
こども2人なら【フラット35】より総返済額が 約80万円 お得!
こども3人なら【フラット35】より総返済額が 約120万円 お得!

(独)住宅金融支援機構資料より

INFORMATION 【フラット35】のウェブサイト:https://www.flat35.com/

独自の補助制度を実施する自治体も

国だけでなく、自治体でも住宅関連の補助制度を独自に展開している。

例えば東京都では、「東京ゼロエミ住宅」助成事業を実施している。独自に水準1～3までの性能基準を設け、それぞれの要求性能をクリアした住宅に補助を行っている。

戸建住宅の補助額は、水準1が30万円、水準2が50万円、水準3が210万円となっている。太陽光発電や蓄電池などに対する追加補助も行う。なお、水準3の要求性能レベルは、国の省エネ基準よりも40％の一次エネルギーを削減するものになっている。

2024年10月1日からは、現行の水準をA～Cの新たな基準に変更する。あわせて補助額も変更になる。最も高いレベルとなる水準Aの補助額が240万円になる。水準Aでは、国の省エネ基準よりも40％以上の一次エネルギー量を削減することを求めている。

加えて、太陽光発電の設置も要件化する。

鳥取県でも先進的な補助制度を行っている。独自に「とっとり健康省エネ住宅性能基準」を制定し、T・G1、T・G2、T・G3という3つのレベルに分けた基準を設けている。最高レベルのT・G3では、国の基準よりも70％以上の冷暖房費削減率を求めており、1戸当たり100万円の補助を行っている。

他の自治体でも様々な新築やリフォームに関連する補助制度を行っているが、(一財）住宅リフォーム推進協議会では、自治体のリフォーム関連の支援策を検索できるサイトを公開している。

「東京ゼロエミ住宅」助成事業の基準（戸建住宅）と補助額

現行基準	水準1	水準2	水準3
断熱性能（U_A 値）	0.70 以下	0.60 以下	0.46 以下
BEIZE（木造） ＊BEIとは異なり、一次エネルギー消費量の計算において太陽光発電設備の設置は不算入	0.70 以下	0.65 以下	0.60 以下
補助額	30 万円 / 戸	50 万円 / 戸	210 万円 / 戸

新基準（2024 年 10 月1日~）	水準 C	水準 B	水準 A
断熱性能（U_A 値）	0.60 以下	0.46 以下	0.35 以下
BEIZE（木造） ＊BEIとは異なり、一次エネルギー消費量の計算において太陽光発電設備の設置は不算入	0.70 以下	0.60 以下	0.55 以下
補助額	40 万円 / 戸	160 万円 / 戸	240 万円 / 戸

INFORMATION

「東京ゼロエミ住宅」のウェブサイト：
https://www.kankyo.metro.tokyo.lg.jp/climate/home/tokyo_zeroemission_house

「とっとり健康省エネ住宅性能基準」と補助額

区分	とっとり健康省エネ住宅性能基準		
	T-G1	T-G2	T-G3
基準の説明	冷暖房費を抑えるために必要な最低限レベル	経済的で快適に生活できる推奨レベル	優れた快適性を有する最高レベル
断熱性能 UA 値	0.48	0.34	0.23
気密性能 C 値	1	1	1
冷暖房費削減率（国の省エネ基準との比較）	約 30% 削減	約 50% 削減	約 70% 削減
補助額（ZEH 未取得の場合）	60 万円（10 万円）	80 万円（30 万円）	100 万円（50 万円）

INFORMATION

「とっとり健康省エネ住宅」のウェブサイト：
https://www.pref.tottori.lg.jp/308452.htm

INFORMATION

（一財）住宅リフォーム推進協議会の
「地方公共団体における住宅リフォームに係わる支援制度検索サイト」
https://www.j-reform.com/reform-support/

人々が、笑顔で安心して暮らせる社会をつくるために。

伊藤忠建材は日本初の建材専門商社として
1961 年の創業以来、人の生活に寄り添いながら
人が息づく場に新たな豊かさと新たな価値を提供してきました。

これからも人々が笑顔で安心して暮らせる豊かな社会を実現するため、
わたしたちは「住生活」の最前線で、さまざまな社会課題の解決に取り組み
サステナブルな循環を実現していきます。

PURPOSE

私たちのパーパス

実りある豊かな未来への
架け橋となる

伊藤忠建材は、
地球の恵みと人の幸せを誰よりも大切に想う企業として、
サステナブルな循環を実現する架け橋となり、
人々が笑顔で安心して暮らせる社会をつくり、
未来の期待にこたえます。

SIMPLE
MODERN
SERIES

アイジーフェア

IG FAIR 2024

金属サイディングの無限の可能性

6.4 2024 Tue
10:00→17:00
札幌会場

7.26 2024 Fri
10:00→17:00
東京会場

事前登録
入場

カツデン

カツデンのシースルー階段が選ばれる5つの理由

ノックダウン式のシースルー階段のリーディングカンパニーであるカツデン。
同社のシースルー階段は、発売以来、先進的な住宅事業者から高い評価を得ている。
なぜ、カツデンのシースルー階段が選ばれるのか。その秘密に迫った。

選ばれる理由 1
シースルー階段を採用しやすくいち早くノックダウン式を実現

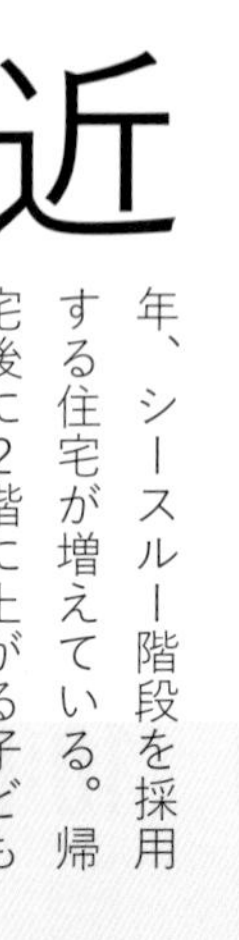

近年、シースルー階段を採用する住宅が増えている。帰宅後に2階に上がる子どもの気配を感じられるように、リビングに階段を設ける間取りが人気を集めるなかで、階段を別空間として切り取らず、ひとつの空間とすることで広く見えるシースルー階段が採用されるケースが目立っているのだ。

また、住宅の断熱性、気密性の向上などによって、吹き抜けを設けても温熱環境が悪化しなくなったことを受けて、吹き抜けの解放感を効果的に見せるシースルー階段が選ばれることも増えているという。

ただし、シースルー階段の採用を難しくしている問題もあった。鉄製のシースルー階段の多くが工場で組み立てたものを現場に搬入して据え付けるタイプになっており、施工のためにクレーン車などの重機が必要になる。加えて、屋根ができる前に据え付け工事を行う必要があり、施工に手間とコストがかかるという問題があったのだ。

こうした問題を解消したのが、ノックダウン式シースルー階段のリーディングカンパニーであるカツデンだ。

同社では、2002年に先駆けてノックダウン式のシースルー階段を発売している。現場で組み立ててから取り付けるノックダウン式のため、重機は必要なく、施工期間も大幅に短縮できる。

これまでのスチール製のシースルー階段とは一線を画す商品を市場に投入したことで、シースルー階段の採用に二の足を踏んでいた住宅事業者に新たな選択肢をもたらしたのだ。

選ばれる理由 2

階段のことは〝まるごとお任せ〟 作図から施工まで一括対応

カツデンでは、住宅の意匠図を提供されると、最適なシースルー階段を提案するといったサービスも提供している。さらに階段の作図から施工までを一貫して行う。豊富な実績を持つ同社だからこそ、安全・安心かつ意匠性にも配慮したシースルー階段を提案できるという。

また、これまでの施工実績の写真だけでなく、ハウスメーカーのモデルハウスでも数多くの採用実績があり、それぞれの案件ごとに完成後のイメージを見える化できるという点も同社の強みである。

階段の勾配角度を変えながら、使用時の使い勝手などをシミュレーションできる設備なども用意しており、建物が完成した後の不満を回避する提案も可能だ。

施工を請け負う体制も用意している。

施工を請け負う体制を構築しているほか（上）、階段の勾配角度を変えながらシミュレーションを行える機器も用意している（下）

全国規模でシースルー階段の施工に慣れた専門工事業者をネットワーク化しており、「当社がお願いしている施工業者の方であれば、ストレート階段なら半日で施工を完了させることも可能」（藤田匠 取締役営業本部長）だという。

深刻な人手不足に直面する住宅業界にとっては、「階段のことをまるごと任せられる」というのは魅力的だろう。

選ばれる理由 3

既製品とフルオーダーの良いトコどり セミオーダー式で多様なニーズに対応

同社では、主力商品である「ＯｂｊｅＡ（オブジェア）」をはじめとして、階段だけで10ブランドもの商品ラインナップを用意している。

一般的な直階段や片持ち階段、さらには螺旋階段などを取り揃えているほか、段板の幅や材質、手すり形状など多様なオプションも設定している。

先述したように、住宅の意匠図から最適な階段形状を提案するといった取り組みも実施しており、それぞれの住宅に合わせたシースルー階段をセミオーダー式で提供している。この点も同社が選ばれる理由のひとつになっている。

階段を構成するパーツについては、ある程度まで既製品化を進める一方で、それらを組み合わせた完成品については、フルオーダーと変わらない柔軟性を実現しているのだ。

選ばれる理由 4

インテリアデザインの価値を高める意匠性 細部にまでこだわったノイズレスデザイン

カツデンのシースルー階段の大きな特徴が、細部にまでこだわった意匠性だ。

最小限のパーツで堅牢性を実現できるというスチール製の階段の特徴を最大限に生かし、可能な限りノイズを排除したデザインを具現化している。

発売以来、ノイズを排除するための改良を重ねており、例えば段板を支える金具を改良し、現在では薄くて存在感が少ないものを採用している。金具などを取り付けるボルトやナットにもこだわり、ヘックスローブ化粧ボルト・ナットを採用している。強度の確保と意匠性を両立するもので、ボルトの頭の部分をフラットで薄くし、塗装が剥がれ難い星型のリセス（ドライバーなどの差し込む部分）を採用している。

従来のスチール製の階段の場合、接合部に「ビード」と呼ばれる溶接跡が

残ってしまっていた。美しさにこだわる同社では、できるだけ見え難い部分に溶接を施し、職人による研磨作業によって、強度を維持しながらも、可能な限り「ビード」が見えないように仕上げている。

見える部分だけでなく、見えない部分の美しさにも徹底的にこだわっており、社内の技能検定などを通じて、研磨作業を行う職人の育成にも取り組んでいる。また、社内の加工機などの製作も行っており、顧客ニーズを汲み取りながら、製造方法からデザインノイズを減らすための方策を検討しているという。

「シースルー階段はリビング空間に設置されることが多く、他のリビング建材と同じように、高い水準でのデザイン性が求められます。それだけに、デザインを邪魔するノイズを極限まで無くしていくことが重要になるのです」(藤田取締役)。

オンライン階段発注サービスもスタート

カツデンでは、オンライン階段発注サービスをスタートさせている。オンライン上で同社の階段を発注できるサービスだ。品質は変えることなく、仕様を限定し、仕様確定までの工程もシンプルにすることで、一部の商品に限り定価の半額以下で提供することを可能にしている。

詳しくは
https://kdat.jp/ec/

強度と意匠性を両立するヘックスローブ化粧ボルト・ナット

溶接跡を研磨し、より美しい仕上がりに

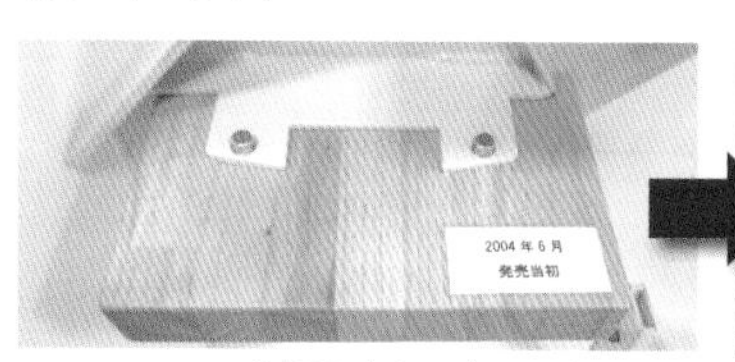

段板を支える金具。左のものから右のものへと改良を行った

藤田 取締役営業本部長（左）と
小椋 開発部長（右）

選ばれる理由 5

厳しいチェック体制が生み出す安心品質 工場での仮組み検査も実施

カツデンでは、2008年に品質マネジメントの国際規格であるISO9001の認証を取得している。この規格に基づき、シースルー階段についても、製品の性能試験から製造スタッフの力量検査まで、品質向上に向けた厳しいチェック体制を構築している。

また、スチールを切断する最新鋭のレーザー加工機などを導入した最先端の生産設備と、前出の研磨作業などを行う職人の技を融合した生産システムによって、高いレベルでの安心品質を実現。

さらに、「工場で全てのパーツを一度組み立ててから、施工性や精度などをチェックした後に現場に納めています。そのため、部品の不足や組み立て後に『上手く納めることができない』といった事態を回避できます」(小椋俊明 技術本部商品開発部長)という。

同社のスタッフが現場を訪れ実際の寸法や納まりなどを確認した上で、階段の製造を行うため、急な設計変更などに柔軟に対応することも可能だ。

同社が実施した顧客満足度アンケート調査によると、「当社製品の信頼性の評価をお願いします」という質問に対して、2022年度、2023年度ともに71%の回答者が「心配ない」、29%が「ほとんど心配ない」と回答している。

このアンケート結果からも、細部にまでこだわった同社のシースルー階段が高い評価を得ていることがわかる。

全ての階段について仮組み検査を実施

社内の技能検定なども行いながら職人の技を磨いている

カツデン株式会社
03-5812-2295
https://kdat.jp/

ムラコシ精工

阪神・淡路大震災の教訓が生んだ耐震ラッチ

モノづくりの神髄で暮らしを安全・安心に—

1995年1月17日、5時46分。マグニチュード7・3の巨大地震が人々の暮らしを一変させた。阪神・淡路大震災は、わが国が地震大国であるという事実をまざまざと見せつけ、多くの被害をもたらした。この大地震を契機として、日本の地震対策に対する考えは大きく変わったと言っていいだろう。多くの被害を生んだ大地震を教訓とするために、様々な耐震技術の開発も進んだ。

ムラコシ精工の「耐震ラッチ」もまた、阪神・淡路大震災を契機として生まれた製品である。

EPISODE 01

耐震ラッチを開発

巨大地震の惨劇を繰り返さないために

ムラコシ精工は、1918年の創業以来、ネジを主力とした金属加工で事業を拡大し、1967年には木工用ジョイント「鬼目ナット」を世の中に送り出している。「鬼目ナット」は、組立家具の木材を接合するために開発されたもの。木ネジでは家具を分解して、再び組み立てることが困難だが、「鬼目ナット」を使えば繰り返し組み立て・分解が行える。この「鬼目ナット」があったからこそ、ノックダウン式の家具が実現できたと言っても過言ではないだろう。

その後も同社は成長を続け、現在では住宅内装用機能金具と自動車関連部品という2つの事業を中心に事業を展開している。そして1995年、主力商品のひとつとなる耐震ラッチを世に送り出した。

耐震ラッチの開発のきっかけとなったのは、阪神・淡路大震災。当時の社長であった村越政雄会長は、阪神・淡路大震災の惨劇を目の当たりにし、即座に耐震ラッチの開発を指示したという。

阪神・淡路大震災では、激しい揺れで食器棚から食器などが飛び出し、割れてしまったために、避難が遅れた事例もあった。もし、揺れ

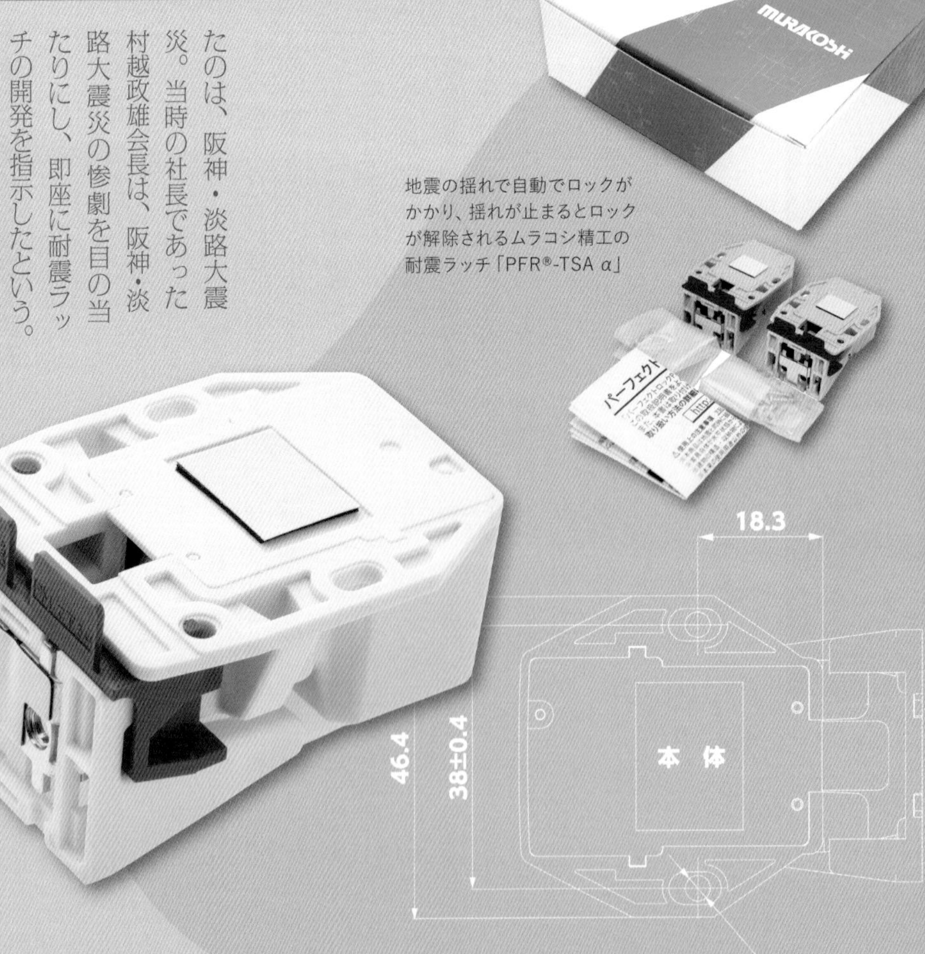

地震の揺れで自動でロックがかかり、揺れが止まるとロックが解除されるムラコシ精工の耐震ラッチ「PFR®-TSA α」

を感知し、自動で扉がロックされれば、こうした事態を防げる―。こうした考えから、耐震ラッチの開発がスタートする。

開発を担当したのは、95年に入社したばかりの新入社員。現在は住インテリア事業部で開発部長を務める菊地健さんが、新入社員ながら開発を担うことになる。

ムラコシ精工では、社歴が浅い社員に開発を担当させることは珍しくないという。菊地さんは、先輩などの意見も聞きながら、開発を進め、1年足らずで製品化に成功することになる。

EPISODE 02

感知式への挑戦
自動車のシートベルトをヒントに独自構造を構築

初めに発表した耐震ラッチは、扉を閉めた状態で常にロックされているもので、扉を開ける際に、取っ手をひくことで、ロックが解除される構造であった。

ムラコシ精工が耐震ラッチを発売してしばらくすると、感知式と呼ばれるタイプが他社から発売されるようになった。

ラッチ内部にある鉄球が地震などの揺れで動き出し、ロックを行うためのスイッチが入るというものだ。

開発を担当した住インテリア事業部開発部 菊地健部長

感知式が知られるようになる中で、同社住インテリア事業部の営業部門は、あるキッチンメーカーの開発担当者の話を聞くことになる。その担当者は自社のシステムキッチンへの感知式の導入を検討していたが、ロックを解除する作業を問題視していたという。

鉄球を使ったセンサーの場合、ロックがかかってしまうと、鉄球を元の位置に戻すために扉を叩くといった作業が必要になる。キッチンメーカーにとっては、高価な商品を購入してもらったユーザーに「扉を叩いて下さい」とはなかなか言えない。

それなら自動でロックを解除できないか―。同社はそう考えた。そして、再び菊地さんの出番となる。

揺れを感知し、自動でロックがかかり、なおかつ揺れが止まったら自動でロックが解除される。この一連の動作を電気などを使用することなく実現し

山梨一宮第一工場の３次元加振試験機。実験を繰り返しながら、より高性能・高品質の製品づくりを行っている

ようというわけだ。

菊地さんは同僚や先輩にも相談し、この難題に取り組むためのヒントを探した。そして辿り着いたのが、自動車のシートベルト。

シートベルトは、急激な力が加わるとロックがかかり、自動でロックが解除される。まさに耐震ラッチに求められる機能を備えている。そう考えた菊地さんは、自動車工場に行き、廃車になった自動車のシートベルト部分の構造を研究し始めた。

EPISODE 03

独自のセンサー構造の開発

2つのセンサーでより繊細な動作を可能に

自動車のシートベルトを参考にした結果、菊地さんが辿り着いたのが円すい型のコマのような形状のセンサー。このセンサーは、起き上がり小法師のように、力が加わると揺れ始め、力の加わりが止むと自然と動きを止めていく。

このセンサーを活用すれば、地震の揺れが発生するとロックがかかり、揺れが止むと自動でロックが解除される構造を実現できるはず──。

しかし、課題も浮上してきた。円すい型のセンサーだけでは敏感過ぎることが分かってきたのだ。円すい型のセンサーは揺れの発生だけでなく、揺れが止まったことも敏感に感知する。そのため、いち早く揺れを感知し、食器などが飛び出してくる前にロックをかけることができるが、揺れが完全に止まる前にロックを解除してしまう懸念もある。

そこで、別のタイプのセンサーを加えることを思いつく。揺れを感知する能力は円すい型のセンサーよりも鈍いが、揺れが完全に止まったことを感知しないとロックが解除されない。

2つのセンサーを採用したことで、より繊細な動作が可能になったのだ。

加えて、食器やグラスなどが扉に寄り掛かった状態では、ロックが解除されない機能も有している。これによって、ロックが解除され、扉を開けた瞬間に食器などが飛び出てくることを防止できる。

2002年、2つのセンサーを活用した耐震ラッチが発売された。今ではハウスメーカーや建材・設備メーカー、家具メーカーなどから高い評価を獲得しており、人知れず住生活の安全と安心を確保する役割を果たし続けている。

耐震ラッチのメカニズム

通常の状態（振動なし）

■ 扉閉じ状態

扉を完全に閉めるとこの状態になる。通常の状態では扉の開閉に伴い、ラッチが上下する。また、ラッチ受けは、正しく作動するよう、自己調整する。

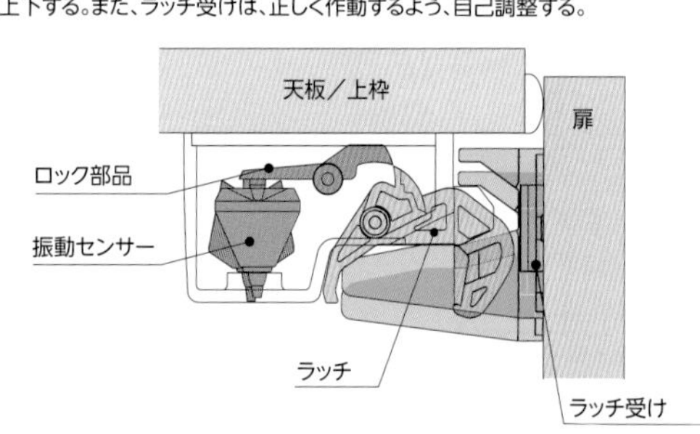

■ 扉開き状態

ロック部品がラッチに嵌合していないため、ラッチの先端が上昇している。下図は扉が開いている状態であり、扉が閉じる前の待機状態。

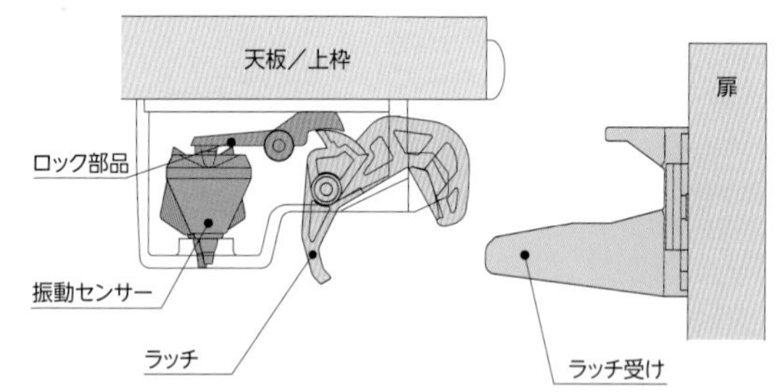

地震発生時（振動あり）

■ 扉閉じ状態

振動により振動センサーが揺動することにより、ロック部品が回転しラッチにロックを掛け、扉が開かなくなる。振動が止むと解除操作を行うことなく振動センサーが元の位置に戻り、扉開閉が通常通り行える。

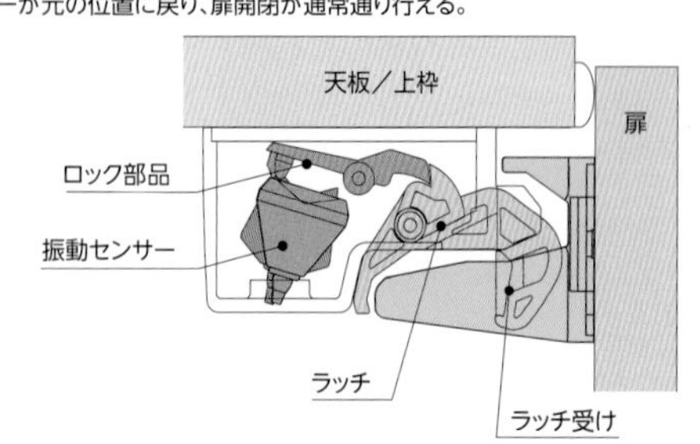

■ 扉開き状態

大きな振動の場合、扉に収納物等が寄りかかったままの状態が発生する。この状態ではロック部品とラッチがロックされているので収納物は落下しない。この場合でも、若干開いている扉を押すことによりロックを解除することができる。

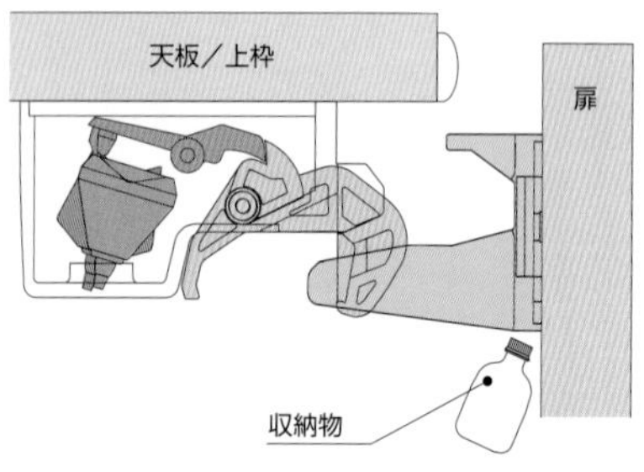

EPISODE 04

3次元加振試験機の導入
実験を繰り返し、より高性能なロック機構を実現

2つのセンサーを用いた構造によって、自動ロック解除を可能にした同社だが、商品発売後も部品の細やかな形状などを見直しながら、ブラッシュアップを続けている。こうした製品の継続的なブラッシュアップを可能にしているものが、山梨一宮第一工場に導入した3次元加振試験機だ。

自動でロック解除ができる製品の開発を行う中で、試作品を作成してはゼネコンなどの加振試験機を借りながら検証実験を行うという作業を繰り返していた。しかし、加振試験機を借りるには、それなりのコストが必要になる。なにより開発のスピードが遅れてしまうという問題を抱えていた。

自社で加振試験機を導入できればいいが、そのためには数千万円規模の投資が必要になる―。同社に迷いは無かった。すぐに3次元加振試験機を導入することを決めたのだ。同様の製品を製造するメーカーが自前で加振試験機を用意することは他に無く、製品づくりにかける同社の情熱を伺い知ることができるだろう。

工場に加振試験機が導入されたことで開発スピードは飛躍的に上がった。それだけでなく、部品の形状などを見直し、加振試験機で実証試験を行い、その結果を踏まえて再度見直しを行うといった作業も行いやすくなり、耐震ラッチの性能向上につながっていく。

その結果、非常に高い精度で、震度5弱の揺れでロックが確実にかかり、揺れが止まるとロックが解除されるという製品を実現した。

キッチンや建材、家具などの商品に耐震ラッチを取り付け、加振試験機を使って実験を行うことで、建材・設備メーカーに数値的なエビデンスを提示することも可能になった。

品質の確保という点では、グループ会社の株式会社ムラコシ工機が製造した自動組立機によって、完全にオートメーション化された製造工程を構築。製造と同時に品質検査も行うようになっており、出荷される全ての商品が品質検査を合格したものになっている。この点にも同社の製品づくりへのこだわりを垣間見ることができる。

ムラコシ精工では、2005年に「3＋（サンプラス）」という開発コンセプトを打ち出した。「静か（Silent）」、「安全（Safety）」、「なめらか（Smooth）」な金具で、ユーザーの「満足（Satisfaction）」を生み出す―。

「3＋」という言葉には、こうした想いが込められている。

耐震ラッチは、まさにこの開発コンセプトを体現するものであり、静かに、なめらかに、安全に、地震大国の暮らしを見守り続けている。

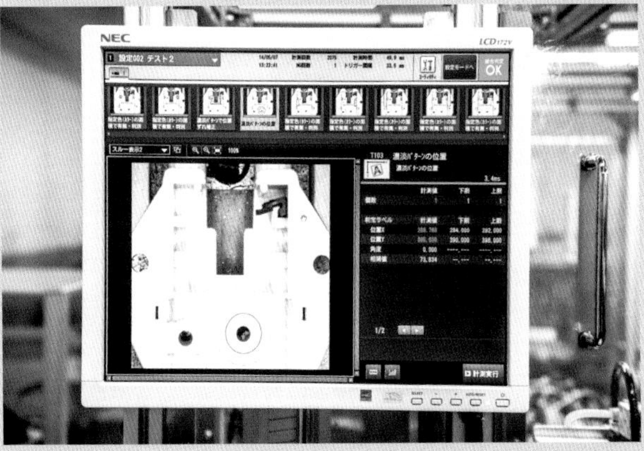

フルオートメーション化された製造工程。製造と同時にロック機構の動作確認や写真による品質検査（写真下）も行っている

MURAKOSHI
株式会社ムラコシ精工
042-384-0330
https://murakoshiseikou.com/

ムラコシ精工

住宅居室向け折り戸金具 FSD-HDC

折り戸と開き扉の良いトコどり

住空間の有効活用に貢献する新発想の室内用折り戸

ムラコシ精工の「FSD－HDC」は、新発想の室内用折り戸を生み出す金具。開き扉に比べて扉の出代が小さく、開閉操作も少ないといった折り戸の特長を活かしつつ、デザイン性や操作性を高めることで、住宅の室内ドアに新しい可能性をもたらす。

折り戸と聞くと、デザインに表裏があり、主に収納や公共施設のほか、バリアフリーなどが求められる場所で使われている印象がある。

その一方で、開閉時に必要となるスペースを開き扉よりも狭くすることができるため、限られたスペースで一定以上の有効開口を確保できるといった特長がある。

折り戸と開き扉の良いトコどりが出来ないか―。こうした発想から生まれたのが「FSD－HDC」だ。

住宅内装用の機能金具の開発・製造・販売など多くの実績を持つムラコシ精工が開発したもので、従来の折り戸とは一線を画す商品になっている。

開閉動作が少ない折り戸の特長を活かすことで、人の行き来が頻繁な部屋の出入り口に向いている扉を実現できるのではないかと考え、開発に着手。

折り戸を機構から見直すことで、スムーズに動作する表裏の無い仕様の折り戸を実現した。そのデザインは住宅の中に溶け込む意匠性を備えている。

回す動作が必要になるレバーハンド

ルをあえて使用せず、両方向から押すだけで開閉できるようにすることで資源や扉加工のエネルギーの削減にも貢献する。

独自のローラー機構により、滑らかな動きとソフトクローズ機構を搭載しており、開閉動作をより簡素化し、だれでも簡単に開閉が可能な扉となっている。バリアフリー、ユニバーサルデザインという観点でも、大きな可能性を秘めている。

今までは開き扉か引き戸の選択しかなかった部位に、新しい選択肢を提供する商品となっている。

特長 01

開閉動作に必要な面積は開き扉の半分
狭小住宅などに最適

開閉に必要になるスペースと動作の無駄を極限まで減らしている。開閉動作に必要な平面積は開き扉の約半分で済む。動作に必要な距離も約30%まで減少しており、例えば都心部の狭小住宅など、省スペース化が求められる住宅に最適な折り戸となっている。
また、扉を全開にするために必要な平面積が開き扉と比較して約半分であるため、空気の流量が減り、住宅エネルギーの効率化にも貢献する。

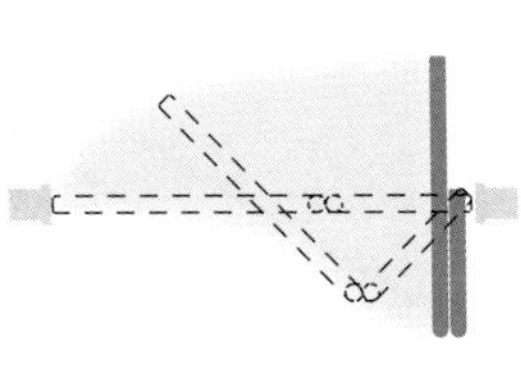

両側折り戸
［FSD-HDC］

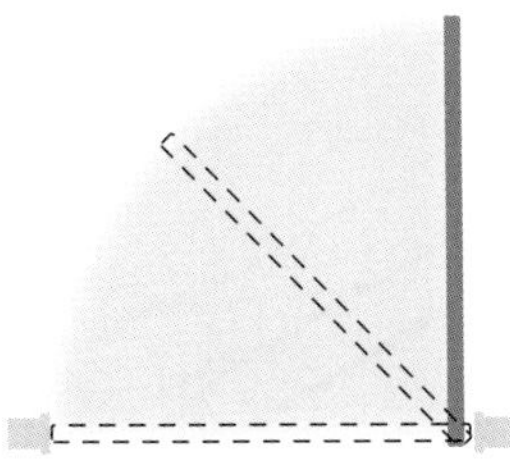

従来開き扉

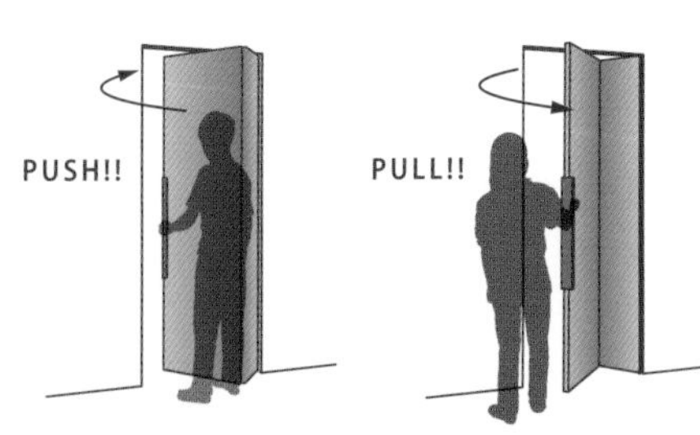

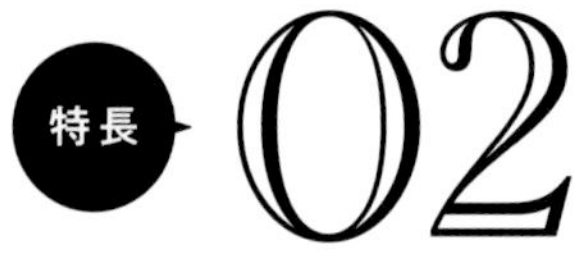

扉のどちら側からも開閉可能 両手がふさがっていても大丈夫

独自ローラーと機構によって、扉のどちらからでも、軽く押すだけで扉を開けることができる。両手がふさがっている状態であっても扉の操作が可能だ。

住宅居室向け折り戸［両側折り戸 FSD-HDC］は 2023 年度にグッドデザイン賞を受賞した

GOOD DESIGN AWARD
2023年度受賞

特長 03

指挟み防止機能も搭載 安全性にも配慮

折り戸で問題になる指挟みによる事故を防止する機能も搭載。
扉を軽量化しただけでなく、独自に開発したアルミと樹脂の 2 部品構成による連結箇所は、指挟みによる怪我のリスクを大幅に軽減する。
また、ソフトクローズ機構を搭載しており、自動でゆっくりと閉まることで、開閉時のトラブルを抑制する。

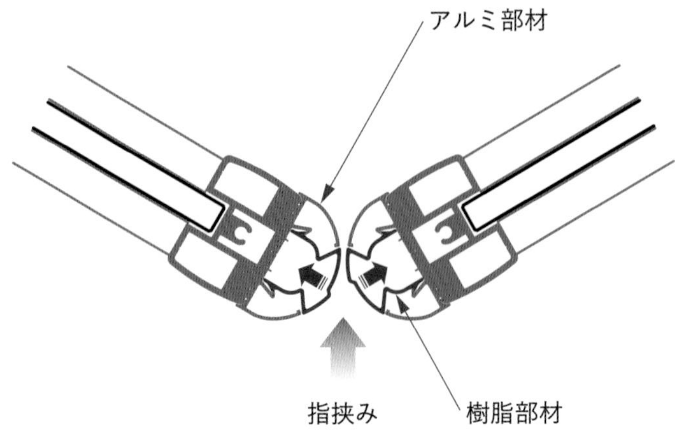

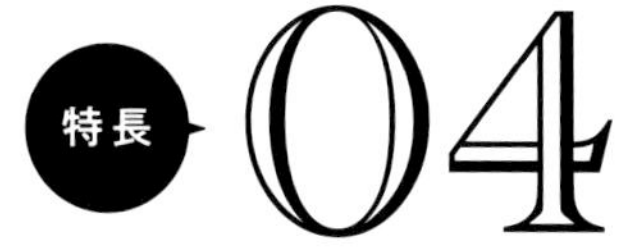

インテリアデザインを邪魔しない意匠性 木製扉仕様とアルミ框扉に対応

一般的な折り戸とは全く異なる表裏がない意匠性を備えており、様々なインテリアデザインとの調和を図ることができる。
同じ金具で木製扉仕様とアルミ框扉を選択することも可能だ。木製扉は意匠的に自由に製作ができるため、様々な空間に合わせることができる。アルミ製の専用三方枠も用意しており、よりシャープな納まりを実現する。
内装建材メーカーの自由な発想で、多様な意匠性を備えて折り戸を商品化することができる。

※アルミ框扉、専用三方枠は海外仕様

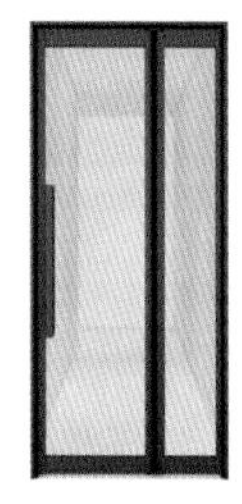
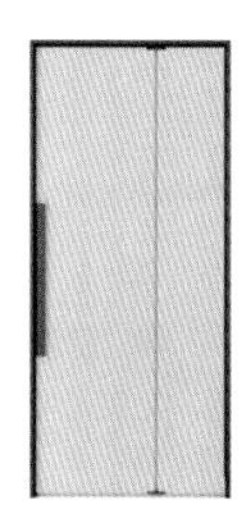
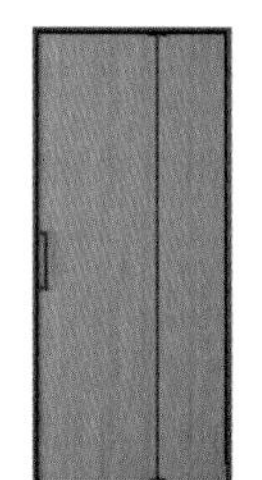

折り戸で広がるプラン提案の可能性

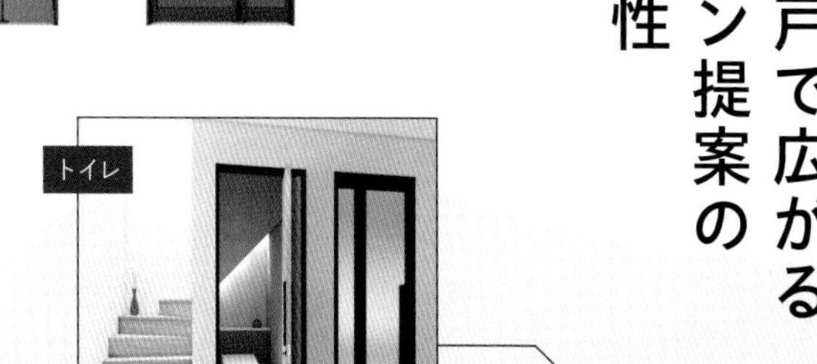

住宅居室向け折り戸の特長を動画で確認

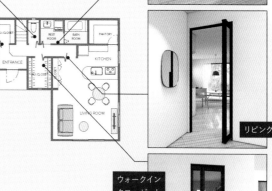

ウォークイン
クローゼット

MURAKOSHI
株式会社ムラコシ精工
042-384-0330
https://murakoshiseikou.com/

TOSTEM

「今」も「未来」も、
日本に最適な窓を。

GREEN WINDOW

GREEN WINDOW

LIXIL

日本の窓に『最適解』を

省エネ+省資源で地域に最適な窓を提案

それぞれの住まいに、それぞれの最適解を—。
LIXILでは「GREEN WINDOW」として、地域性などに配慮した窓の最適解を提案している。
心地よさや省エネ性能だけでなく、省資源にも配慮しながら次世代の脱炭素建材のあり方を具現化し、
カーボンニュートラル社会の実現にも貢献する。

2023年に100周年を迎えたLIXILの窓・ドアブランド「TOSTEM」。100周年を契機に新たに打ち出したコンセプトがGREEN WINDOWだ。

これから先の100年を見据えて、より豊かな暮らしを実現するための窓の価値を根本から見直したという。その検討のすえに辿り着いたのが、「環境負荷を低減する、地域に最適な窓を提案していく」というGREEN WINDOWの考え方だ。

窓の選択肢を広げる美しき高性能窓「TW」

GREEN WINDOWのコンセプトを体現するものとして、アルミ樹脂複合の高性能窓「TW」と、高性能樹脂窓「EW」の提案を進めている。

なかでも「TW」については、高性能でありながら、地域によっては暖房負荷低減にもつながる大開口ニーズに対応する商品だ。

独自設計の多層ホロー構造と、ふんだんな樹脂量で高い断熱性能を実現。HEAT20のG2相当に対応可能な断熱性能を有し、樹脂窓と同レベル性能を発揮する。

スリムなフレームを採用した美しい意匠性も特徴のひとつ。縦すべり出し窓の比較では、同社の樹脂窓より約

夏の冷房負荷低減に貢献する日射遮蔽商品

外付日よけ スタイルシェード

外付ブラインド EB

GREEN WINDOW でおすすめする高性能窓シリーズ

美しい日本の四季を、スリムフレームで切り取るパノラマウィンドウ「高性能窓『TW』」

美しいデザインを兼ね備えた世界トップクラスの高断熱窓「樹脂窓『EW』」

30％もガラス面積を広くできる。引き違い窓であれば、高さ2730㎜まで、幅5500㎜まで※1対応でき、景色を美しく切り取る大開口を実現する。

さらに、引き違い窓の4枚建てには、「スレンダーマリオン構造」を採用、中央の合掌部分をスリム化している。これによって眺望の邪魔になるノイズを極限まで減らしている。

断熱性能の向上に伴い開口部面積を狭くする傾向もあるが、家の外と内をつなぎ、解放感を演出するという窓本来の役割を考えると、必ずしも断熱性能至上主義に陥ることが豊かな暮らしの実現につながるとは言えないだろう。

こうした状況に対して同社では、「TW」によって断熱性能を高めながら、開口面積を拡大していきたいというニーズを満たしたい考えだ。

冬場の日射熱取得率も考慮 夏場の日差し対策も

冬場の日射熱取得率も考慮し、最適な窓、さらにはシェードなどの窓まわりまで含めてトータル提案していこうというのもGREEN WINDOWの考え方のひとつ。

例えば、約10㎡の窓の面積を約20㎡※2まで大きくすると、約3000W分の熱量を得ることができるという。これは、電気ストーブ3台分の暖かさに匹敵する。開口部の面積を拡大することは、冬場の日射熱取得率を高めていくことにつながり、結果としてさらなる省エネ化につながるというわけだ。

2023年4月から改正された窓の性能表示制度でも、断熱性能に加えて、日射熱取得率を表示するようになった。断熱と日射熱取得率の両面から開口部の省エネ化を考えようという機運が高まっているのだ。

ただし、日射熱取得率を高めていく上で注意すべき点が夏場の日差し対策。夏場に多くの日射熱を取得してしまうと、冷房負荷の増大などにつながる懸念がある。

そこでLIXILでは、窓だけでなく、外付日よけ「スタイルシェード」や「外付ブラインドEB」といった窓まわりの商品も総合的に提案している。また、軒の出といった建物の設計についてアドバイスを行うこともあるという。

省資源化で エンボディドカーボンを減らす

GREEN WINDOWでは、省資源化にも取り組む。これまでの建設業界では、建物の使用段階でのCO_2排出量を減らすことに注力してきた。建物の省エネ性能を向上し、太陽光発電などの創エネ設備を搭載することで、居住時のCO_2排出量を収支ゼロにすることを目標として掲げてきた。ZE

※1 W5500 の時の最大 H は 2393mm、また H2730 の時の最大 W は 3883mm
※2 東京で 1 月に南側垂直窓における 12 時の平均全天日射量約 600W/㎡。窓はサーモス II-H 単体引違い窓 Low-E 透明複層ガラス（クリア）の場合、日射熱取得率 46~47% にて試算

図1　LCA（ライフ サイクル アセスメント）

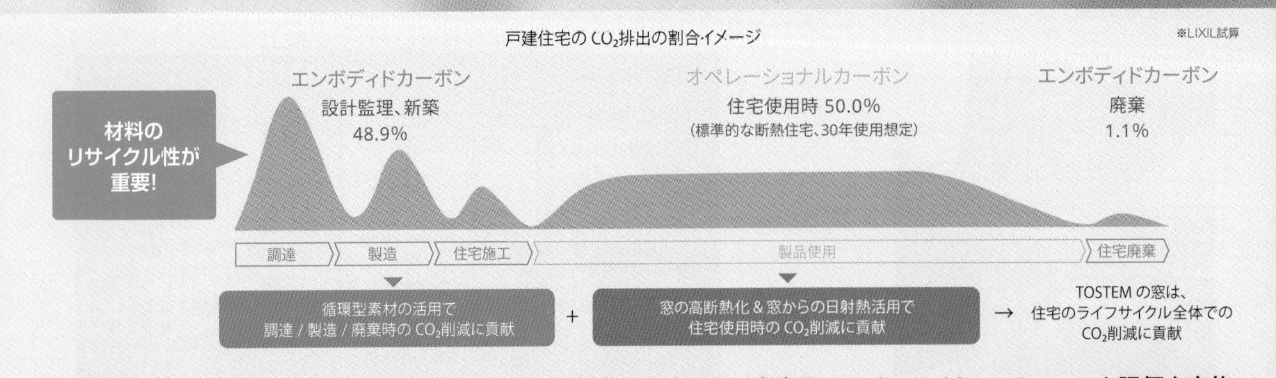

エンボディドカーボン ＋ オペレーショナルカーボンの観点で TOSTEM 窓商品のライフサイクルアセスメント評価を実施

■窓 LCA の GHG（温室効果ガス）排出量
1,2 地域は樹脂トリプルガラス、3~6 地域は複合トリプルガラス、7地域は複合ペアガラス②が一番小さい

→ 寒冷地は使用段階において樹脂トリプルガラスが小さい一方で、原料、製造、輸送、廃棄段階は複合トリプルガラス、ペアガラスが小さく、温暖地域になるほど、トータルで複合トリプルガラス、ペアガラスが小さくなる。

※ LCA 手法による戸建住宅用窓に関する GHG 排出量の評価、空気調和・衛生工学会大会学術講演論文集（2023）

表1　ライフサイクル全体の窓の CO_2 排出量の試算結果

窓種略称	GHG 排出量［kg-CO2eq/ 戸］						
	1 地域 旭川	2 地域 札幌	3 地域 盛岡	4 地域 長野	5 地域 仙台	6 地域 東京	7 地域 鹿児島
基準窓	25,363	21,260	7,721	11,666	11,964	7,655	4,869
樹脂トリプルガラス	12,315	10,506	5,080	5,490	4,764	3,958	3,484
樹脂ペアガラス	15,020	12,750	5,380	5,809	4,977	3,836	3,237
複合トリプルガラス	12,706	10,748	4,782	5,166	4,446	3,563	3,047
複合ペアガラス①	16,710	14,059	5,541	6,054	5,163	3,893	3,148
複合ペアガラス②	17,532	14,711	5,537	6,068	5,109	3,731	2,908
金属ペアガラス	23,905	19,940	7,157	8,079	6,591	4,490	3,235

Hの普及などで、目標達成の道筋が見えてきたことで、次の段階へと進むことが求められはじめている。

居住時のCO_2排出量をオペレーショナルカーボンと呼ぶが、建設、改修、廃棄段階のCO_2排出量であるエンボディドカーボンの削減も重要になってきているのだ（図1）。

一般的に、建設部門でのCO_2排出量のうち、エンボディドカーボンが50％、オペレーショナルカーボンが50％を占めると言われている。それだけに、ほぼ手付かずという状況にあるエンボディドカーボンを削減していくことが、住宅業界にとっても脱炭素化に向けたネクストステージになる。

そこでLIXILでは、新地金精錬時のCO_2排出量を97％削減できるアルミリサイクル材の活用を進めている。また、2023年3月期に74％[※3]であったアルミのリサイクル率を100％にまで引き上げようとしている。

さらに樹脂窓EWのリサイクル材使用率を従来品の約3倍[※4]に拡大したほか、樹脂とガラスを容易に分離できる構造も実用化した。これによって樹脂の分離回収が可能になり、再資源化率の引き上げに貢献する。

樹脂窓に使われている樹脂を回収し、再資源化するための静脈物流を構築するための実証実験にも着手している。

こうした取り組みを通じて、窓商品の製造時のCO_2排出量を低減し、エンボディドカーボンの削減に寄与していきたい考えだ。

ライフサイクル全体でCO_2排出量を削減する最適解を提案

オペレーショナルカーボンに加えて、エンボディドカーボンも削減していくことで、ライフサイクル全体でのCO_2排出量を削減しようとすると、地域によって最適解が変わってくることも分かってきた。

LIXILの調べによると、まずオペレーショナルカーボンについては、1〜7地域の全てで樹脂窓のトリプルガラスが最もCO_2排出量が少ないことが分かった。ただし、温暖地になるほど樹脂窓のトリプルガラスと樹脂・アルミ複合窓のトリプルガラスの差が小さくなり、6地域ではほぼ差が無いという（表1）。

次にエンボディドカーボンについては、アルミサッシのペアガラス仕様が最も排出量が少ない。樹脂と複合のトリプルガラスでは、複合の方が排出量が少ない。原材料の調達段階では樹脂の方が排出量は少ないが、製造時と廃棄段階では複合の方が少なく、合計すると複合の方が環境負荷は少ないという結果になるというわけだ。

オペレーショナルカーボンとエンボディドカーボンを合計し、ライフサイ

※3　6063材　※4　引き違い窓S仕様の場合

環境によい窓は地域によって異なる

温暖地（3地域以南）におけるCO_2排出影響度の例

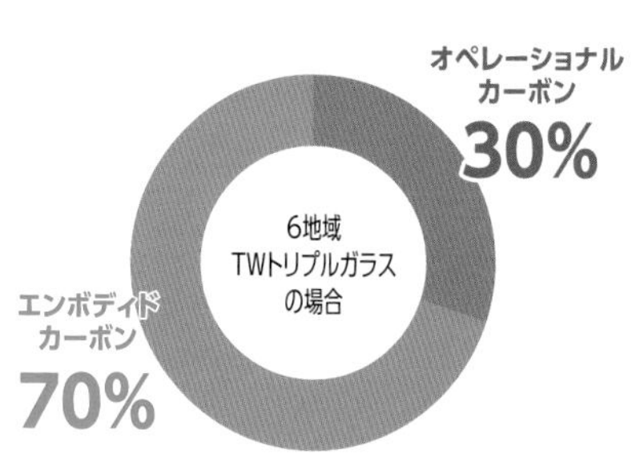

「エンボディドカーボン」の影響が大きい
リサイクル性がCO_2削減効果に影響大

寒冷地（1・2地域）におけるCO_2排出影響度の例

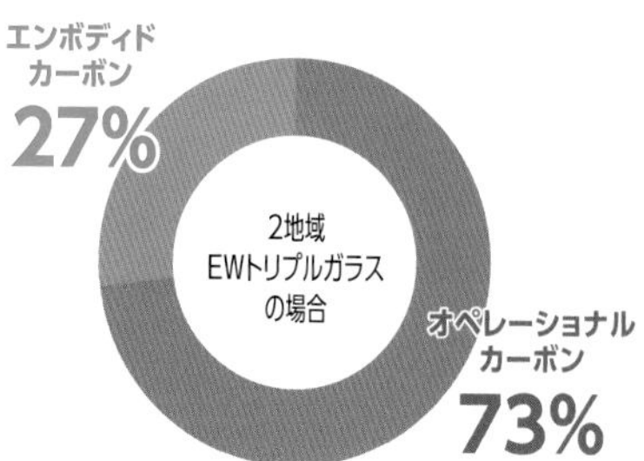

「オペレーショナルカーボン」の影響が大きい
断熱性がCO_2削減効果に影響大

おすすめ窓の一例（日射熱が利用できる場合）

高い断熱性能と日射熱取得率に加え、高リサイクル性でエンボディドカーボンの削減にも貢献

高性能窓 TW			
	南面の窓 組合せガラス	複層ガラス	Low-E クリア
	北東西面の窓 組合せガラス	トリプルガラス	Low-E グリーン

おすすめ窓の一例（日射熱が利用できる場合）

高い断熱性能で特に寒冷地のオペレーショナルカーボンの削減に貢献

樹脂窓 EW			
	南面の窓 組合せガラス	複層ガラス	Low-E クリア
	北東西面の窓 組合せガラス	トリプルガラス	Low-E グリーン

クル全体での排出量を算出した結果を見ていくと、地域によって選ぶべき窓が変わる。1、2地域では樹脂のトリプルガラス、3～6地域では複合のトリプルガラス、7地域では複合のペアガラスが最も排出量が少なくなっている。

こうした結果を踏まえて同社では、「住まいのライフサイクルCO_2簡易算出シミュレーション」というツールを提供しようとしている。簡易的にLCA（ライフ・サイクル・アセスメント）を用いたCO_2排出量を試算するもので、先述した地域による最適解を把握できるようにしていく。

省エネに加えて、省資源という観点も考慮しながら、地域や建物の規模・形状などに応じた最適解を提案しようというGREEN WINDOW。住まいの窓選びに新たな評価軸をもたらすことになりそうだ。

窓選びの答えはひとつではない

サッシ・ドア商品戦略部
プロモーション企画グループ
柳通 一晴 氏

カーボンニュートラルな社会とより豊かで快適な住まいを実現していく上で、当社では窓の選択肢をひとつに絞るべきではないと考えています。

LCAの観点で商品のライフサイクル全般で排出される温室効果ガスを試算していくと、寒冷地では樹脂窓の方が脱炭素化に貢献しますが、温暖地では、当社独自の設計の高性能な樹脂と金属の複合窓の方が排出量が少ないことが分かりました。

上手く金属を併用することで、耐久性や耐候性が高まり、より大きな開口部を設けやすくなるというメリットもあります。

また、断熱性能だけでなく、日射熱取得率なども踏まえながら、窓、さらにはシェードなどの窓まわり商品も考えていく必要があります。

答えはひとつではない─。その考えのもと、家づくりに携わる方々と一緒になって、より豊かなで快適な住まいの実現を目指していきます。

旭ファイバーグラス

発売から10年 高性能化をけん引する アクリアαシリーズ

付加断熱なしで等級6をクリア

旭ファイバーグラスの「アクリアαシリーズ」は、住宅の省エネ化を支え続けてきた高性能グラスウール断熱材。5地域以南で付加断熱を行うことなく、断熱等性能等級6をクリアすることも可能で、大幅な仕様や施工方法を変更することなく、激化する性能競争に対応することができる。

「アクリアαシリーズ」は、約3ミクロンの超細繊維により、住宅用グラスウール断熱材としては世界最高水準となる密度36kg／㎥、熱伝導0・032W／（m・K）を実現している。その性能の高さは業界内でも高い評価を得ており、2015年には（一財）省エネルギーセンターが主催する「平成26年度省エネ大賞」の製品・ビジネスモデル部門において「資源エネルギー庁長官賞［製品（業務）分野］」を受賞している。

「アクリアαシリーズ」は、2014年7月に発売しており、2024年に10周年を迎える。10年にわたり住宅の高性能化を支えてきたというわけだ。また、住宅の高性能化がさらに進展しようとするなかで、住宅事業者がより省エネ化に取り組みやすい環境の構築に注力している。

付加断熱に二の足を踏む住宅事業者を支援

現在、住宅の省エネ性能をめぐる動きは、次のステップへと向かっている。2022年に住宅性能表示制度にZEH水準である断熱等性能等級5が、そしてさらに上の性能である等級6と7が新設された。そして、25年には省エネ基準への適合が義務化され、30年にはその基準はZEHレベルへと引き上げられる予定だ。

こうした行政側の動きに対して、断熱等性能等級6や7を標準仕様にする住宅事業者も目立ってきており、より高いレベルでの性能競争が始まっているのだ。しかし、等級6や7をクリアするためには、充填断熱に加えて、外張り断熱を行う付加断熱が求められることもある。これまで充填断熱に慣れてきた住宅事業者にとっては、仕様の大幅な見直しや施工業者への指導などが必要になるだけに、なかなか付加断熱に踏み切れないという事業者も少なくない。

また、特に都市部の狭小敷地の住宅などの場合、付加断熱によって壁が厚くなってしまうことで、居住面積が狭くなるという問題もあり、簡単に付加断熱を採用できないといった事情もある。

そこで旭ファイバーグラスでは、「アクリアαシリーズ」を使い、充填断熱だけで等級6をクリアする仕様を提案している。

5～7地域であれば、壁に高性能36K品の「アクリアウールα」、床に同じく36K品の「アクリアUボードピンレスα」、天井に20K品の「アクリアαR71」を採用することで、等級6をクリアすることが可能になる。

等級7についても、グラスウール断熱材だけでクリアするための仕様を検

「アクリアα」で作る 断熱材仕様例

断熱性能等級6
戸建・木造・充填断熱　5～7地域

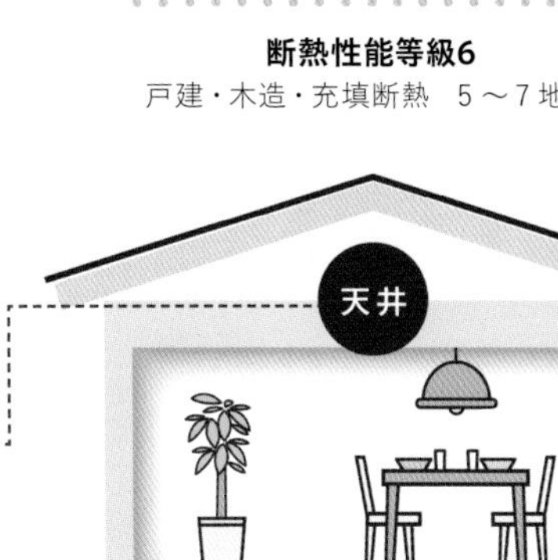

熱伝導率 0.035 W/(m・K) 超細繊維タイプ
アクリア アルファ Aclear α R71
高性能 20 K　250 mm　（R 7.1）
熱伝導率　λ 0.035

熱伝導率 0.032 W/(m・K) 超細繊維タイプ
Aclear ボードピンレス α
高性能 36 K　105 mm　（R 3.3）
熱伝導率　λ 0.032

熱伝導率 0.032 W/(m・K) 超細繊維タイプ
アクリアウールアルファ Aclear wool α
高性能 36 K　105 mm　（R 3.3）
熱伝導率　λ 0.032

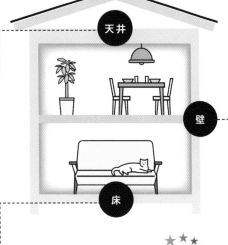

ノン・ホルムアルデヒド
高性能グラスウール断熱材
NON ホルムアルデヒド

討しているほか、他社との連携を図ることで、住宅事業者がさらなる省エネ化に取り組む障壁を取り除こうとしている。

付加断熱は必要になるが、同社のグラスウール断熱材と旭化成建材のフェノールフォーム断熱材を組み合わせ、より現実的な断熱材仕様を示すことで、住宅事業者の高性能化に向けた取り組みを支援している。

さらに、高断熱化に関する取り組みをまとめた支援ツールやホームページのコンテンツの充実化、セミナーの開催なども積極的に進めている。

真空断熱材も商品化 次なるステージに備える

旭ファイバーグラスでは、さらなる省エネ化に向けた次のステージを見据えて、国内で初めて建築用真空断熱材のＪＩＳ規格認証を取得し、いち早く商品化に成功している。同社が販売する真空断熱材「ＶＩＰ－Ｂｕｉｌｄ」は、これまでの断熱材とは一線を画す性能を備えている。

熱伝導率は初期性能、長期性能いずれも0・004Ｗ／（ｍ・Ｋ）。この数値は「アクリアα」（高性能36Ｋ）の8分の1程度である。熱抵抗値（Ｒ値）は厚み16㎜で4・0㎡・Ｋ／Ｗを達成する。

ＪＩＳが求める「23℃、相対湿度50％、25年継続使用」という規定もクリアしており、初期性能が長期にわたってほとんど低下しないという特徴も備えている。

業界に先駆けて商品化に成功した真空断熱材「VIP-Build」

より薄い断熱材、優れた断熱性能を住宅にもたらす「ＶＩＰ－Ｂｕｉｌｄ」。この断熱材が普及することで、壁厚を気にすることなく、さらなる高性能化を図ることが可能になる。付加断熱を必要とする場面も減るだろう。

さらに言えば、リフォーム市場でも強みを発揮する。外壁を壊すことなく、室内からの断熱施工だけで、断熱性能を高めることが可能になるからだ。

旭ファイバーグラスでは、現在でも「アクリアαシリーズ」を利用したリフォーム提案を推進しているが、今後は「ＶＩＰ－Ｂｕｉｌｄ」の活用なども打ち出していきたい考えだ。

「アクリアαシリーズ」の発売から10年を迎える旭ファイバーグラス。今後も高性能断熱材の販売を通じて、日本の住宅の高性能化を支え続けていく方針だ。

オーデリック

GORGEOUS RING
現代版シャンデリアが創りだす“ 新しい豪華さ ”

光の粒が華やかなきらめきを生み出す新発想のLED シーリングライト

オーデリックが提案する GORGEOUS RING（ゴージャスリング）は、全く新しい発想から生まれたLED シーリングライト。試行錯誤の末に辿り着いた複雑な光の屈折によって創り出された、華やかなきらめき。住空間に〝新しい豪華さ〟をもたらす。

空間を豪華に演出するアイテムのひとつであるシャンデリア。その歴史は古く、ローマ時代にルーツが生まれたとされている。その後、教会や修道院で利用されるようになり、18世紀頃からガラスの装飾などが施された豪華なシャンデリアが使われるようになる。

現代の建築空間でも豪華さの象徴としてシャンデリアが用いられることがある。しかし、一般的な住宅用としては、高価であることや、現代的なインテリアデザインとの調和が難しいといった課題があることも事実だ。こうした状況に一石を投じるLEDシーリングライトが、オーデリックのGORGEOUS RING。

価格は6万円台から 幅広いインテリアデザインと融合

GORGEOUS RINGは、時代に合わせた〝新しい豪華さ〟を現代の建築空間にもたらす。宝石のような光の輪を形成し、ローマ時代から続くシャンデリアの歴史を引き継ぎながらも、現代の住空間とも融合する。

GORGEOUS RINGの最大の特長が、複雑な光の屈折を創り出すアクリルセード。3Dプリンターを用いた試作品の作成などを幾度にわたり行いながら、試行錯誤の末に辿りついた形状は、ランダムな大きさの光の粒

がバランス良く浮かび上がるように緻密に設計されている。リングの外側だけでなく、内部にも加工を施し、ガラス装飾を用いたシャンデリアのような輝きを見事に再現している。その光の美しさを実際に体感すれば、〝新しい豪華さ〟という言葉の意味を理解できるだろう。

また、リング状の照明の形状は、空間のアクセントとなる一方で、過度に存在感を主張することがなく、幅広い空間デザインと調和する。

樹脂を採用することで、6万円台からというハイコストパフォーマンスも実現している。まさに洗練された上質感と値段以上の価値を両立した照明である。

魅せる照明
光の質にもこだわり

近年、ダウンライトや間接照明を多用する住空間が増えており、従来型のシーリングライトの出番が減りつつある。

GORGEOUS RINGは、通常のひっかけ型のシーリングライトと同じように設置できるため、既存のシーリングライトからの取り替えにも対応できる。

また、照明を隠すことなく、〝魅せる照明〟として利用することで、インテリアデザインの差別化につなげることも可能だ。

器具の意匠性だけでなく、光の質にもこだわっている。発光部をリング状に拡げることで、天井面や壁面にも光が広範囲に届き、従来品よりも空間を広く明るく見せる。照明直下も従来品と同等の明るさを確保。

吊り下げタイプの商品も用意しており、よりシャンデリアに近い雰囲気を創造することもできる。

〝新しい豪華さ〟を建築空間にもたらすGORGEOUS RING。デザイン性、光の質、そしてコストパフォーマンスにも優れており、これまでのシーリングライトとは一線を画す照明器具であると言えそうだ。

ODELIC
オーデリック株式会社
03-3332-1123
https://www.odelic.co.jp/

銘木を使ったシステムバスルーム「雅月」

天然木の香りが創造する至福の入浴体験を

温泉宿で味わえる“ 非日常 ”を住宅用ユニットバスで実現できないか―。木曽檜や青森ひばという銘木を利用したハウステックの「雅月（みやびつき）」は、まさに温泉宿のような至福の入浴体験を提供するシステムバスルームだ。

「雅月」は、天然木を利用したシステムバスルーム。

樹齢200年以上の木曽檜を利用した商品に続き、神社仏閣などにも使われる青森ひばを利用したタイプも新たに発売した。

飛騨南部から木曽地域に分布する木曽檜は、日本三大美林のひとつ。極寒のなかでゆっくりと成長するため、木目が細かく、肌合いの美しさと丈夫さを兼ね備えている。

一方の青森ひばは、木曽檜と同様に日本三大美林のひとつであり、防腐防虫作用が高く、耐久性に優れている。「雅月」の浴槽には、樹齢100〜250年のものを使用している。

いずれのタイプもふわりと天然木の香りが漂う。

また、より〝非日常〟を味わうために天然の御影石のカウンターや浴槽エプロンも用意している。浴室内の壁柄は、木目調や砂目調、抽象柄など、豊富な色柄を取り揃えているため、自分好みのコーディネートが楽しめる。

天然木の浴槽で「和」のエッセンスを感じながらも、人気のデザイナーズホテルや旅館のようなミニマルでモダンな空間美を提案する。シンプルかつモダンな空間が、木曽檜や青森ひば、御影石といった上質な素材を一層引き立てるからだ。

戸建やマンションのような住宅需要だけでなく温泉宿の客室風呂、グランピング施設等からの引合いも増えているという。

システムバスルーム工法で施工期間を短縮

「雅月」は、天然木を採用しているにも関わらず、システムバスルーム工法を採用。60年もの実績を持つハウステックのシステムバスルーム工法であるからこそ、一般的なシステムバスルームと同じ保証体制が適用になる。

JISの住宅用浴室ユニット規格で規定されている性能試験などをクリアしており、安心して使用することができる。

また、浴槽下に防水パンがある構造を採用、漏水事故を防止する。

システムバスルームであるため、在来工法よりも短期間で施工が完了するだけでなく、リフォーム工事にも対応可能だ。

職人が浴槽表面のクリーニングや研磨を実施

浴槽リフレッシュサービス「雅月プレミアム」も提供している。このサービスは、「天然木のお風呂だとメンテナンスが心配…」という声に応えたもの。専門技能を備えた職人が浴槽表面のクリーニングや研磨などを行ってくれる。「雅月」の購入時に6万6千円（税込み）を支払うと、商品保証の対象にならないカビや黒ずみなどのメンテナンスを行ってくれる。引渡し時点から10年間で2回までサービスを利用できる。

システムバスルームだからこその安心感と、至福の入浴体験を提供する「雅月」。まさに"非日常"を自宅で味わうことができるプレミアムバスルームである。

安心のシステムバスルーム工法

①しっかりとした防水構造

「雅月」は浴槽下に防水パンがある構造を採用。万が一、浴槽から漏水しても防水パンが受け止めるので漏水事故の心配がない。

②設置しやすい工法

システムバスルーム工法なので在来工法よりも短期間で設置可能。リフォーム工事にも対応している。メンテナンスや点検のしやすさも特徴のひとつ。

③優れた耐久性

木製浴槽を置くベースとなるユニット部は住宅用浴室ユニット規格 JIS A 4416 に規定される性能試験をはじめ、厳しい社内規格を全て合格。優れた耐久性で安心して長く使用できる。

④メーカー保証

システムバスルームに準拠した安心の保証期間を用意。

本体防水性能	5年	浴槽	1年
電化製品	1年	それ以外	2年

浴槽リフレッシュサービス「雅月プレミアム」

追加サービス料（税込み 66,000 円）を支払うことで、引渡し日から 10 年間で 2 回まで木製浴槽のリフレッシュサービスを受けることができる。
リフレッシュサービスの対象は、カビや黒ずみなど、商品保証（保証期間：1 年間）に含まれない浴槽表面の気になる状態。気になった時に 2 回まで受けることができる。

リフレッシュサービスの対象	サービス
カビ	専用洗浄剤でのクリーニング 表面の研磨作業
黒ずみ	
青藻の発生	
ささくれの発生	ささくれの切除、表面の研磨作業

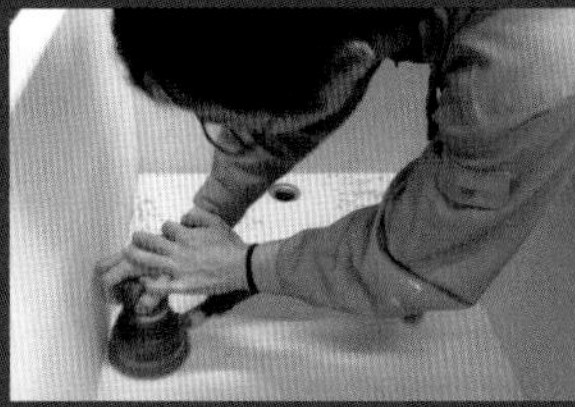

選べる天然木

木曽檜

樹齢 200 年以上の香り高い木曽檜を贅沢に使用。飛騨南部から木曽地域に分布する木曽檜は極寒の環境の中でゆっくりと時間をかけて成長するため、木目が細かく、肌合いの美しさと丈夫さが特長。

青森ひば

木曽檜と同じく日本三大美林のひとつに数えられる青森ひばは、ヒノキチオールという抗菌作用の高い成分が多く含まれている。防腐防虫作用が強く、耐久性に優れ、神社仏閣によく使われる。浴槽には樹齢 100 ～ 250 年のものを使用している。

天然檜（樹脂コーティング）

上質な天然檜を樹脂でコーティングし、耐久性を向上。メンテナンス性や清掃性を高めた檜浴槽となっている。

パラマウント硝子工業

寒冷地トップシェアの実績

温暖地での等級6、7なら太陽SUNRを

パラマウント硝子工業のグラスウール断熱材「太陽SUN」は、寒冷地でトップシェアを誇る。上位品である「太陽SUNR」も含め、いち早く高気密・高断熱住宅に取り組んできた寒冷地の工務店などから高い評価を得ている。その評価は温暖地の工務店などにも浸透してきている。

〝裸〟の高性能グラスウールだからこその高評価

「太陽SUN」は防湿層なしの〝裸〟の高性能グラスウール。防湿シートを別張りする必要があるが、壁内に隙間ができにくく、その隙間の確認もしやすい。筋交い部などの施工がしやすいといったメリットもある。

これらの特徴は施工品質を担保するうえで非常に重要なポイントになる。より高い性能、しっかりとした性能を出すのであれば、防湿層なしのグラスウールの方が適しているという声もあるほどだ。

そのことは、北海道や東北など高い断熱性が求められる地域では防湿層なしの高性能グラスウールが一般的に用いられていることからも伺い知ることができる。

その寒冷地に強いグラスウールメーカーがパラマウント硝子工業である。パラマウント硝子工業の寒冷地における主力商品である「太陽SUN」のシェアは北海道で6割、北東北で5割を占める。グラスウールメーカーで唯一、北海道に工場を構え、高性能グラスウールを寒冷地でいち早く展開してきたという背景や歴史に加えて、自立性に優れ、ピンク色で視認性が高いこと、ずり落ちの心配がないなどの「太陽SUN」の特長が評価され、多くの支持を得ている。

パラマウント硝子工業では、「太陽SUN」の上位品として、「太陽SUNR」も販売。「太陽SUN」以上の性能を備えており、SRJ（熱伝導率0・035W／（m・K））や、SRG（熱

施工品質の向上にも貢献する高性能グラスウール断熱材「太陽 SUNR」

可変調湿気密シート「太陽 SUNR 調湿すかっとシートプレミアム」。夏型結露を防止する

伝導率0・032W／（m・K））といったラインアップを取り揃えている。

太陽SUNR＋気密関連部材で断熱・気密化をバックアップ

温暖地でもさらなる高気密化・高断熱化が進む中で、パラマウント硝子工業では、「太陽SUNR」を温暖地でも積極的に提案していこうとしている。

等級4の適合義務化が目前に控え、2030年には等級5の適合義務化が予定されている。こうしたなかで、等級6や等級7に対応した住まいづくりが温暖地でも広がろうとしている。こうしたニーズに対し、温暖地で一般的なグラスウールと防湿気密シートを別に施工する断熱仕様を推奨しようとしており、その主力商品として「太陽SUNR」を提案していく考えだ。

また、温暖地で「太陽SUNR」を展開していくにあたり、気密関連部材の充実化も図った。商品ラインアップの強化を図るとともに、カタログなどのツールの整備も行った。

気密関連部材で特長的な商品が可変調湿気密シートの「太陽SUNR調湿すかっとシートプレミアム」だ。

可変調湿気密シートとは、防湿と透湿の2つの機能を併せ持つシート。低湿時は通常の防湿気密シートと同じ働きで室内から壁内への湿気の移動を防ぐ。一方、シート表面の湿度が高くなると透湿機能が働き、壁内の余計な湿気を室内に逃がす。

これにより温暖地の高断熱化で不安視される夏型結露の発生のリスクを抑えることも可能で、安心して別張りの断熱仕様に取り組めるようにした。

「夏型結露のリスクを抑えながら、断熱等性能等級6、7への対応を図っていく」という同社の方針は、寒冷地だけでなく、気密の重要性を認識している温暖地の先進的な工務店などからも高い支持を得ているという。

また、硬質ウレタンフォーム断熱材を販売するアキレスとの連携も推し進めている。「太陽SUN」「太陽SUNR」や天井吹込み用の「ニューダンブロー」などと、アキレスの「キューワンボード」「キューワンボードMA」を組み合わせて、地域別の断熱推奨仕様をまとめており、付加断熱による等級7への対応も図っている。

2019年には本社敷地内に断熱体感棟の「パラマン館」を開設した。4地域の等級6を上回る断熱性能を実際に体感できる施設で、WEBなどを通じて高性能住宅の価値を訴求している。

そのほか、YouTubeに「PARAチャンネル」を開設し、様々な情報を発信するなど、商品だけでなく、様々な側面から住宅事業者の等級6、7へのチャレンジを後押ししている。

YouTube の「PARA チャンネル」で様々な情報を発信している

マグ・イゾベール

植物由来の結合材にこだわった最高水準のグラスウール断熱材

マグ・イゾベールが市場投入した「イゾベール・コンフォート」シリーズの新商品は、世界最高水準の性能を誇る高性能グラスウール断熱材だ。植物由来の結合材にこだわり、安全・安心かつ長期間にわたり使用できる断熱材となっている。

「イゾベール・コンフォート」シリーズは、細繊維化により性能向上を図ったグラスウール断熱材。同シリーズに満を持して追加発売した「IC32105A390／IC32105A425」は、105㎜の厚さで、熱伝導率0.032［W／(㎡・K)］、熱抵抗値3.3［㎡・K／W］という性能値を実現している。住宅のさらなる省エネ化に貢献する断熱材である。

植物由来の結合剤で高性能を実現

新たに追加した断熱材は、従来品と同じく植物由来の結合剤（グリーンバインダー）を利用している。従来の繊維系断熱材の場合、石油由来の結合剤を使用し、断熱材を成型していた。対して「イゾベール・コンフォート」および防湿層付の「イゾベール・スタンダード」では、植物由来の結合剤を使用してきた。

しかし、グリーンバインダーを利用する場合、〝コシ〟を強くするのに技術的な課題があった。コシが充分でないと、上部へ施工する際、折れ曲がってしまうなど、施工性が低下する懸念もある。同社では、グリーンバインダーを使いながらも、コシが強い製品を目指し技術開発を実施。試行錯誤の末に製品化に至ったという。

新たに発売した断熱材は、壁などに立て掛けてもたわむことがなく、しっかりとしたコシの強さを備えている。

ホルムアルデヒドなどを含まないグリーンバインダーのため、居住者も安心して採用することができる。また、長期間にわたり性能を維持することも可

世界最高水準の性能を誇る高性能グラスウール断熱材「イゾベール・コンフォート」シリーズの新商品

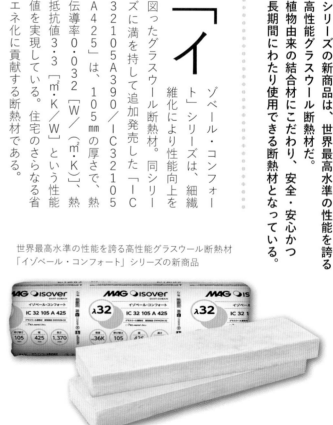

等級6“+”の推奨仕様
〈木造軸組構法5‐7地域〉
温暖地モデルプラン

等級6“+”
(UA 基準値：0.40)

部位	製品	厚さ・値
天井	HG24-35 イゾベール・スタンダード	155㎜
外壁	HG36-32 イゾベール・コンフォート	105㎜
	HG32-35 付加断ボード	45㎜
床	32-36 床トップ剛床	80㎜
土間床	イゾベール EPS ボード AT	60㎜
	イゾベール EPS ボード AT	60㎜
開口部	部位U値（W/㎡・K）	1.40
	部位U値（W/㎡・K）	1.60
U_A値計算値		0.40

グリーンバインダーを使用した上で、簡単にたわんだりしない〝コシ〟の強さも実現

強い“コシ”を実現したことで施工性も向上した

能で、長期にわたり安心・安全に利用することが可能だという。

なお、同社が実施した20代から60代を対象としたアンケート調査によると、回答者の7割以上が「植物由来の結合剤を使用したグラスウール断熱材を使いたい」と回答している。

等級6〝+〟に最適な断熱材 CO_2排出量の少なさを客観的に評価

マグ・イゾベールでは、年中快適な室温に保てる全館冷暖房のある住宅に最適な断熱性能「等級6〝+〟」を推奨している。断熱等性能等級の6以上、7未満の断熱性能を備えた住宅で、同社では、日本全国で快適な生活を送ることができる連続空調が可能な住環境を実現できると考えている。

今回新たに追加した製品を利用することで、より「等級6〝+〟」を具現化しやすくなる。こうした生活者の暮らしの快適性も訴求しながら、セミナーなどを通じた情報提供なども積極的に展開していく方針だ。

サンゴバングループは、2019年にいち早く2050年カーボンニュートラルを宣言している。グループの一員であるマグ・イゾベールでは、日本のグラスウール業界では初となる国際的な第三者機関による環境認証プログラム「EPD」ラベルを取得している。LCA（ライフ・サイクル・アセスメント）に基づき、製品1平方メートルあたりの二酸化炭素排出量などを算出し、広く公開するといった取り組みを展開している。

日本の住宅業界でも、使用時だけでなく、建材などの製造時、さらには運搬時のCO_2排出量の削減に向けた動きが始まっている。それだけに、第三者によりLCAに基づく評価を受けていることが、今後は新たな価値として浸透していくことになりそうだ。

性能とデザインは両立できる

高性能化＋αの差別化戦略とは―

2025年4月から省エネ性能の義務化、さらには断熱等性能等級6、7の新設などによって、住宅の高性能化をめぐる競争がさらに激化してきている。こうしたなか、建築家である日下洋介氏は、「性能はあくまでも手段として捉えるべき」と指摘する。その真意を聞いた―。

平野　日下さんはどのようなきっかけで住宅の高性能化に取り組み始めたのでしょうか。

日下　私は大学を卒業した後、アトリエ事務所に弟子入りし、設計者としてのキャリアをスタートさせました。そのため、意匠設計に専念していたところもあり、正直、それほど性能というものを意識していませんでした。

ただ、師匠から、「機能はデザインに優先する」と言われました。例えば、机の天板のエッジの部分など、直角に近い方がシャープな意匠になりますが、それでは使用者が怪我をしてしまうかもしれない。それであれば、意匠よりも機能の方を優先するべきということです。

とは言っても、「どうすれば美しく仕上げることができるのか」といったことを中心に考え、設計業務に取り組んでいました。

その考えが大きく変わったきっかけが、東日本大震災でした。東北地方の被害状況を目の当たりにするなかで、「もしも同じような地震が起きた時、自分が手掛けてきた建物は持ちこたえることができるのだろうか」と考え込んでしまったのです。

そこから、まずは耐震性能について見直していきました。耐震性能を高めようとすると、壁量などが増えることもあります。意匠的にはできるだけ壁や柱の量は減らしたい場所もある。しかし、「機能はデザインに優先する」という師匠の言葉を思い出し、機能を性能に読み替えました。性能とデザインを天秤にかけた時、性能を重視するべきだと考えたのです。

その後、耐震性能だけでなく、断熱性能の重要性も改めて学びました。しかし、全スタッフで断熱性能について勉強を始めたのですが、なかなか手ごたえが掴めない状態が続きました。

そうした日々を過ごしていた時に、たまたま岩手県でパッシブハウスジャパン（以下、ＰＨＪ）が省エネ建築診断士の講習会を行うことを知り、急遽、参加をすることになりました。そこでＰＨＪの代表理事である森みわさんなどにもお会いし、パッシブハウスについて学んでいきました。省エネ建築診断士の資格も取得し、断熱性能に関するノウハウなどを習得していきました。

平野　「性能はデザインに優先する」という考えのもとで、住宅設計の幅が広がっていったわけですね。

日下　そうですね。当初はデザインを犠牲にしながら、性能を高めようとしていました。意匠の設計者の場合、大きな開口部を設けようとすると、できるだけ窓枠を一体化したくなります。その方が意匠的にはスッキリしますから。柱を削り込んで、窓枠を見えなくするといった工夫をしたりします。しかし、断熱性能を高めようとすると、窓と窓の間に壁を設けて、断熱材を施工できる部分を増やしていった方がいい。デザインと性能を天秤にかけながら、両立できないようなら性能を優先するという設計を行っていました。

ただ、どうも納得できない感じも抱えていたことも事実です。「そもそも性能とデザインは天秤にかけるものなのだろうか」と。天秤にかけるから、どちらが上か下かという議論になる。そもそも性能とはゴールではなく、何かを実現する手段ではないか―。そう考え始めたのです。

窓メーカーとして、窓のことだけでなく建築全体のことを知った上で商品を提供していきたい

YKK AP株式会社
住宅本部 営業企画部 窓事業推進
平野 文孝 室長

平野　性能が手段とは、どういうことなのでしょうか。

日下　私が設計を手掛けた住宅で、北側の開口部面積が南側の2・7倍もある建物があります。断熱性能を高めるためには、できるだけ北側は塞いで、南側に開口部を設けるべきですが、そのセオリーを破りました。

　なぜ、北側の開口部面積を大きくしたかと言うと、北に広がる瀬戸内海に沈む素晴らしい夕日が見えるからです。

　そこで、トリプルガラスを用いた樹脂サッシで北側に大きな開口部を設け、南側では最大限に日射取得を図れるような設計を考えたのです。実際に完成した建物では、冬場にエアコンを切って日射遮蔽せず数日留守にした時、室温が28℃まで上昇していたようです。

　性能を手段として使いながら、意匠性を高めていくことも、実際にやってみると、それほど難しくはありません。今はYKK APさんのようなメーカーから、高性能な商材が数多く発売されていますから。

平野　22年度断熱上位等級が新設されましたが、今の市場動向をどのように捉えていますか。

日下　断熱性能などに無自覚な住宅事業者は生き残れない状況になってきています。また、性能で差別化を図りたいのであれば、断熱等性能等級6、7というレベルでの勝負になるでしょう。

　ただ、個人的には単なる数字の競い合いにはなって欲しくないですね。繰り返しになりますが、性能は手段です。性能を高めることで住まい手にどのような価値を提供するのか―。その点が大事になります。

　さらに言えば、全国展開をしているような住宅事業者も性能を売りにしようとしています。この状況が続けば、等級6、7レベルであっても有効な差別化にならなくなるかもしれない。

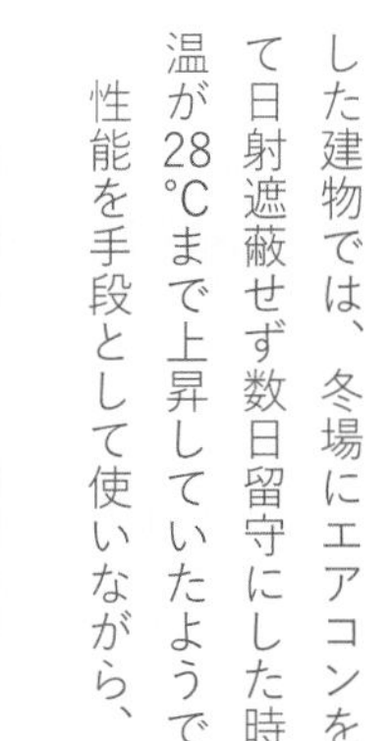

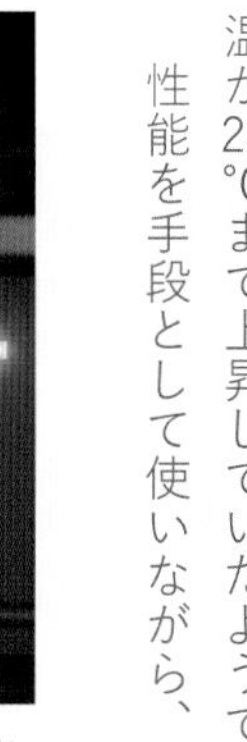

日下氏が設計した北側に大開口を儲けた住宅

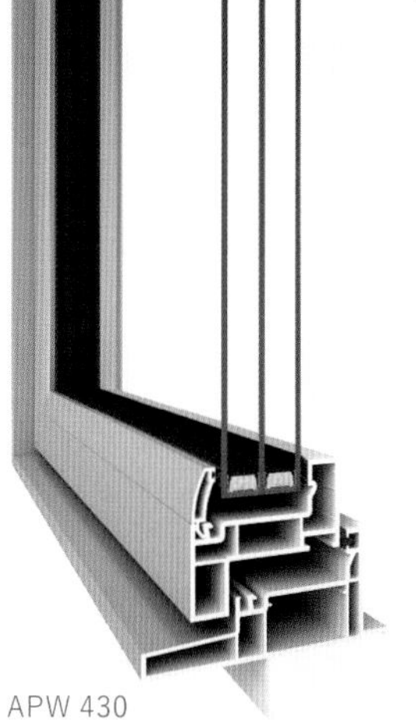

APW 430

性能とデザインは天秤にかけるものではない。デザインを実現する手段として性能がある

株式会社 Eee works
一級建築士事務所
日下 洋介 代表

1973年香川県生まれ。関西のアトリエ事務所を経て独立。『住まい手の想いに寄り添い　納得いく予算で　浮かび上がるカタチを磨き上げる』がモットー。断熱・気密・耐震・耐久性など住まいの基本性能を担保した上で、性能の先の豊かさを求め住まいづくりを行う。2022年『茨木の家』でエコハウスアワード アーバンデザイン賞受賞。『嵐山の家』で日本エコハウス大賞奨励賞受賞。

　だからこそ、我々地元密着事業者は性能プラスアルファの差別化を見出すためにも、デザインや住み心地などにも、もっと目を向けるべきなのです。

　ただし、性能に関する最低限の知識や技能は習得するべきです。断熱性能であれば、ソフトを使って温熱計算ができ、温熱環境に関する最低限の理論や理屈は知っておく必要があります。そこを最低ラインとして、性能プラスアルファの価値を見出していくのです。

平野　我々のような窓メーカーとしても、窓単体だけでなく、建物全体のことをもっと知った上で商品を提案していくことが重要だと考えています。APWが高い評価をいただいているのも、建物全体のことを考え、窓としてどういう価値を提供できるかを検討しながら提案した成果だと自負しています。今後は数値としての性能はもちろん、意匠性なども視野に入れながら、商品の開発や提案を進めていきたいと考えています。

　本日は誠にありがとうございました。

118 社・408 商品を一挙紹介

キーワードで選ぶ 今、使いたい住宅建材・設備 2024

多様化・複雑化する社会ニーズに応えるために、住宅建材・設備メーカーでは様々な特徴を備えた商品を市場に送り出している。
その結果、住宅建材・設備の選択肢は格段に広がったと言える。しかし、その一方で採用を検討したい建材・設備を探し出すだけでも多くの時間と労力が必要になるという側面もある。
そこで、住宅建材・設備メーカーにおススメの商品を聞き、その商品で最も訴求したい特徴をキーワード毎にまとめた。キーワードをヒントに商品を探していくことで、より効率的に希望の商品を探すことができる。

省エネ	資源循環	創エネ・蓄エネ	ヘルスケア	木造化・木質化
家事負担の軽減	子育て支援	高齢者対応	防災	リフォーム対応
省施工	高意匠	長寿命	IoT	その他

【本誌の見方】

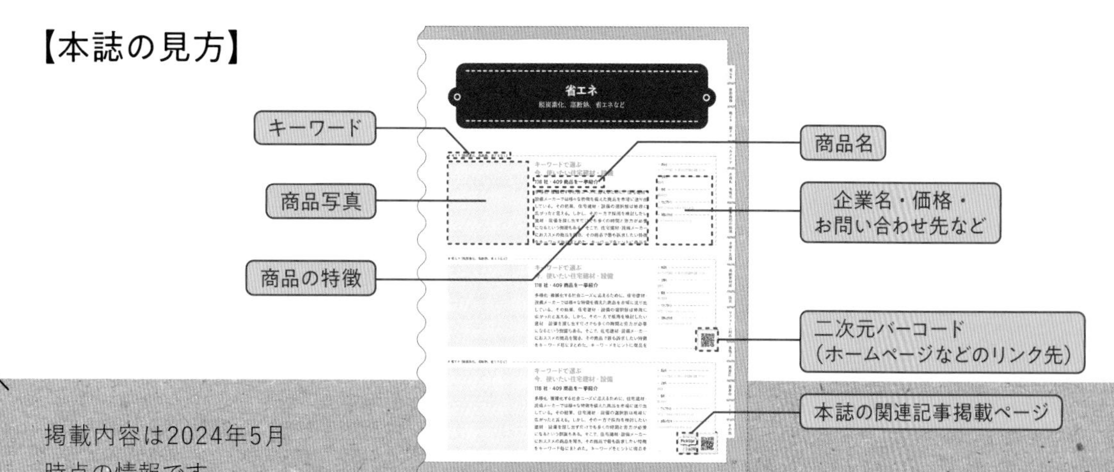

掲載内容は2024年5月
時点の情報です。

省エネ

脱炭素化、高断熱など

省エネ（脱炭素化、高断熱など）

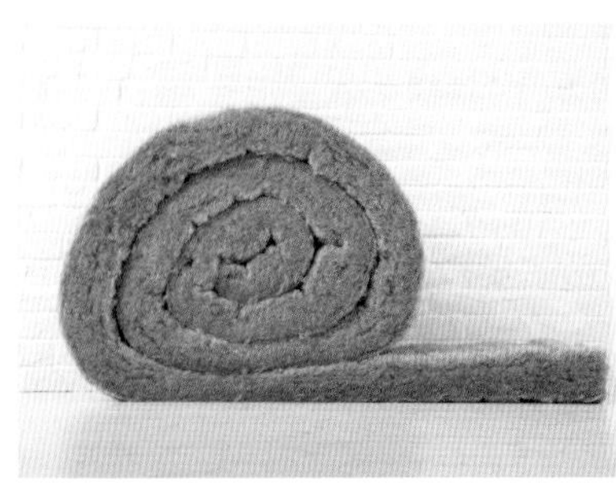

コストパフォーマンスに優れた羊毛断熱材

羊毛断熱材ウールブレス　R-110

ウールカーペット製造時に出る短い毛を再利用して製造するため環境に優しく、コストパフォーマンスにも優れた商品。Vタイプ・Nタイプの商品と同じく平成28年省エネ基準／断熱等級5に対応しており、子育てエコホーム支援事業対象商品だ。ウールのもつ調湿性によって壁内結露を防止する。製造時に接着剤などを使用していないため揮発性有害物質を発散せず、シックハウス対策に有効。防火構造認定取得済。

- 商品名
羊毛断熱材ウールブレス　R-110
- 企業名
株式会社アイティエヌジャパン
- 価格
問い合わせ
- ウェブサイト
https://www.itnjapan.com/
- お問い合わせ
itnjapan@itnjapan.com

省エネ（脱炭素化、高断熱など）

羊毛の調湿性で壁内結露を防止する断熱材

羊毛断熱材ウールブレス　V-100 ロール

ウールのもつ優れた調湿性によって壁内結露を防止する。周囲の湿度に応じて湿気を繊維内に閉じ込めたり放出したりすることができ、住宅の大敵である結露から構造躯体を守る。製造時に接着剤などを使用していないため揮発性有害物質を発散せず、シックハウス対策にも有効。平成28年省エネ基準／断熱等級5に対応する高い断熱性能をもち、子育てエコホーム支援事業対象商品。防露認定(V-100 ロール)・防火構造認定取得済。

- 商品名
羊毛断熱材ウールブレス　V-100ロール
- 企業名
株式会社アイティエヌジャパン
- 価格
問い合わせ
- ウェブサイト
https://www.itnjapan.com/
- お問い合わせ
itnjapan@itnjapan.com

省エネ（脱炭素化、高断熱など）

100%自然素材で安心な断熱材

羊毛断熱材ウールブレス　N-100

バージンウール100%+バインダーにとうもろこし繊維を使用した、自然素材100%の商品。ホルムアルデヒドなどの揮発性化学物質を発散せず、空気中の有害物質は繊維内に吸着するためシックハウス対策に有効。優れた調湿性によってカビやダニが生息しにくい湿度約40～60%を保ち、アレルギー発症を抑制する。平成28年省エネ基準／断熱等級5に対応しており、子育てエコホーム支援事業対象商品。防火構造認定取得済。

- 商品名
羊毛断熱材ウールブレス　N-100
- 企業名
株式会社アイティエヌジャパン
- 価格
問い合わせ
- ウェブサイト
https://www.itnjapan.com/
- お問い合わせ
itnjapan@itnjapan.com

省エネ（脱炭素化、高断熱など）

業界最高水準の断熱性能を誇る断熱ボード

アキレスジーワンボード（Z1 ボード）

業界最高水準の熱伝導率 0.018W/(m・K) を誇る硬質ウレタンフォーム断熱材。フォームは経年変化を抑え長期断熱性能を発揮し、アルミ箔面材の採用で優れた遮熱性能も有する。外張り断熱、付加断熱はもちろん充填断熱でも使用でき、ZEH、HEAT20 G1・G2 や断熱等級 6・7等で求められる高い断熱性能を実現する。

- 商品名
アキレスジーワンボード(Z1ボード)
- 企業名
アキレス株式会社
- 価格
厚さ30㎜ 幅910㎜ 長さ1,820㎜ で設計価格1万1,780円/枚(7,110円/㎡)(税別)
- ウェブサイト
https://www.achilles.jp/product/construction/insulation/heat-shielded-rigid-polyurethane-foam/

省エネ（脱炭素化、高断熱など）

最大 100㎜厚で断熱等級6・7に対応する断熱材

アキレスキューワンボード MA

高性能硬質ウレタンフォーム断熱材「キューワンボード」(熱伝導率 0.021W/(m・K)) の貼り合わせ加工で、さらなる高厚製品を拡充。最大 100㎜厚のラインアップで、断熱等性能等級「6」「7」に対応する。従来製品（厚さ 61㎜）の 1.6 倍以上の熱抵抗値 4.6㎡・K/W を実現し施工現場の二度張り作業を解放する。キューワンボード同様に両面アルミ箔面材による夏場の遮熱性能も担保する。

- 商品名
アキレスキューワンボードMA
- 企業名
アキレス株式会社
- 価格
厚み100㎜ 幅910㎜ 長さ1,820㎜で設計価格1万9,790円/枚(11,950円/㎡)(税別)※受注生産品
- ウェブサイト
https://www.achilles.jp/product/construction/insulation/heat-shielded-rigid-polyurethane-foam/

省エネ（脱炭素化、高断熱など）

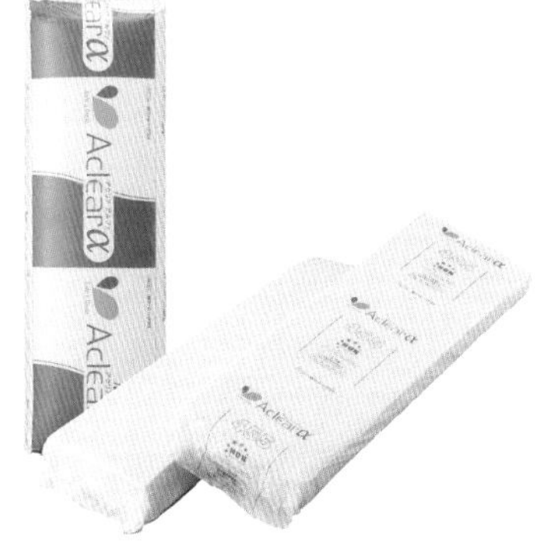

最新の細繊維技術で断熱性能を高めたグラスウール

アクリアα

アクリアαは従来のアクリアの繊維をさらに細繊維化することにより、住宅用グラスウール断熱材としては世界最高水準となる熱伝導率 0.032W/(m・K) を達成した断熱性能シリーズ NO.1（※ 1）の断熱材。高断熱住宅を実現する密度 36K タイプと 20K タイプをラインアップ。ZEH や HEAT20 など、ハイグレードな高断熱住宅におすすめ。（※ 1）同社比

- 商品名
アクリアα
- 企業名
旭ファイバーグラス株式会社
- 価格
アクリアマットαで1万2,240円/坪
- ウェブサイト
https://www.afgc.co.jp
- お問い合わせ
nandemo@afgc.co.jp

省エネ（脱炭素化、高断熱など）

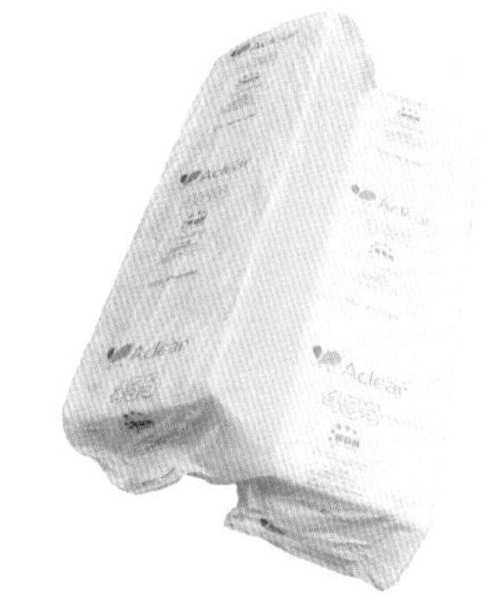

シリーズ最高厚みの高性能グラスウール

アクリアα R71

シリーズ最高の厚み 250 mmで、熱抵抗値 7.1㎡・K/W、熱伝導率 0.035W/(m・K) を実現。高断熱仕様の天井も 2 層にする施工の手間を省く。ZEH や HEAT20、断熱等性能等級 6・7 などの高断熱住宅の天井用におすすめ。

- 商品名
アクリアαR71
- 企業名
旭ファイバーグラス株式会社
- 価格
2万6,700円/坪
- ウェブサイト
https://www.afgc.co.jp
- お問い合わせ
nandemo@afgc.co.jp

省エネ（脱炭素化、高断熱など）

音を守りながら風を通す通気遮音ドア

通気遮音ドア

特殊な骨組み構造により、アンダーカットや換気ガラリを設置しなくても、シックハウス対策に有効とされている通気路を確保。トイレの洗浄音や会話などの生活音を、ささやき声レベルまでミュートできる遮音性能を持ち、相反する２つの性能を両立している。間取りの関係で窓がなくても換気ができ、快適な空間を確保できる。

- 商品名
  通気遮音ドア
- 企業名
  阿部興業株式会社
- 価格
  27万2,000円~
- ウェブサイト
  https://www.abekogyo.co.jp/
- お問い合わせ
  press@abekogyo.co.jp

省エネ（脱炭素化、高断熱など）

人にも地球にも優しい天然素材の断熱材

木繊維断熱材シュタイコ

ドイツを拠点に製造されている木繊維断熱材シュタイコは針葉樹の端材が原料。イソシアネートを含む接着剤やホルムアルデヒドなど、防蟻処理も含めて有害な化学物質は一切使用していない。また水や空気など環境に配慮した製造工程で管理され、梱包材に至るまで再利用可能な素材で作られている。非常に高い比熱容量と低い熱伝導率、更に透湿性により日本の気候にも最適でエコロジーな断熱材だ。

- 商品名
  木繊維断熱材シュタイコ
- 企業名
  株式会社イケダコーポレーション
- 価格
  シュタイコゼル（吹き込み断熱材）15kg/9,400円
- ウェブサイト
  https://iskcorp.com/
- お問い合わせ
  info@iskcorp.com

省エネ（脱炭素化、高断熱など）

高断熱ビーズ法
ポリスチレンフォーム断熱材

GP･MS フォーム

Graphite の効果により、透過輻射熱が減衰し、断熱性能が向上したビーズ法ポリスチレンフォーム断熱材（EPS）。熱伝導率 0.031W/(m･k) による高断熱化で従来より肉薄化を実現。床断熱材のプレカットにも対応している。

- 商品名
  GP･MSフォーム
- 企業名
  一村産業株式会社
- 価格
  オープン価格
- ウェブサイト
  www.ichimura.co.jp
- お問い合わせ
  koji.shiochi.p3@ima-ichimura.jp

省エネ（脱炭素化、高断熱など）

反転ができ清掃が容易な回転窓

TVF －滑り出し回転窓

外側に向かって滑り出し、ほぼ 180 度回転する。開き始めにあおり止めストッパーがかかり、開閉時に子どもの転落などの万一の事故を防止する。反転もできるためガラスの外側の掃除が簡単。また、反転時にもあおり止めストッパーが作動するため、2 階以上の場所でも安心して掃除ができる。通気のためにごくわずか開けた状態で固定することも可能。

- 商品名
  TVF－滑り出し回転窓
- 企業名
  ヴェステック株式会社
- 価格
  問い合わせ
- ウェブサイト
  https://www.vesttech.co.jp
- お問い合わせ
  vesttech@vesttech.co.jp

省エネ（脱炭素化、高断熱など）

絵画のように景色を美しく彩る窓

FL－フィックスウィンドウ

明りとりとして使用するはめ殺し窓。開き窓やベンチレーションと組み合わせることによりさまざまな用途に対応する。

- 商品名
FL－フィックスウィンドウ
- 企業名
ヴェステック株式会社
- 価格
問い合わせ
- ウェブサイト
https://www.vesttech.co.jp
- お問い合わせ
vesttech@vesttech.co.jp

省エネ（脱炭素化、高断熱など）

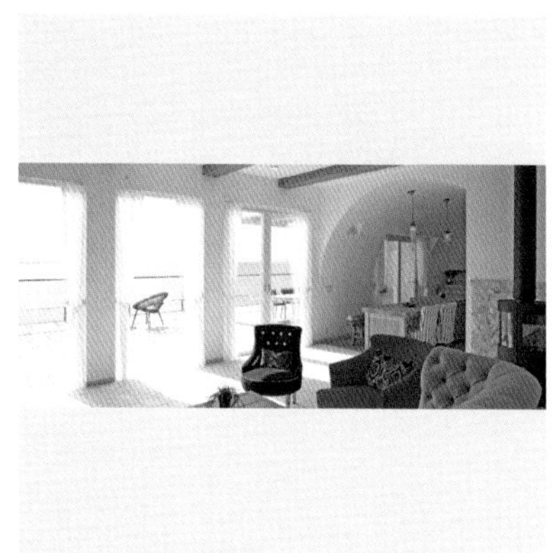

開放感をもたらすデザイナーズドア

FDG/FDG-2　テラスドア・ダブルテラスドア

全面ガラスの外開きドアで、片引き（FDG）・両開き（FDG-2）を用意。最大開き角度は約90度弱。ハンドルを倒すと扉は好みの位置・角度（無段階）で固定できる。

- 商品名
FDG/FDG-2　テラスドア・ダブルテラスドア
- 企業名
ヴェステック株式会社
- 価格
問い合わせ
- ウェブサイト
https://www.vesttech.co.jp
- お問い合わせ
vesttech@vesttech.co.jp

省エネ（脱炭素化、高断熱など）

重厚で安定感のある引き戸

TSD－スライディングドア

大開口部に最適な片引きドア。ハンドル操作により、四方すべてを引き込むことで、サイズにかかわらず開きの窓同様に高い気密性を発揮する。開口の大きさによっては引き分けドア・引き寄せドアの設置も可能。

- 商品名
TSD－スライディングドア
- 企業名
ヴェステック株式会社
- 価格
問い合わせ
- ウェブサイト
https://www.vesttech.co.jp
- お問い合わせ
vesttech@vesttech.co.jp

省エネ（脱炭素化、高断熱など）

再造林率100%で脱炭素社会に貢献する内装建材

無垢ピノアース建具

ウッドワンは自ら森を育て、加工・販売までを手掛ける。木を植え、間伐を行い、森を管理することで栄養豊富な森になり、さらに土砂や岩石を固定し崩れにくい森となる。木は伐採しても、また植えることで、その森を永く守っていくことにつながる。温室効果ガスであるCO_2は樹木に吸収され、伐採後も炭素として木材中に固定化される。ピノアース建具は使うだけで脱炭素社会に貢献できる地球環境に優しい建具。

- 商品名
無垢ピノアース建具
- 企業名
株式会社ウッドワン
- 価格
問い合わせ
- ウェブサイト
https://www.woodone.co.jp/
- お問い合わせ
pr-info@woodone.co.jp

省エネ（脱炭素化、高断熱など）

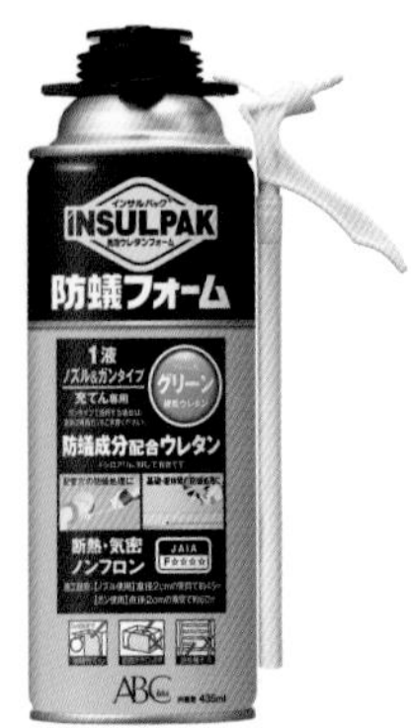

防蟻成分を配合した発泡ウレタンフォーム

インサルパック　防蟻フォーム

インサルパックシリーズの断熱・気密性能はそのままに、防蟻成分配合した木造住宅の基礎まわりに最適なウレタンフォーム。基礎断熱のすき間処理やバスユニットの基礎部におすすめだ。さらに、ノズルとガンの 2 仕様で使用可能なため、効率的に施工ができる。

- 商品名
インサルパック　防蟻フォーム
- 企業名
株式会社エービーシー商会
- 価格
オープン価格
- ウェブサイト
https://www.abc-t.co.jp/
- お問い合わせ
info-12@abc-t.co.jp

省エネ（脱炭素化、高断熱など）

低発泡で気密性・柔軟性をもつウレタンフォーム

インサルパック　エラスティックフォーム

木材や樹脂などの素材の動きに追従する弾性タイプの発泡ウレタンフォーム。低発泡でふくらみが少ないため、カットの手間を軽減。発泡圧によりサッシを歪ませる心配も少ない。少量のはみ出しならそのままボードに貼れるため、ゴミの量も軽減する。

- 商品名
インサルパック　エラスティックフォーム
- 企業名
株式会社エービーシー商会
- 価格
オープン価格
- ウェブサイト
https://www.abc-t.co.jp/
- お問い合わせ
info-12@abc-t.co.jp

省エネ（脱炭素化、高断熱など）

引違い窓の断熱性能も新たなステージへ

シャノンウインド NS50 トリプル

北欧レベルの断熱性能を日本のスタンダードに。引違い窓は構造上から気密性・断熱性を高めることが難しかった。今回シャノンウインド NS50 は、フレーム設計を大幅に見直すことで、1.0 を下回る 0.94W/(㎡・K) を実現。日本の文化といえる引違い窓でも高気密・高断熱住宅に採用できる。性能だけではなく、フレームのスリム化やユニバーサルデザインの観点から意匠性・機能性も向上させた。

- 商品名
シャノンウインドNS50トリプル
- 企業名
株式会社エクセルシャノン
- 価格
引違い窓 サッシサイズ :W1,:650 ㎜×H:2070 ㎜ 希望小売価格:22万2,900円(税込24万5,190円) サッシ色 :外観色:ルーセントシルバー、内観色:ホワイト ※表示価格はメーカー希望小売価格。消費税、大判ガラスはめ込み費、配送費、取付費、調整費、網戸代等は別。
- ウェブサイト
https://www.excelshanon.co.jp/ns50/
- お問い合わせ
call-exsh@excelshanon.co.jp

省エネ（脱炭素化、高断熱など）

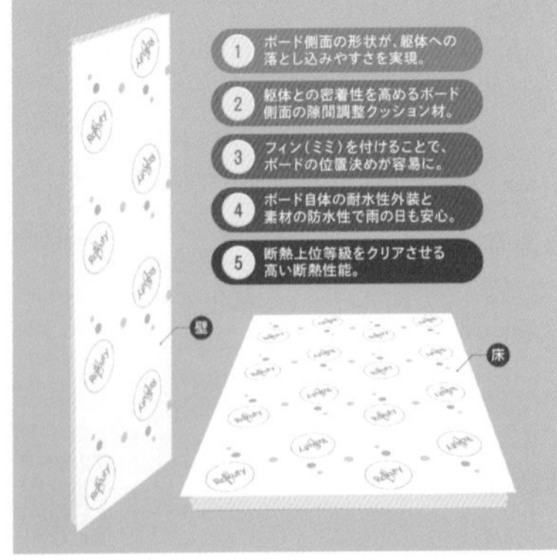

現場の声から生まれたウレタン断熱ボード

汎用断熱ボード　ラクティー

施工性・耐水性・断熱性能に優れたウレタン断熱ボード「ラクティー」。「もっと作業効率を上げたい」、「施工時のリスクを減らしたい」という現場で施工する方の声から生まれた。ボード側面の形状が押込みやすさを実現、フィン（ミミ）付で長期的にもズレ落ちる心配なし、不織布と硬質ウレタン独立気泡で水に強く、設置から取り付けまでスムーズな流れ、省エネ基準値をクリアする性能が大きな特長。

- 商品名
汎用断熱ボード　ラクティー
- 企業名
株式会社FPコーポレーション
- 価格
3,670円~ ※配送費込み。品番によって異なる。
- ウェブサイト
https://www.fpcorp.co.jp/
- お問い合わせ
info@fpcorp.co.jp

省エネ（脱炭素化、高断熱など）

FPウレタン断熱パネル 施工事例

熱伝導率 0.019、最高レベルの断熱性を持つ断熱パネル

FP ウレタン断熱パネル

屋根・壁・床 3 つの FP ウレタン断熱パネルで優れた断熱性、気密性、高い遮熱性を実現。HFO 発泡剤により世界最高レベルの熱伝導率「0.019 W /m·K」の断熱性能に加え、より経年劣化が抑えられる。職人技能に左右されない施工性と躯体性能と安定した住環境維持を実現。※ VC 加盟工務店向け製品。

- 商品名
  FPウレタン断熱パネル
- 企業名
  株式会社FPコーポレーション
- 価格
  オープン価格
- ウェブサイト
  https://www.fpcorp.co.jp
- お問い合わせ
  info@fpcorp.co.jp

省エネ（脱炭素化、高断熱など）

快適で安心な空間を創造する外付ブラインド

外付ブラインド　ブリイユ

「ブリイユ」は、快適･安心･省エネといった住まいのテーマを解決する多機能な外付ブラインド。夏は強力な日射を窓の外で遮るため、室内温度の上昇を防ぐ。また換気が必要な時は、外からの視線や侵入を防ぎつつ風を取り込んで安心して快適に過ごせる環境を作る。外付ブラインド「ブリイユ」は住む人の心地よさと安心、そして省エネルギーに貢献する。

- 商品名
  外付ブラインド ブリイユ
- 企業名
  オイレスECO株式会社
- 価格
- ウェブサイト
  https://briil.com/
- お問い合わせ
  fuy.sakamaki@oiles-eco.co.jp

省エネ（脱炭素化、高断熱など）

住宅の高性能化に貢献する断熱材

カネライトフォームスーパー EX

JIS A 9521 押出法ポリスチレンフォーム断熱材 3 種 bC である「カネライトフォームスーパー EX」は、熱伝導率 0.024W/(m・K)。建材 TR 制度対象製品であり、従来の 3 種 bA に対し断熱性能が約 15% もアップ。圧縮強さ 20N/c㎡以上、曲げ強さ 25N/c㎡以上と負荷がかかりやすい床断熱に向いている。また、親水性の低い独立した気泡構造により、ほとんど吸水しないため基礎断熱への採用も多い。

- 商品名
  カネライトフォームスーパーEX
- 企業名
  カネカケンテック株式会社
- 価格
  厚さ30×幅910×長さ1,820（㎜） 3,960円/枚
- ウェブサイト
  https://www2.kenzai.kaneka.co.jp/kanelite/images/catalog/cat003.pdf
- お問い合わせ
  kkt.tokyo2@kaneka.co.jp

省エネ（脱炭素化、高断熱など）

さらなる住宅の高性能化に貢献する断熱材

カネライトフォーム FX

JIS A 9521 押出法ポリスチレンフォーム断熱材 3 種 bD である「カネライトフォーム FX」は、熱伝導率 0.022W/(m·K)。建材 TR 制度対象製品であり、従来の 3 種 bA に対し断熱性能が約 20% もアップ。圧縮強さ 20N/c㎡以上、曲げ強さ 25N/c㎡以上と負荷がかかりやすい床断熱に向いている。また、親水性の低い独立した気泡構造により、ほとんど吸水しないため基礎断熱への採用も多い。

- 商品名
  カネライトフォームFX
- 企業名
  カネカケンテック株式会社
- 価格
  厚さ30×幅910×長さ1,820（㎜） 4,380円/枚
- ウェブサイト
  https://www2.kenzai.kaneka.co.jp/kanelite/images/catalog/cat004.pdf
- お問い合わせ
  kkt.tokyo2@kaneka.co.jp

\# 省エネ（脱炭素化、高断熱など）

進化する建築様式を快適にする畳用断熱材

カネライト畳フォーム

カネライト畳フォームは、畳床用に性能改良した畳用の専用フォームで、主に一般住宅および集合住宅用の畳床向け断熱材。カネライト畳フォームを芯材にしたカネライト畳は、より快適な住まいを創るために、畳本来の機能を生かしつつ断熱性・保温性・防湿性に優れ、耐久性まで兼ね備えている。タタミボードタイプ、オールフォームタイプ、稲わらサンドタイプと各種タイプを用意。

- 商品名
  カネライト畳フォーム
- 企業名
  カネカケンテック株式会社
- 価格
  問い合わせ
- ウェブサイト
  https://www2.kenzai.kaneka.co.jp/kanelite/images/catalog/cat007.pdf
- お問い合わせ
  kkt.tokyo2@kaneka.co.jp

\# 省エネ（脱炭素化、高断熱など）

「赤外線」と「紫外線」から屋根を護る

アレスダイナミックルーフ遮熱

アレスダイナミックルーフ遮熱は、2液タイプの弱溶剤形ハルスハイリッチシリコン樹脂系高日射反射率塗料。「赤外線」と「紫外線」をコントロールする「ダイナミックIRブロック技術」「ラジカル制御技術」を導入し、真夏の屋根表面の温度上昇を抑えて住環境を快適にするとともに、素材の劣化を抑制し屋根を長期保護する。

- 商品名
  アレスダイナミックルーフ遮熱
- 企業名
  関西ペイント株式会社
- 価格
  オープン価格
- ウェブサイト
  https://www.kansai.co.jp/alesdynamic/
- お問い合わせ
  yura02@als.kansai.co.jp

\# 省エネ（脱炭素化、高断熱など）

日本の住宅のために設計・開発した換気

Air save ダクトレス全熱交換換気システム

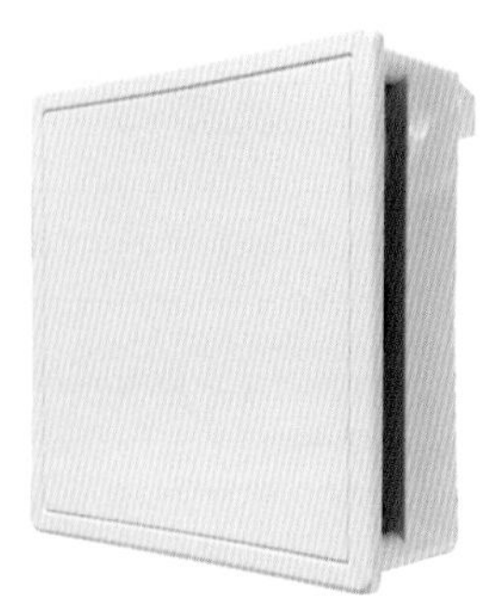

高い蓄熱性を持つセラミック熱交換素子によるダクトレス全熱交換型換気システム。排気する際にセラミックに熱を蓄え、給気する際に蓄熱した熱を室内に戻すため暖冷房負荷が軽減、暖冷房費を節約する。高性能DCブラシレスファンを採用し、比消費電力計算も優位、月々の電気代もお得に。ダクトレス化により構造上、室内天井の高さに左右されない。手入れもしやすい設計でフィルターサインが掃除時期を教えてくれる。

- 商品名
  Air save ダクトレス全熱交換換気システム
- 企業名
  株式会社キムラ
- 価格
  1棟2セットの場合 定価35万5,000円（税別）
- ウェブサイト
  https://www.kimuranet.jp/
- お問い合わせ
  product.sales@kimuranet.jp

\# 省エネ（脱炭素化、高断熱など）

家族の心まで温めるリビングバスルーム

システムバスルーム「セレヴィア」

「“水まわり”はもっと自由にリビングに近づくべき」との想いから、2024年2月に誕生した新しいバスルーム。機能性とデザインにもこだわり、リビングのような快適空間を実現する。床壁天井の全てに保温材を標準搭載し、浴室をまるごと保温するバスルームは、暖房や追い炊きの回数を軽減できるためエコにもつながり、次に入る人も温かく迎えられる。

- 商品名
  システムバスルーム「セレヴィア」
- 企業名
  クリナップ株式会社
- 価格
  122万8,000円～（税別）/基本プラン（サイズ1616・1坪用）
- ウェブサイト
  https://cleanup.jp/
- お問い合わせ
  inq@cleanup.jp

省エネ（脱炭素化、高断熱など）

器具のコンパクト化を実現し CO_2 削減に貢献

ライトバー間接照明

カーボンニュートラルに向けた取り組みの一環として、器具をこれまで以上にコンパクト化する事に成功。できる限り材料を削減し、製造時に発生する CO_2 を従来と比較し42%削減する事が可能となった。これは年間で140tの削減量となり、杉の木1万本が一年間で吸収する相応量を削減したことになる（CO_2 削減量14kg/杉の木1本）。用途に合わせて提案できるよう、色温度やサイズ等を豊富に取り揃えている。

- 商品名
  ライトバー間接照明
- 企業名
  コイズミ照明株式会社
- 価格
  ミドルパワータイプの場合：1万3,500円（税抜）～
- ウェブサイト
  https://www.koizumi-lt.co.jp/

省エネ（脱炭素化、高断熱など）

健康住宅を創る高性能断熱材

ミラフォーム／ミラフォームラムダ

これまで培ってきたプラスチック発泡技術により、熱伝導率は0.022W/(m・K)。独自の気泡膜により輻射熱を抑制 しガスバリア性をアップしたことに加え、気泡形状による熱伝導率の抑制効果で高い断熱性能を持つ。また、曲げ強さ（靭性）は20N/㎠以上、圧縮強さは10N/㎠以上、吸水量は0.01g/100㎠以下と、さまざまな高い性能を持つ。ノンフロン、ノンホルムアルデヒドなど人や環境にもやさしい。

- 商品名
  ミラフォーム　ミラフォームラムダ
- 企業名
  株式会社JSP
- 価格
  問い合わせ
- ウェブサイト
  https://www.co-jsp.co.jp/
- お問い合わせ
  m-uchimurta@co-jsp.co.jp

省エネ（脱炭素化、高断熱など）

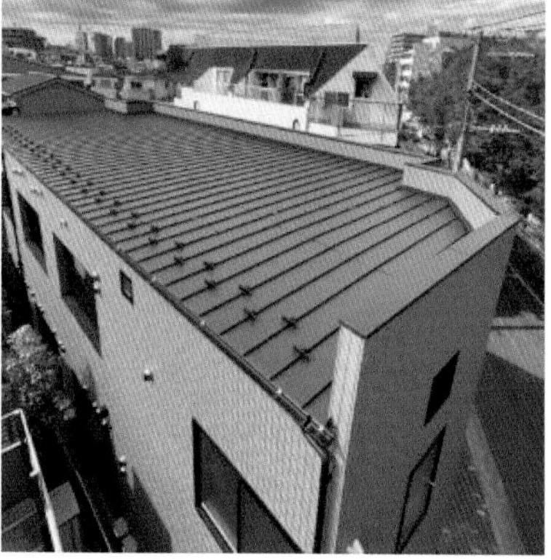

ジョイントできる立平葺き金属屋根

ジョイント立平

立平葺きにジョイント機能を持たせた業界初の嵌合式立平葺き屋根。従来の長尺立平葺きの長距離輸送や狭小地対応の配送・荷揚げ等の欠点を克服しつつ、高い防水性能と0.5寸の低勾配対応を可能にした。長さは扱い易い2m程度とし特殊工具も不要、一人施工も可能とし省施工に貢献する。漏水が心配なジョイント部分には、工場にて事前に防水シールを設置。施工熟練度に依存せずに「高い性能」と「安定品質」を実現。

- 商品名
  ジョイント立平
- 企業名
  JFE鋼板株式会社
- 価格
  問い合わせ
- ウェブサイト
  http://www.jfe-kouhan.co.jp
- お問い合わせ
  https://cpjb.f.msgs.jp/webapp/form/24052_cpjb_1/index.do

省エネ（脱炭素化、高断熱など）

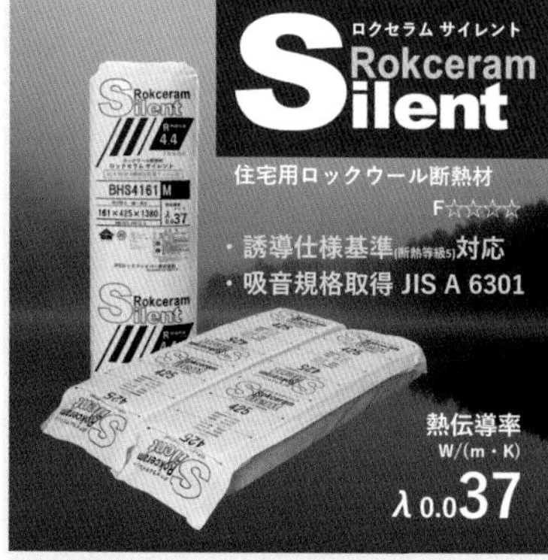

業界初、吸音規格を取得した住宅用断熱材

ロクセラム サイレント

耐久性に優れる「住宅用ロックウール断熱材」に加わった新たなシリーズ。壁用に100㎜(R＝2.7)、天井用に161㎜(R＝4.4)をラインアップし、断熱等級5の仕様基準（誘導基準）が1枚で施工可能。住宅用断熱材でありながら吸音規格を取得、リモートワーク用の部屋や気になる音への対策に、安心して採用できる。室内側には結露対策強化シート(JIS A 6930 A種相当)を付属し、結露対策も万全。

- 商品名
  ロクセラム サイレント
- 企業名
  JFEロックファイバー株式会社
- 価格
  設計価格 161㎜1万1,000円/坪　100㎜6,600円/坪
- ウェブサイト
  https://www.jfe-rockfiber.co.jp/index.html
- お問い合わせ
  https://www.jfe-rockfiber.co.jp/contact/index.html

省エネ（脱炭素化、高断熱など）

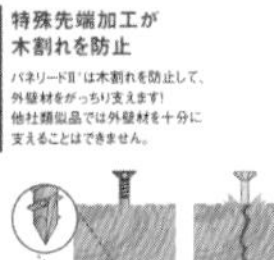

断熱材・外装材メーカー各社の推奨ビス

パネリードII +

外張り断熱工法ビスとして、優れた性能と施工性が評価された、断熱材メーカー・外装材メーカー各社の推奨品。付加断熱工法にも使用できる。外壁の垂れ下がりを防止する高い強度を実現しており、長寿命化する住宅にはもちろん、地震によっても外壁材の垂れ下がりを起こさず外張り断熱住宅を支える。外装材メーカーからの保証制度を受ける事が可能。それ以外の場合でも同社で最適なピッチの計算が可能だ。

- 商品名
パネリードII+
- 企業名
シネジック株式会社
- 価格
P6-100設計価格 44円/本
- ウェブサイト
https://www.synegic.co.jp/
- お問い合わせ
PR@synegic.co.jp

省エネ（脱炭素化、高断熱など）

テラス用オーニング

ジェノバ

窓上にすっきり納まるスタンダードなオーニング。間口2.5m ～最大 5.5 mまで豊富なサイズを取り揃えている。壁付型と自立型 2 パターンを用意。

- 商品名
ジェノバ
- 企業名
タカノ株式会社
- 価格
21万100円~
- ウェブサイト
https://www.takano-net.co.jp/exterior/product/kabetsuke/genova/
- お問い合わせ
exinfo@takano-net.co.jp

省エネ（脱炭素化、高断熱など）

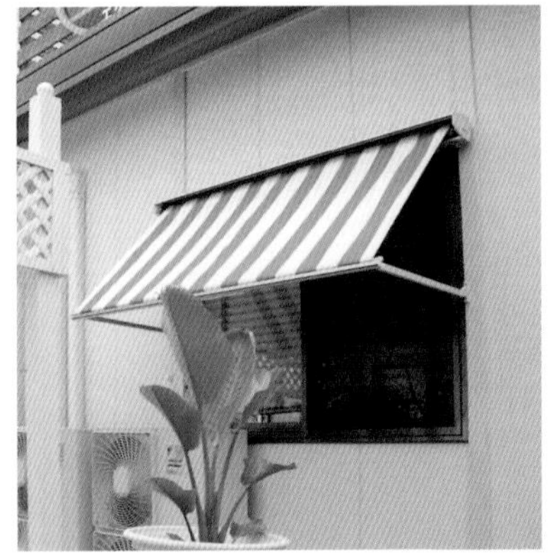

目隠しや西日除けに最適な窓用オーニング

ボスコ

キャンバスの開閉は好きなところで固定できるので、日差しの変化に合わせた微調整が簡単。目隠しや西日よけに最適な窓用オーニング。壁付型・自立型の 2 タイプを用意。

- 商品名
ボスコ
- 企業名
タカノ株式会社
- 価格
7万400円~
- ウェブサイト
https://www.takano-net.co.jp/exterior/product/kabetsuke/bosco-sw/
- お問い合わせ
exinfo@takano-net.co.jp

省エネ（脱炭素化、高断熱など）

自在に連棟可能な自立型オーニング

リパーロ

設置場所のレイアウトに合わて、縦横自在に連棟する事が可能なフリースタイルオーニング。大がかりな基礎工事が不要な「置き基礎」での設置も可能。2013 年度グッドデザイン賞受賞。

- 商品名
リパーロ
- 企業名
タカノ株式会社
- 価格
54万3,400円~
- ウェブサイト
https://www.takano-net.co.jp/exterior/product/ind/riparo/
- お問い合わせ
exinfo@takano-net.co.jp

省エネ（脱炭素化、高断熱など）

業界初の突風に対応した ベンチレーションシステム搭載パラソル

ステラ

「日本の気候に合った風に強いスタイリッシュなパラソルを」。そんな思いから誕生したパラソル。突然の強風に対応、ベンチレーション（風抜き）機構が自動開閉しパラソルの転倒・破損を防止する。

- 商品名：ステラ
- 企業名：タカノ株式会社
- 価格：58万8,000円
- ウェブサイト：https://www.takano-net.co.jp/exterior/product/lp/stella/
- お問い合わせ：exinfo@takano-net.co.jp

省エネ（脱炭素化、高断熱など）

コストパフォーマンスに優れた センターポールパラソル

ノバ

独自の特許技術「ベンチレーションシステム」を採用。パラソルの悩みである突風（吹き上げの風）での転倒・防止を防ぐ。

- 商品名：ノバ
- 企業名：タカノ株式会社
- 価格：9万8,000円
- ウェブサイト：https://www.takano-net.co.jp/exterior/product/dev/nova/
- お問い合わせ：exinfo@takano-net.co.jp

省エネ（脱炭素化、高断熱など）

浴室全体を極厚の保温材で完全防備

パーフェクト保温

保温材で浴室周囲（天井や浴室パネル）をぐるりと囲んでぬくもりをキープ。また、床は磁器タイルの下に保温材を挟んだ「キープクリーンフロア」。保温材が床下からの冷えた空気をシャットアウトし、冬場もしっかり温まる。浴槽外側に保温材を吹き付けた「高断熱浴槽」と、保温材入りの「断熱風呂フタ」をセットで使えば、温かさが長続き。追焚きの回数が減り、光熱費の節約にも。

- 商品名：パーフェクト保温
- 企業名：タカラスタンダード株式会社
- 価格：グランスパ1616サイズの場合 74万9,100円(税込)(税抜68万1,000円)～
- ウェブサイト：https://www.takara-standard.co.jp/
- お問い合わせ：asahi-kurokawa@takara-standard.co.jp

省エネ（脱炭素化、高断熱など）

防蟻性能を備えた断熱材

スタイロフォーム AT

「スタイロフォーム」にネオニコチノイド系の防蟻剤を配合し、断熱材自体にシロアリの食害を防ぐ効能を付与。防蟻剤の流出・拡散が生じにくく、15年経過時点でも薬剤効果が製造時と変わらない事を確認。スタイロフォームは吸水しにくい素材であり、基礎回りや土間部分等に適している。熱伝導率 0.028W/(m·K) で厚みは 100mm まで対応可能。

- 商品名：スタイロフォーム AT
- 企業名：デュポン・スタイロ株式会社
- 価格：問い合わせ
- ウェブサイト：https://www.dupontstyro.co.jp/
- お問い合わせ：web_site@dupontstyro.co.jp

高断熱化ニーズに対応するFランク断熱材

スタイロフォーム FG

断熱性能の最高レベルであるFランク、熱伝導率0.022W/(m・K)を達成。放射低減剤の使用および気泡形状の微細化をはかることにより、低熱伝導率を達成。断熱性能において既存製品の約20%の厚み低減が可能。

- 商品名
  スタイロフォーム FG
- 企業名
  デュポン・スタイロ株式会社
- 価格
  問い合わせ
- ウェブサイト
  https://www.dupontstyro.co.jp/
- お問い合わせ
  web_site@dupontstyro.co.jp

省エネ（脱炭素化、高断熱など）

遮熱機能を備えた断熱材

スタイロラスター

「スタイロフォーム」の表面に遮熱性に優れた特殊アルミ箔フィルムを積層することで、従来の「スタイロフォーム」の断熱性能に遮熱機能を付与。これにより、侵入熱を低減することができ、夏季における住宅の快適性や省エネルギー性の向上に貢献。遮熱層の表面には特殊加工を施し、「スタイロフォーム」と同等の滑り防止性能性を維持している。

- 商品名
  スタイロラスター
- 企業名
  デュポン・スタイロ株式会社
- 価格
  問い合わせ
- ウェブサイト
  https://www.dupontstyro.co.jp/
- お問い合わせ
  web_site@dupontstyro.co.jp

省エネ（脱炭素化、高断熱など）

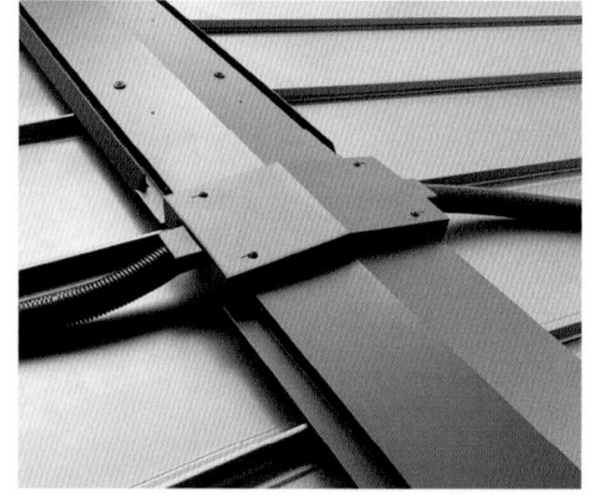

i-ROOF II用

太陽光発電に必須となる入線ユニット

入線ユニットシリーズ

太陽光発電設備の設置推進は全国規模で着々と動き出しており、政府や行政の方針に伴って市場のニーズにも動きがあるなかで、同社棟換気を導入している顧客からの要望を受け、「入線ユニット」シリーズに新たなラインアップを加えた。片流れ、切妻や寄棟の金属屋根、スレート瓦、シングル材に対応した棟換気に適合し、多種多様な屋根で活躍できる。

- 商品名
  入線ユニットシリーズ
- 企業名
  株式会社トーコー
- 価格
  各オープン価格
- ウェブサイト
  https://www.metal-toko.co.jp/
- お問い合わせ
  https://www.metal-toko.co.jp/contact/inquiry.html

省エネ（脱炭素化、高断熱など）

再配達のトラック運搬の排気ガスを減らす宅配ボックス

Nasta Box シリーズ

ネットショッピングが増加した今、再配達のトラック運搬による排気ガスが問題視されています。そのためには、宅配ボックスで注文した商品を安全に1回で受け取ることが大切。Nasta Box シリーズでは、宅配ボックスをより多くの住宅に届けるべく小型タイプから大型ロッカータイプまで、様々な規模・デザインにフィットする宅配ボックスを提案している。

- 商品名
  Nasta Boxシリーズ
- 企業名
  株式会社ナスタ
- 価格
  定価目安:7万9,200円~232万1,000円(税込)
- ウェブサイト
  https://www.nasta.co.jp/support/
- お問い合わせ
  https://www.nasta.co.jp/support/

省エネ
資源循環
創エネ・蓄エネ
ヘルスケア
木造化・木質化
家事負担の軽減
子育て支援
高齢者対応
防災
リフォーム対応
省施工
高意匠
長寿命
IoT
その他

省エネ（脱炭素化、高断熱など）

優れた断熱性のハニカムスクリーン

ハニカムスクリーン「レフィーナ」

優れた断熱性と洗練されたデザインが、快適で上質な空間をつくりだす「レフィーナ」。ハニカム構造が作り出す空気層が、冬は室内の暖かさを守り、夏は暑い陽射しを遮り冷暖房効率を高め、省エネに貢献する。自然を感じさせるテクスチャープリントや、人気のホワイト、グレイ系をはじめとしたインテリアとの統一感が楽しめるニュートラルなカラーを用意。安心・安全操作のスマートコード式や、電動式もラインアップしている。

・商品名
ハニカムスクリーン「レフィーナ」

・企業名
株式会社ニチベイ

・価格
参考価格 2万2,200円～（シングルスタイル コード式）※消費税および取付施工費、送料は含まれない

・ウェブサイト
https://www.nichi-bei.co.jp

・お問い合わせ
https://www.nichi-bei.co.jp/jsp/contact/contact.jsp

省エネ（脱炭素化、高断熱など）

シェア No.1 の現場発泡硬質ウレタン

アクアフォーム

アクアフォームは、温室効果の大きいフロンガスを使用せず、現場で水を用いて発泡させる断熱材。水を含むポリオールとイソシアネートを混合することで発生する炭酸ガスを発泡剤として使用し、人と地球に配慮した硬質ウレタンフォーム素材。アクアフォームは、無数の超微細気泡に多量の空気を含んでおり、他の断熱材よりも優れた断熱性能を発揮する。

・商品名
アクアフォーム

・企業名
株式会社日本アクア

・価格
問い合わせ

・ウェブサイト
https://www.n-aqua.jp/

・お問い合わせ
sys_monitoring@n-aqua.co.jp

省エネ（脱炭素化、高断熱など）

環境負荷を軽減する断熱材

アクアフォーム LITE

アクアフォーム LITE は、アクアフォームの品質を保ちつつ、環境への負荷を低減するために植物由来の原料を配合し、人々や環境に優しく、持続可能な社会に貢献する断熱材。アクアフォーム LITE は 120 倍発泡を実現し、原料の使用量を約 30％削減できる革新的な断熱材で、壁に吹き付けても軽量なため、建物の柱や構造に負担をかけない。

・商品名
アクアフォームLITE

・企業名
株式会社日本アクア

・価格
問い合わせ

・ウェブサイト
https://www.n-aqua.jp/

・お問い合わせ
sys_monitoring@n-aqua.co.jp

省エネ（脱炭素化、高断熱など）

断熱等級 6 以上に対応する断熱材

アクアフォーム NEO

従来の 30 倍発泡硬質ウレタンフォームには、HFC とノンフロンの 2 種類があり、それぞれに利点と欠点がある。しかし、アクアフォーム NEO は両者の利点を組み合わせ、採用した HFO 発泡剤は地球温暖化に寄与しない特性を持つ。さらに、HFC と同等の断熱性能を保ち、ノンフロンタイプの問題であるフォームの厚さも削減できる。これにより、環境に配慮した断熱材としてアクアフォーム NEO が注目されている。

・商品名
アクアフォームNEO

・企業名
株式会社日本アクア

・価格
問い合わせ

・ウェブサイト
https://www.n-aqua.jp/

・お問い合わせ
sys_monitoring@n-aqua.co.jp

省エネ（脱炭素化、高断熱など）

通気層確保用遮熱スペーサー

アクエアーシルバー

アクエアーシルバーは、アルミ層によって赤外線を反射し、反射熱（輻射熱）を抑える特徴を持つ。さらに、アルミ面が表面コーティングされているため、遮熱効果が長期間持続し、垂木間に取り付けるだけで簡単かつ確実に通気層（約 30mm）を確保できる。また、“寄棟用カット目安”や“ワンタッチ折り”の採用により、通気層工事の時間を大幅に短縮でき、透湿性もあり、湿気の排出を妨げない。

- 商品名
  アクエアーシルバー
- 企業名
  株式会社日本アクア
- 価格
  問い合わせ
- ウェブサイト
  https://www.n-aqua.jp/
- お問い合わせ
  sys_monitoring@n-aqua.co.jp

省エネ（脱炭素化、高断熱など）

結露対策・高断熱性に優れた窓ガラス

真空ガラス「スペーシア」

「スペーシア」は、世界で初めてつくられた真空ガラスだ。ガラスとガラスの間に真空層をつくることで、一枚ガラスの約 4 倍、一般的な複層ガラスの約 2 倍の断熱性能を実現。それにより結露の発生要因を抑え、結露対策にも効果を発揮する。

- 商品名
  真空ガラス「スペーシア」
- 企業名
  日本板硝子株式会社
- 価格
  4万5,000円/㎡(材のみ)
- ウェブサイト
  https://glass-wonderland.jp/
- お問い合わせ
  atsuko.goto@nsg.com

省エネ（脱炭素化、高断熱など）

質の良い空気を住宅に提供する換気システム

ルフロ 400

パワフルなファンと簡単メンテナンスで安定した換気量を維持する「ルフロ 400（LFB-400DC-V）」。小型かつ省エネながら長期間にわたり安定した換気量を維持する天井隠蔽型の第三種換気システム。ファンがパワフルなため、換気量が配管圧損や外風の影響を受けにくく、大きな物件でも 1 台で対応できる。メンテナンスは年 1 回で OK。浴室換気にも対応し、本体内に結露水が発生しても排出可能なドレンキャップ付き。

- 商品名
  ルフロ400
- 企業名
  日本住環境株式会社
- 価格
  16万1,000円
- ウェブサイト
  https://www.njkk.co.jp/
- お問い合わせ
  suzuki-t@njkk.co.jp

省エネ（脱炭素化、高断熱など）

環境にやさしい木質繊維断熱材

スーパージェットファイバー

古紙を再利用したセルローズファイバー断熱材は、省資源と省エネを両立した理想の断熱材。また、専門業者による隙間ない施工は素材の効果を十分に発揮する。

- 商品名
  スーパージェットファイバー
- 企業名
  日本製紙木材株式会社
- 価格
  天井300㎜(R7.5) 6,000円/㎡(材工)
- ウェブサイト
  https://jet-npl.com/
- お問い合わせ
  s-jetfiber@np-l.co.jp

省エネ（脱炭素化、高断熱など）

「上質なお湯を、より早く・より快適に」を実現するエコジョーズ。

GH-HKFL240Z(A)W

独自技術「高温水分配方式」も名称を改め「FLash」に変更、本体色もフラッシュゴールドへ変更し装いも新展開。昨今、省エネ意識が高まるなかで、節水シャワーヘッドや節水カランの需要も多く、特に美容系のシャワーヘッドなどは少ない湯量で使用することもあり、途中で冷たくなってしまうこともある。「FLash」であれば、その特性を100%引き出し安定したお湯を届ける。

- 商品名
  GH-HKFL240Z(A)W
- 企業名
  パーパス株式会社
- 価格
  希望小売価格・GH-HKFL240ZW:52万300円（税込）・GH-HKFL240AW:48万370円（税込）・GH-HKFL200ZW-1:50万7,760円（税込）・GH-HKFL200AW-1:46万7,940円（税込）
- ウェブサイト
  https://www.purpose.co.jp/
- お問い合わせ
  suzu2331@purpose.co.jp

省エネ（脱炭素化、高断熱など）

4～7地域の等級5、6仕様に最適な断熱材

ハウスロン ZERO

施工する方・住宅で暮らす方の健康を考え、原料にホルムアルデヒドを一切含まないノンホルムアルデヒド製品の高性能グラスウール断熱材。熱伝導率0.035W/（m・K）、0.038W/（m・K）の2ラインアップで、温暖地（4～7地域）において、「断熱等性能等級5、6」や「HEAT20 G1、G2」の基準を満たす断熱材の仕様に最適。

- 商品名
  ハウスロンZERO
- 企業名
  パラマウント硝子工業株式会社
- 価格
  設計価格 7,900円/坪～
- ウェブサイト
  https://www.pgm.co.jp
- お問い合わせ
  https://www.pgm.co.jp/mail/form.php

省エネ（脱炭素化、高断熱など）

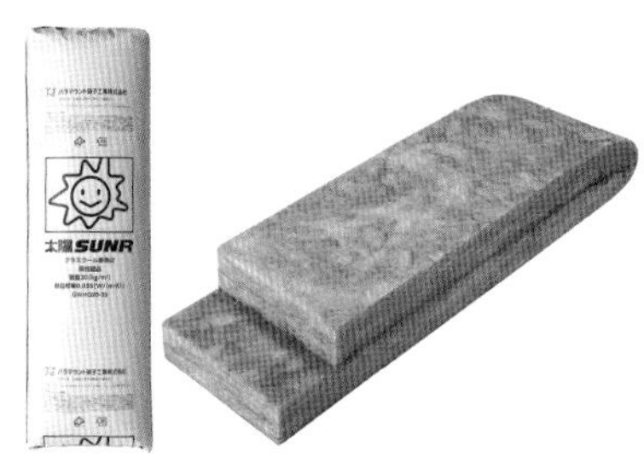

最上位の断熱性能を持つ断熱材

太陽 SUNR

パラマウント硝子工業のなかで最上位の断熱性能を持つ高性能グラスウール断熱材。熱伝導率0.032W/（m・K）と0.035W/(m・K)の2ラインアップ。「断熱等性能等級5、6、7」や「HEAT20 G1、G2、G3」の基準を満たす断熱材の仕様に最適。

- 商品名
  太陽SUNR
- 企業名
  パラマウント硝子工業株式会社
- 価格
  設計価格 1万900円/坪～
- ウェブサイト
  https://www.pgm.co.jp
- お問い合わせ
  https://www.pgm.co.jp/mail/form.php

省エネ（脱炭素化、高断熱など）

あったかピンクのグラスウール断熱材

太陽 SUN

1984年に日本で初めて開発・販売された高性能品。充填断熱・外張り断熱どちらへも対応可能な汎用性がある。現在も「高性能品はピンク色」と寒冷地シェアNo.1の高い評価で愛され続けている高性能グラスウール断熱材。

- 商品名
  太陽SUN
- 企業名
  パラマウント硝子工業株式会社
- 価格
  設計価格 4,500円/坪～
- ウェブサイト
  https://www.pgm.co.jp
- お問い合わせ
  https://www.pgm.co.jp/mail/form.php

省エネ（脱炭素化、高断熱など）

業界トップクラスの高い断熱性能を持つ断熱材

フェノバボード

業界最高クラス断熱性能（熱伝導率 0.019W/m・K）を有する断熱材。熱的にも科学的にも安定したフェノール樹脂と非フロンガスを採用しており断熱性能を長期間保持する。薄くても十分な断熱性能を持っているため、厚みの制限がある部位でも余裕を持った納まりが可能。高断熱なフェノバボードを使用することで暖冷房費を安く抑えることができ、快適で健康な省エネが実現できる。

- 商品名
  フェノバボード
- 企業名
  フクビ化学工業株式会社
- 価格
  問い合わせ
- ウェブサイト
  https://www.fukuvi.co.jp/
- お問い合わせ
  knz-kikaku@fukuvi.co.jp

省エネ（脱炭素化、高断熱など）

デザイン性と機能性をもつ遮熱生地

ルミ

遮熱の機能とデザイン性を兼ねそなえたテキスタイル"ルミ"。フィンランド在住のテキスタイルデザイナー吉澤葵氏が描いた雪の情景を、モチーフ部分を残してベース部分を溶かすバーンナウトプリントの技術で表現した。モチーフの輪郭の糸がふわふわと立ち上がり、ふぞろいなドットのかたちや並び具合には、雪らしい風情や手仕事のようなぬくもりが感じられる。

- 商品名
  ルミ
- 企業名
  株式会社フジエテキスタイル
- 価格
  3,490円/m²（生地価格・税別）
- ウェブサイト
  https://www.fujie-textile.co.jp/
- お問い合わせ
  fujie-tokyo@fujie-textile.co.jp

省エネ（脱炭素化、高断熱など）

植物由来の高性能グラスウール断熱材

イゾベール・コンフォート

防湿層なし高性能グラスウール（※別途、防湿層の施工が必要）。より高い断熱性、気密性、快適性（コンフォート）を求める家にお勧め。

- 商品名
  イゾベール・コンフォート
- 企業名
  マグ・イゾベール株式会社
- 価格
  問い合わせ
- ウェブサイト
  https://www.isover.co.jp/
- お問い合わせ
  info-magisover@saint-gobain.com

PickUp! ▷ p.044

省エネ（脱炭素化、高断熱など）

植物由来の防湿層付き高性能グラスウール

イゾベール・スタンダード

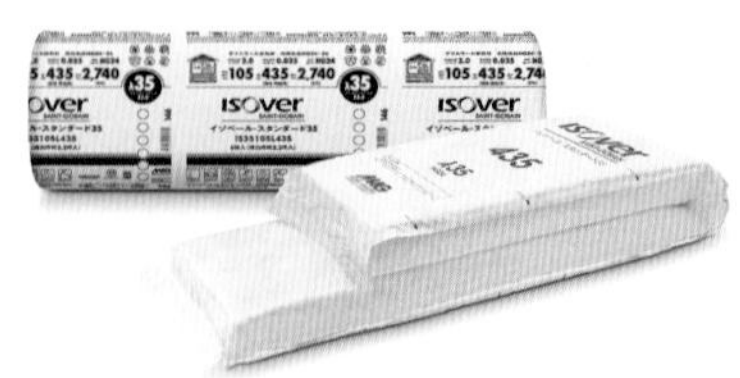

防湿層付き高性能グラスウール。日本の住宅市場における断熱材のスタンダード商品。

- 商品名
  イゾベール・スタンダード
- 企業名
  マグ・イゾベール株式会社
- 価格
  問い合わせ
- ウェブサイト
  https://www.isover.co.jp/
- お問い合わせ
  info-magisover@saint-gobain.com

PickUp! ▷ p.044

省エネ（脱炭素化、高断熱など）

躯体の長寿命化に貢献する、調質気密シート

イゾベール・バリオ　エクストラセーフ

防湿と透湿の性能を合わせ持ち、年間を通じて躯体内の湿気を管理する調湿気密シート。半透明なフィルムで、シートの上から躯体や断熱材の位置が確認できる。10㎝間隔のグリッド線付きでスケールなしでカットが可能。

- 商品名
イゾベール・バリオ エクストラセーフ
- 企業名
マグ・イゾベール株式会社
- 価格
問い合わせ
- ウェブサイト
https://www.isover.co.jp/
- お問い合わせ
info-magisover@saint-gobain.com

PickUp!
▷ p.044

省エネ（脱炭素化、高断熱など）

TOSTEM 最高峰のハイブリッド窓

TW

美しい日本の四季をスリムフレームで切り取るパノラマウィンドウ。室外側には強度と耐久性に優れたアルミを採用し、雨、風、日差しによる劣化を防ぐ。一方、室内側には断熱性に優れた樹脂を採用し、熱の出入りを抑制する。ハイブリッド構造と高性能ガラスを掛け合わせ、高い断熱性能を実現しながらもスリムフレームで開口部を広く確保。より多くの光や景色を採り入れながら、CO_2 削減に大きく貢献する。

- 商品名
TW
- 企業名
株式会社LIXIL
- 価格
ハイブリッド窓TW 単体引違い窓（複層ガラス） 28万600円 ※W1690×H2030 ※Low-E複層ガラス アルゴンガス入り（網戸代、消費税、取付費、運賃除く） ※外観:ブラック/内観:ブラック
- ウェブサイト
https://www.lixil.co.jp/lineup/window/tw-fgtw/

PickUp!
▷ p.032

省エネ（脱炭素化、高断熱など）

高い省エネ性を実現したハイブリッド給湯器

ハイブリッド給湯器 ECO ONE

ガスと電気で効率よくお湯をつくるハイブリッド給湯器 エコワン。従来型給湯器と比較し、年間給湯ランニングコストは約 6.8 万円削減、給湯一次エネルギー消費量を 45％削減（いずれも 160L タイプ）と、省エネ性能はトップクラスで、ZEH や CO_2 削減に大きく貢献する。電気やガスが遮断された場合でも、お湯を供給できるレジリエンス性も備える。毎日の暮らしにかかせない給湯器。

- 商品名
ハイブリッド給湯器 エコワン
- 企業名
リンナイ株式会社
- 価格
問い合わせ
- ウェブサイト
https://rinnai.jp/ecoone/
- お問い合わせ
eigyo-pr-info@rinnai.co.jp

省エネ（脱炭素化、高断熱など）

高断熱と日射熱取得を両立する窓

「APW 430」日射取得型ダブル Low-E トリプルガラス（クリア色）仕様

高性能トリプルガラス樹脂窓「APW 430」にダブル Low-E 仕様でありながら、断熱性能だけでなく日射熱取得率も向上させた高性能トリプルガラス「日射取得型ダブル Low-E トリプルガラス（クリア色）」仕様を追加。トリプルガラスで高い断熱性を実現するとともに、透過性の高いガラスを採用して日射熱取得率を上げることで、冬場の日射熱をより多く取り入れ暖房費の削減に繋がる。

- 商品名
「APW 430」日射取得型ダブル Low-E トリプルガラス（クリア色）仕様
- 企業名
YKK AP 株式会社
- 価格
引違いテラス戸 日射取得型ダブルLow-E トリプルガラス（クリア色）透明 アルゴンガス入・W1,690㎜×H2,030㎜、外観ホワイト/内観ホワイト 26万3,400円 ※消費税、組立施工費等は除く
- ウェブサイト
https://www.YKKap.co.jp/
- お問い合わせ
https://www.YKKap.co.jp/ask/contact/b_index.php

PickUp!
▷ p.046

資源循環

リサイクル、未利用素材利用など

資源循環（リサイクル、未利用素材利用など）

循環資源である植林木を使用した合板

地球樹 M クロス

植林・育林された北海道産針葉樹を使用した合板の表面にライナー紙を張り付けたクロス下地用合板として使用できるほか、大臣認定にて木造軸組工法（大壁床勝ち仕様）壁倍率 3.7 倍を取得しており、耐力面材としても使用できる。将来を見据えたリフォームにも有効。出隅コーナー材「地球樹 M コーナー」も用意。

- 商品名
  地球樹Mクロス
- 企業名
  伊藤忠建材株式会社
- 価格
  オープン価格
- ウェブサイト
  https://www.ick.co.jp/chikyugi/
- お問い合わせ
  info_ick@ick.co.jp

資源循環（リサイクル、未利用素材利用など）

地球樹 Neo オール植林木合板

地球樹 Neo オール植林木合板

地球樹 Neo 植林木合板「ALL 植林木複合合板」は、原材料には植林木のみを使用しており、同社独自管理による品質安定商品で、計画的な植林により安定供給性を向上。物性の異なる樹種を組み合わせることにより、強度及び釘・ねじ保持力を向上させている。

- 商品名
  地球樹Neoオール植林木合板
- 企業名
  伊藤忠建材株式会社
- 価格
  オープン価格
- ウェブサイト
  https://www.ick.co.jp/chikyugi/
- お問い合わせ
  info_ick@ick.co.jp

資源循環（リサイクル、未利用素材利用など）

襖芯材を利用したファブリックパネル台紙

すきにかざるぱねる【ファブリックパネル台紙】

すきにかざるぱねるは、元々和室襖の芯材に使われているタミロンという製品の形を変えて、ファブリックパネルなどの台紙にしたもの。タミロンとは発泡スチロールを特殊白紙で挟んだパネル。その裏面に、ファブリックを挟む溝、飾る際に使う丸穴をほどこしている。白い、軽い、凹みにくいと利点ばかり。ファブリック以外でも使用できる。

- 商品名
  すきにかざるぱねる【ファブリックパネル台紙】
- 企業名
  ウチヤマコーポレーション株式会社
- 価格
  175mm×175mm×厚15mm／1枚550円（税込）
- ウェブサイト
  https://uc-lifecreation.umc-net.co.jp/
- お問い合わせ
  mb.uc-lctokuhan@umc-net.co.jp

資源循環（リサイクル、未利用素材利用など）

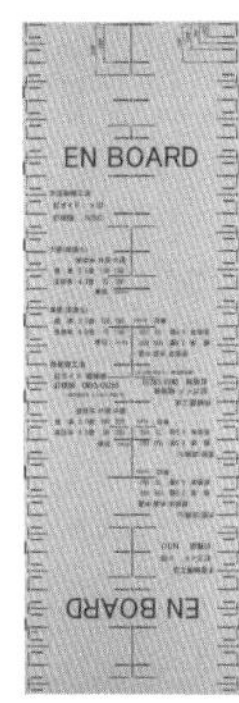

住宅の高性能化に最適な耐力面材

EN ボード

パーティクルボードによる構造用耐力面材。高い壁倍率、施工性、安定供給、コストパフォーマンスはもちろん、廃材や間伐材などをマテリアルリサイクルすることにより、SDGs にも貢献する。最新の設備で生産される EN ボードは①優れた耐水性と耐久性②高品質・高性能③面材ならではの耐震性④釘打ち表記に従って止めるだけの簡単施工——が特長。

- 商品名
ENボード
- 企業名
永大産業株式会社
- 価格
問い合わせ
- ウェブサイト
https://www.eidai.com
- お問い合わせ

資源循環（リサイクル、未利用素材利用など）

人と地球にやさしいリサイクル断熱材

セルローズファイバー断熱材　ダンパック

セルローズファイバー・ダンパックは紙からリサイクルされた安全で高性能な断熱材。木質繊維であるダンパックの繊維には小さな空気の粒が含まれている。そして、一本一本の細かい繊維が絡み合う事により、空気の層を作っている。断熱性と防音性に優れ、素材自体に吸放湿性能を持つことが特徴。また採用している吹込み工法は外気に触れる天井・外壁・床等隙間無く覆う事が出来るため、快適な住環境を作れる。

- 商品名
セルローズファイバー断熱材　ダンパック
- 企業名
王子製袋株式会社
- 価格
問い合わせ
- ウェブサイト
http://www.oji-dp.com/
- お問い合わせ
http://www.oji-dp.com/inquiry.html

資源循環（リサイクル、未利用素材利用など）

“がんばらない”を支えるキッチン

ステンレスキャビネットキッチン　ステディア

高温多湿の日本で、毎日使うキッチンをカビやニオイの発生、汚れからしっかり守るため、キッチンの内部構造（キャビネット）がステンレスで作られており、長寿命のうえ、リサイクルも簡単にできる構造となっている。買い替え時のリサイクルを促進する同社の取り組み「キッチンキャビリサイクルプログラム」対象商品。また、使う人が“頑張らずに”ワークトップやシンクなどをキレイに保つ工夫が、随所に施されたキッチンだ。

- 商品名
ステンレスキャビネットキッチン「ステディア」
- 企業名
クリナップ株式会社
- 価格
99万円~（税別）/基本プラン・I型255㎝・扉クラス5
- ウェブサイト
https://cleanup.jp/kitchen/stedia/
- お問い合わせ
inq@cleanup.jp

資源循環（リサイクル、未利用素材利用など）

セメントの質感を生かした無垢な内外装材

SOLIDO typeF coffee

セメントの質感を生かした無垢な素材「SOLIDO」。再生材材料を原材料に積極的に活用することで環境にも配慮した内外装用建材だ。塗装ではなくセメントから出るエフロをあえて意匠として使うことで従来の新建材の様な画一的な表情ではなく、一枚一枚が違う表情を持つことが特長。使用済のコーヒー豆カスをリサイクルし、原材料に占める再生材料の比率を約 60% まで高めた、持続可能な社会に貢献する商品だ。

- 商品名
SOLIDO typeF coffee
- 企業名
ケイミュー株式会社
- 価格
10尺品:9,680円/枚(税抜 8,800円/枚) 6 尺品:8,140円/枚(税抜 7,400円/枚) 3 尺品:4,070円/枚(税抜 3,700円/枚)
- ウェブサイト
https://www.kmew.co.jp/shouhin/solido/
- お問い合わせ
https://www.kmew.co.jp/inquiry/inquiry.php

資源循環（リサイクル、未利用素材利用など）

資源を再利用して生まれた環境に優しい壁紙

MEGUReWALL

車両内装のクッション材に使用される樹脂の端材や、稲を脱穀した際に出る籾殻、ヒノキを加工する際に出た端材といったリサイクル材を活用。資源を再利用することで、ライフサイクルにおける CO_2 排出量を削減し、環境負荷の低減に努めている。立体感のあるテクスチャーでデザインとカラーリングにもこだわった壁紙シリーズだ。

- 商品名
  MEGUReWALL
- 企業名
  株式会社サンゲツ
- 価格
  標準価格1,000円/M，1,090円/㎡（税別）
- ウェブサイト
  https://www.sangetsu.co.jp
- お問い合わせ
  kouhou@sangetsu.co.jp

資源循環（リサイクル、未利用素材利用など）

リサイクルガラスを使った透水性舗装材

リンクストーン G

粉砕・研磨したリサイクルガラスを無黄変ウレタン樹脂で固めた舗装材。独自のダブル接着工法により骨材が剥がれにくく施工性に優れている。舗装面には透水性があるため水たまりができにくく歩行も安心。カラーバリエーションは 5 色。エコマーク認定商品。

- 商品名
  リンクストーンG
- 企業名
  四国化成建材株式会社
- 価格
  2万6,880円/㎡（税込・材料目安価格）
- ウェブサイト
  https://kenzai.shikoku.co.jp

資源循環（リサイクル、未利用素材利用など）

使用済みをリサイクルしたタイルカーペット

ECOS LX-2700

水平循環型リサイクルタイルカーペット「ECOS®(エコス)」シリーズは、従来であれば使用後に埋立て処理するしかなかったタイルカーペットを回収し、その裏材を再生利用した商品。全 300 種類の中の一つ、ECOS LX-2700 TREBARK（トレバーク）は、再生材比率 71%、CO_2 削減率 48% を実現。樹皮をモチーフとした有機的なデザイン。

- 商品名
  ECOS LX-2700
- 企業名
  株式会社スミノエ
- 価格
  7,600円/㎡（税抜）
- ウェブサイト
  https://suminoe.jp/
- お問い合わせ
  https://suminoe.jp/inquiry/

資源循環（リサイクル、未利用素材利用など）

環境にも配慮した、質感豊かな塗装扉

リュッケファーブ

トクラス独自の人造大理石技術と塗装技術で、耐久性、意匠性、サスティナビリティを実現した、艶消し仕上げの塗装扉。人造大理石カウンターの製造時に出る端材を粉末にして塗料に混ぜることで、表面硬度 4 ～ 5H という高い耐久性を実現。扉の表面と木口を一体で塗りくるんだ継ぎ目のない仕上げにより耐汚染性や耐水性にも優れ、長く美しい状態を保つことができる。
※リュッケファーブ：デンマーク語で「幸せの色」の意味。

- 商品名
  リュッケファーブ
- 企業名
  トクラス株式会社
- 価格
  トクラスキッチンCollagia標準プラン（I型2550mm・吊戸あり）より、差額+25万7,700円
- ウェブサイト
  https://www.toclas.co.jp/
- お問い合わせ
  koho@toclas.co.jp

資源循環（リサイクル、未利用素材利用など）

卵の殻からうまれた高性能な調湿壁紙

エッグウォールシリーズ

エッグウォールは、細かく粉砕された卵の殻を原料にした壁紙。価格帯も「塗り壁」と「壁紙」の中間。壁紙でありながら、表情は塗り壁という新しい発想でつくられた製品。卵殻の多孔質な素材が、調湿･脱臭の効果を発揮。エッグウォールシリーズは卵殻の粒子の大きさや配合する原料を変え、さまざまなシリーズを取り揃えている。

- 商品名
  エッグウォールシリーズ
- 企業名
  日本エムテクス株式会社
- 価格
  定価(税抜･材料のみ):エッグウォール　6万円/巻(シリーズ各種3万6,000~7万円)　設計価格（税抜･材料のみ):エッグウォール　2,000円/m（シリーズ各種1,150~2,000円)
- ウェブサイト
  https://nmtecs.jp/
- お問い合わせ
  info@nmtecs.jp

資源循環（リサイクル、未利用素材利用など）

卵の殻からうまれた機能性ペイント

エッグペイント

主成分は卵の殻。これに珪藻土などの様々な自然素材をブレンドすることで、調湿や化学物質の吸着分解、ペット臭や部屋の臭いの元となるアンモニア臭の除去が可能に。施工中のにおいも気にならず、小さな子どもやペットがいる家でも安心。プラスターボードへの直塗りはもちろん、重ね塗りも可能。リフォームの際には、既存のクロスの上から塗るだけ。乾燥が早いので工期が短縮できるのも嬉しいポイント。

- 商品名
  エッグペイント
- 企業名
  日本エムテクス株式会社
- 価格
  定価(税抜･材料のみ)　2万9,000円/18kg缶(約45㎡/缶)、9,000円/4kg缶(約10㎡/缶)
- ウェブサイト
  https://nmtecs.jp/
- お問い合わせ
  info@nmtecs.jp

資源循環（リサイクル、未利用素材利用など）

デニムの端材を活用した左官材

NURU DENIM

大手デニム工場から排出される端材の課題解決の取り組みから開発された。日本国内では、工場から排出される洋服製造時の端材が、年間に約4万5000tになる。この排出されるデニムの端材を粉砕し、左官材へアップサイクルした。接着剤を使用していないため、古くなったら水をかけ再度練り直すと、また左官材としてよみがえる。排出される端材⇒アップサイクル⇒リユースというきれいな循環が可能な製品。

- 商品名
  NURU DENIM
- 企業名
  日本エムテクス株式会社
- 価格
  定価(税抜･材料のみ):1万8,100円（主材と専用下塗り材のセット　約6.6㎡/箱)
- ウェブサイト
  https://nmtecs.jp/
- お問い合わせ
  info@nmtecs.jp

資源循環（リサイクル、未利用素材利用など）

コルク栓をアップサイクルした貼るコルク

リコルクウッドパネル

飲食店やホテル等で日々消費されるワインやシャンパンのコルク栓をゴミとせず「素材」として着目、回収しアップサイクルして生まれた。既存製品「透湿壁紙　リコルク」とは厚みやコルクの表情を変え、定型のタイル状にし、『リコルクウッドパネル』として新たな商品が生まれた。1枚1枚がタイルのようになっており、端を揃えて施工したりレンガのように施工したり、貼り合わせによって空間の雰囲気を変えることができる。

- 商品名
  リコルクウッドパネル
- 企業名
  日本エムテクス株式会社
- 価格
  定価(税抜･材料のみ):2万6,460円/箱(約3.78㎡/箱)
- ウェブサイト
  https://nmtecs.jp/
- お問い合わせ
  info@nmtecs.jp

資源循環（リサイクル、未利用素材利用など）

卵殻を使った機能性タイル

エッグタイル

タイル1㎡あたり750個の卵殻をアップサイクルした地球に優しいタイル。吸放湿性に優れ、室内を快適な湿度に保つ力を持つ。たまごのような丸みを帯びた形状が穏やかで柔らかな印象を与える。カラーは真っ白なたまごを思わせる"プレーン"、まだら模様が入った"うずら"を用意。

- 商品名
エッグタイル
- 企業名
日本エムテクス株式会社
- 価格
定価(税抜・材料のみ):2万2,800円/箱(約1.68㎡)~
- ウェブサイト
https://nmtecs.jp/
- お問い合わせ
info@nmtecs.jp

資源循環（リサイクル、未利用素材利用など）

環境配慮型床下断熱材

フクフォーム Eco

製紙工程で出る産業古紙、再生プラスチック、コーンスターチを原料に、水発泡技術で製造した環境に優しい床下断熱材。厚み80㎜の熱抵抗値2.2㎡・K/Wで、発泡剤（断熱ガス）の発散がなく、長期にわたり断熱性能を維持する。受け金具は基本不要で、落下防止の不織布シートをタッカー留めするだけの簡単施工。ラインアップも豊富に取り揃え、また規格外寸法も受注生産で対応が可能。

- 商品名
フクフォームEco
- 企業名
フクビ化学工業株式会社
- 価格
問い合わせ
- ウェブサイト
https://www.fukuvi.co.jp/
- お問い合わせ
knz-kikaku@fukuvi.co.jp

資源循環（リサイクル、未利用素材利用など）

100%再生素材を使ったテキスタイル

トコシエ

100%リサイクルポリエステルで出来たテキスタイル。ニュートラルカラーを豊富に揃え、カーテンやクッション、ベッドカバーなど様々なシーンで活用できる。モール糸をふんだんに織り込むことで、手触りの良さと柔らかでグレード感のあるドレープを演出している。12配色を用意。

- 商品名
トコシエ
- 企業名
株式会社フジエテキスタイル
- 価格
7,210円/m²(生地価格・税別)
- ウェブサイト
https://www.fujie-textile.co.jp/
- お問い合わせ
fujie-tokyo@fujie-textile.co.jp

資源循環（リサイクル、未利用素材利用など）

廃木材と廃プラが原料の100%リサイクル素材

木材・プラスチック再生複合材　テクモク

建築解体現場や工場などから排出される廃木材と、廃棄処分となったプラスチックを原材料とした100%リサイクル素材。木とプラスチックの特性が生かされ、高い耐久性と安定した強度、天然木に近い手触りなど数々のメリットをもたらす。

- 商品名
木材・プラスチック再生複合材　テクモク
- 企業名
文化シヤッター株式会社
- 価格
要見積もり
- ウェブサイト
https://bunka-s-pro.jp/product/tecmoc/

資源循環（リサイクル、未利用素材利用など）

国内回収廃ペットボトルからできたカーテン

エシカ　カーテン

日本国内で回収された廃ペットボトルは海外品と比べて透明度がある。日本で消費したペットボトルを資源として作られた糸にこだわったカーテンだ。海に捨てられたプラスチックは自然界で分解されにくく小さな粒のマイクロプラスチックとなって海洋汚染や生態系に影響を与えている。同社は、環境汚染（海洋汚染）の削減と、自国で出した廃ペットボトルは自国で責任をもって消費することで、持続可能な社会を目指す。

- 商品名
  エシカ　カーテン
- 企業名
  リリカラ株式会社
- 価格
  1,200円/m
- ウェブサイト
  https://www.lilycolor.co.jp
- お問い合わせ
  https://www.lilycolor.co.jp/interior/contact/index.php

資源循環（リサイクル、未利用素材利用など）

デザイン性と機能性に優れたビニル床タイル

エルワイタイル

エルワイタイルは、デザイン性はもちろん、耐久性と防汚性に優れているため幅広い場所に使用できる。ワックスがけが不要、水拭きのみで汚れが拭き取れるノンワックスタイプも41点ラインアップ。簡単なお手入れで長い間きれいな状態を保つことができる。再生ビニル材とタイルの製造工程で発生する端材を活用し、リサイクルバッキング材として使用しているためCO_2排出量の削減にも貢献。全体の85%の商品がエコマーク認定品。

- 商品名
  エルワイタイル
- 企業名
  リリカラ株式会社
- 価格
  4,700円/㎡
- ウェブサイト
  https://www.lilycolor.co.jp
- お問い合わせ
  https://www.lilycolor.co.jp/interior/contact/index.php

資源循環（リサイクル、未利用素材利用など）

サステナブルなタイルカーペット

Tarkett DESSO

表面の繊維層には廃棄された漁網や使用済カーペットを原材料としたリサイクルナイロン「ECONYL®（エコニール）」を使用、バッキングにもリサイクル材を使用することで再生材比率62%以上を達成している。使用後は繊維層は繊維層へ、バッキング層はバッキング層へ100%循環可能な商品設計としている。「Futurity」「Iconic」「Desert AirMaster®」の3種類をラインアップ。

- 商品名
  Tarkett DESSO
- 企業名
  リリカラ株式会社
- 価格
  9,800円~1万4,800円
- ウェブサイト
  https://www.lilycolor.co.jp
- お問い合わせ
  https://www.lilycolor.co.jp/interior/contact/index.php

創エネ・蓄エネ

太陽光発電、蓄電池など

\# 創エネ・蓄エネ（太陽光発電、蓄電池など）

雪の重さから太陽光パネルを守る専用金具

耐雪アタッチメント

太陽光パネルと屋根の間に配置することで、積雪荷重による太陽光パネルの変形・破損を防ぐ太陽光パネルの専用金具。垂直積雪量 290㎝まで対応し、雪で設置できなかった市町村のうち 88%が設置可能に。専用金具セットを揃え、金属屋根や折版屋根など様々な屋根材に対応できる

- 商品名
  耐雪アタッチメント
- 企業名
  株式会社エクソル
- 価格
  オープン価格
- ウェブサイト
  https://www.xsol.co.jp/
- お問い合わせ
  koho@xsol.jp

\# 創エネ・蓄エネ（太陽光発電、蓄電池など）

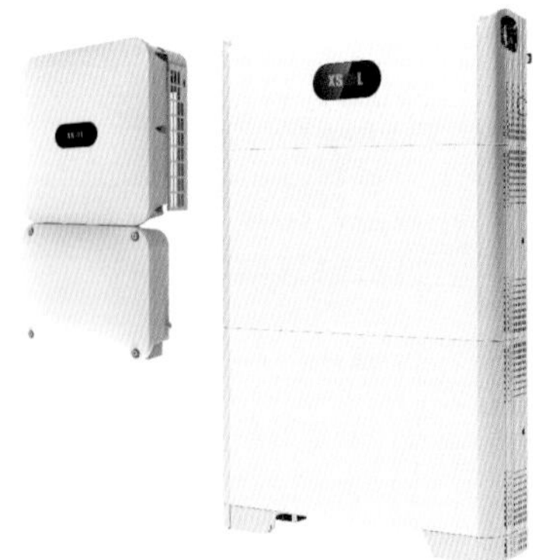

安心のリン酸鉄リチウムイオン電池採用の蓄電システム

ハイブリッド蓄電システム

業界最小・最軽量水準、省スペースでの設置が可能な蓄電システム。後から蓄電システム、蓄電池ユニットを増設することもできる。蓄電池ユニット 3 台（15kWh）を、太陽光発電で最短 3.3 時間でフル充電できる。「AI 診断機能」災害などによりケーブルが断線した場合でも、アーク放電を自動でシャットダウンし、電気火災の発生を防ぐ。

- 商品名
  ハイブリッド蓄電システム
- 企業名
  株式会社エクソル
- 価格
  オープン価格
- ウェブサイト
  https://www.xsol.co.jp/
- お問い合わせ
  koho@xsol.jp

\# 創エネ・蓄エネ（太陽光発電、蓄電池など）

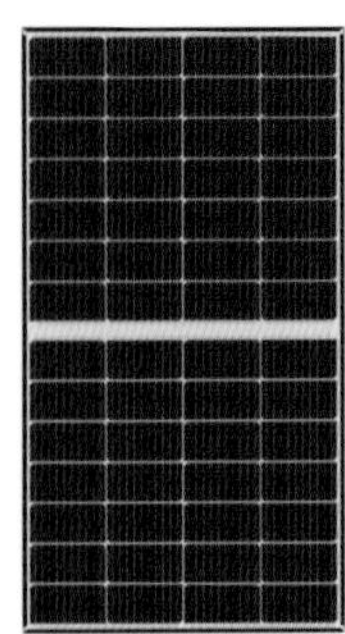

日本の住宅に最適なサイズを突き詰めた太陽光パネル

高電圧 マルチ・パフォーマンス・モジュール VOLTURBO（ボルターボ）「XLN56-235SC」

200 通りの屋根へのシミュレーションにより突き詰めた日本の住宅屋根に最適なサイズで、従来モデルよりもさらに屋根面積の狭い都市部や市街地等の住宅でも設置可能。最新の N 型セルを採用し、高い発電パフォーマンスを実現。また、雨水を利用して太陽光パネル表面の汚れを落とし、長期間安定的な発電も実現。2024 年夏発売予定。

- 商品名
  高電圧 マルチ・パフォーマンス・モジュール VOLTURBO（ボルターボ）「XLN56-235SC」
- 企業名
  株式会社エクソル
- 価格
  オープン価格
- ウェブサイト
  https://www.xsol.co.jp/
- お問い合わせ
  koho@xsol.jp

省エネ
資源循環
創エネ・蓄エネ
ヘルスケア
木造化・木質化
家事負担の軽減
子育て支援
高齢者対応
防災
リフォーム対応
省施工
高意匠
長寿命
IoT
その他

創エネ・蓄エネ（太陽光発電、蓄電池など）

安心なくらしを、バックアップする蓄電システム

全負荷型ハイブリッド蓄電システム POWER iE5 GRID

停電時に特定負荷のみでなく、家中のコンセントが使える全負荷対応モデルの「ハイブリッド蓄電システム」。停電時の自立出力が最大 5.5kVA、200V 出力対応で、停電時でも多くの家電製品を同時に使用することが可能。停電時だけでなく平常時においても、太陽光発電の余剰電力を蓄電池に貯め、日没後に電力を自家消費することができるので、電気代削減に貢献する。

- 商品名
全負荷型ハイブリッド蓄電システム POWER iE5 GRID
- 企業名
エリーパワー株式会社
- 価格
オープン価格
- ウェブサイト
https://www.eliiypower.co.jp/products/general/interconnection/pi5g

創エネ・蓄エネ（太陽光発電、蓄電池など）

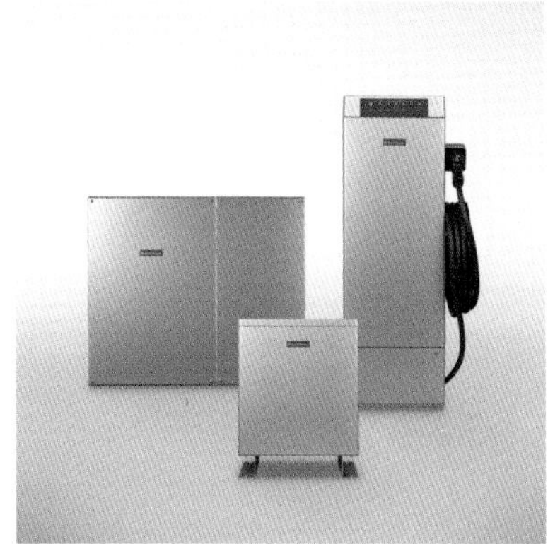

V2H 対応型蓄電システム

POWER iE Connect（パワーイエ・コネクト）

太陽光発電の電気を蓄電池だけでなく、電気自動車にも充電できる V2H 対応型の蓄電池システム。日中の太陽光の余った電気を蓄電池に貯めておけば、夜間に帰宅した電気自動車へ充電することもできる。停電時にも、蓄電池と電気自動車の両方から電気を使用できるので安心。自社開発の国産電池セルを搭載し、業界トップクラスの安全性と長寿命を実現。通信機能も搭載し、異常発生時は電話で知らせる。

- 商品名
POWER iE Connect（パワーイエ・コネクト）
- 企業名
エリーパワー株式会社
- 価格
希望小売価格 320万円（税抜）※V2Hスタンドはオプション品。
- ウェブサイト
https://www.eliiypower.co.jp/products/general/interconnection/pic

創エネ・蓄エネ（太陽光発電、蓄電池など）

カーポートのノウハウを生かした太陽光発電

エネジアース

これまでカーポートなどで培ってきた技術力を生かし、EPC 事業者など向けに開発した、カーポート型太陽光パネル架台。アルミ構造で耐積雪 150cm 、耐風圧 Vo = 46m/s の高強度を実現し、一般地域だけでなく、これまで設置が難しかった積雪地域まで幅広いエリアで再生可能エネルギーの活用に貢献できる。また EPC 事業者などと協力することでお互いの見識を生かした提案が可能。

- 商品名
エネジアース
- 企業名
三協立山株式会社　三協アルミ社
- 価格
問い合わせ
- ウェブサイト
https://alumi.st-grp.co.jp/

省エネ（脱炭素化、高断熱など）

初期費用無料で設置可能な太陽光発電システム

シェアでんき

初期費用が完全無料で設置可能な太陽光システム。太陽光で発電した電気を利用可能で、請求単価は業界最安値級の 22 円～ /kWh（税込）。アフターメンテナンスの対応不要。15 年後に太陽光システムを一括で無償譲渡する。非常時（停電時）も電気が使えて安心。導入後の夜間や雨天時の電力は利用者が自由に選択可能で制約なし。

- 商品名
シェアでんき
- 企業名
株式会社シェアリングエネルギー
- 価格
初期費用無料、22円～/kWh（税込）（別途足場代、設備利用料がかかる場合あり）
- ウェブサイト
https://share-denki.com/
- お問い合わせ
https://share-denki.com/partner/

\# 創エネ・蓄エネ（太陽光発電、蓄電池など）

発電機能を併せ持つカーポート

ソーラーカーポート POGERO

持続可能な社会の実現に向け、安心·安全を追求する「タカミヤ」が提案する次世代ソーラーカーポート。駐車スペースの有効活用と太陽光・雨水から愛車を守り、持続可能な未来の創造に貢献する。「Made in Japan の高品質」「シンプルな構造（屋根材自体が太陽光パネル）」「設置計画・施工サポートまでワンストップ」という3点が特長。

- 商品名
  ソーラーカーポートPOGERO
- 企業名
  株式会社タカミヤ
- 価格
  問い合わせ
- ウェブサイト
  https://www.takamiya.co/product/detail/154/
- お問い合わせ
  InfoSolarEnergy@takamiya.co

\# 創エネ・蓄エネ（太陽光発電、蓄電池など）

省エネ機器定額利用サービス

エネカリ

太陽光・蓄電池をはじめ、エコキュートなどの省エネ機器を初期費用０円、月々定額で利用できるサービス。利用期間中は故障時の修理費用は無料、アフターサポートはコールセンターが 24 時間 365 日対応する。利用期間満了後にはそのまま機器を施主に無償譲渡。費用面で無理なく太陽光·蓄電池を導入し、「光熱費を節約したい」「災害時に備えたい」という方にお勧めだ。

- 商品名
  エネカリ
- 企業名
  TEPCOホームテック株式会社
- 価格
  100万円~※設置する機器・容量・工事内容により異なります。
- ウェブサイト
  https://www.tepco-ht.co.jp/enekari/
- お問い合わせ
  ohmura.aya@tepco-ht.co.jp

\# 創エネ・蓄エネ（太陽光発電、蓄電池など）

駐車スペースを創エネスペースにするカーポート

E-port V シリーズ

太陽光パネル一体型カーポートで駐車場の上という空間が電気を生み出すスペースに変わる。積雪の多い地域（～150cm 以下）、風の強い地域（～ 46m/s）に設置可能なため日本全国多くの地域に導入可能。耐久性の高いアルミ材を採用し、特許技術の独自止水構造により雨漏れを防ぎ長期間安心して利用できる。今後、より住宅にマッチする色・オプション品をラインアップ予定。

- 商品名
  E-port Vシリーズ
- 企業名
  日栄インテック株式会社
- 価格
  200~250万円(2台用(約6kw)材工エンドユーザー向け)
- ウェブサイト
  https://www.nichieiintec.jp/
- お問い合わせ
  solar-info@nichieiintec.co.jp

\# 創エネ・蓄エネ（太陽光発電、蓄電池など）

太陽エネルギーで除湿・暖房補助可能な装置

ソーラーウォーマー

ソーラーウォーマーは太陽エネルギーを利用したシンプルな温風装置。冬は補助暖房として暖房負荷を減らし光熱費・CO_2 削減に大きな効果を発揮する。すべてが太陽エネルギーによってまかなわれるシステムのため、ランニングコストゼロ。春～夏は除湿・カビ予防効果を発揮し、別荘やガレージ、空き家、物置での使用にも効果的だ。また、洗濯物の部屋干し時には、衣類の乾燥時間を早め、衣類から出た湿気を取り除く。

- 商品名
  ソーラーウォーマー
- 企業名
  株式会社マツナガ
- 価格
  問い合わせ
- ウェブサイト
  https://www.ms-matsunaga.jp/
- お問い合わせ
  info2@ms-matsunaga.jp

省エネ
資源循環
創エネ・蓄エネ
ヘルスケア
木造化・木質化
家事負担の軽減
子育て支援
高齢者対応
防災
リフォーム対応
省施工
高意匠
長寿命
IoT
その他

ヘルスケア

ヒートショック、空気環境、抗菌・抗ウイルス、快眠など

ヘルスケア（ヒートショック、空気環境、抗菌・抗ウイルス、快眠など）

かざすだけで内側からも解錠できる木製ドア

タッチレスオープンドア

軽量木製ドア用のリニアエンジンを搭載した室内自動ドア。走行音、待機音が少ない低騒音タイプ。手かざしタイプなど、好みのセンサーを組み合わせることが可能。約5cmのレールにモーターとマイコンを内蔵した超コンパクト設計のため、通常の引戸と同様のスペースで使用できる。全開放機能、衝突反転機能など安全機能も標準装備。

- 商品名
  タッチレスオープンドア
- 企業名
  阿部興業株式会社
- 価格
  37万2,000円~
- ウェブサイト
  https://www.abekogyo.co.jp/
- お問い合わせ
  press@abekogyo.co.jp

ヘルスケア（ヒートショック、空気環境、抗菌・抗ウイルス、快眠など）

空気を洗う健康フローリング

エアー・ウォッシュ・フローリング 銘木フロアーラスティック

しっとりとしたマットな風合いのラスティック塗装に、可視光型光触媒による消臭、ウイルス、細菌、VOC低減効果をプラスした、安心、安全、健康かつ、天然木ツキ板のフローリング。

- 商品名
  エアー・ウォッシュ・フローリング 銘木フロアーラスティック
- 企業名
  株式会社イクタ
- 価格
  設計価格 9,090円/㎡~1万1,210円/㎡
- ウェブサイト
  https://ikuta.co.jp/
- お問い合わせ
  info@ikuta.co.jp

ヘルスケア（ヒートショック、空気環境、抗菌・抗ウイルス、快眠など）

スイス・アルプスから生まれた天然本漆喰

スイス漆喰

ヨーロッパで3000年以上前から使われている、人にも環境にも優しい天然100%の本漆喰。雄大なアルプスが育んだ石灰石から純度の高いものだけを厳選し、中世から続く伝統製法で今もつくり続けられている。素材そのものが持つ優れた性能により空気の綺麗な快適空間を実現。扱いやすさと強度、また自然本来の質感から世界で愛され続けているサスティナブルな建材。

- 商品名
  スイス漆喰
- 企業名
  株式会社イケダコーポレーション
- 価格
  3万1,000円(25kg)
- ウェブサイト
  https://iskcorp.com/
- お問い合わせ
  info@iskcorp.com

ヘルスケア（ヒートショック、空気環境、抗菌・抗ウイルス、快眠など）

ドイツ生まれの天然粘土塗料

レームファルベ

天然粘土塗料レームファルベは、さまざまな下地に施工可能な仕上げ材。下地に合わせて専用シーラーを塗布しローラーやブラシによる塗装のみで仕上げるという施工性の高さが特徴で、リフォームやDIYにも適している。調湿効果、消臭効果があり、また静電気抑制効果により空気中に埃が舞うことが少なくなり、アレルギーを起こしにくい健康な室内環境が期待される。

- 商品名
  レームファルベ
- 企業名
  株式会社イケダコーポレーション
- 価格
  1万700円~
- ウェブサイト
  https://iskcorp.com/
- お問い合わせ
  info@iskcorp.com

ヘルスケア（ヒートショック、空気環境、抗菌・抗ウイルス、快眠など）

自動調光・調色で生体リズムを整える照明

LC-FREE CIRCADIAN

朝、昼に十分な光を浴びることができず、夜間にはたくさんの光を浴びてしまったり、さまざまな室内環境や生活習慣で生体リズムが崩れ、睡眠に問題を抱えている人が増加している。朝は青空のような光でさわやかに目覚め、日中は白色光で活動的に。夜は低い色温度の光でリラックスしながらスムーズな眠りへ。自然光の周期に同調しながら生体リズムを整えるのに最適な光で、健康的な生活環境をサポートする。

- 商品名
  LC-FREE CIRCADIAN
- 企業名
  オーデリック株式会社
- 価格
  5万2000円
- ウェブサイト
  https://www.odelic.co.jp/
- お問い合わせ
  https://www.odelic.co.jp/support/

ヘルスケア（ヒートショック、空気環境、抗菌・抗ウイルス、快眠など）

温度差が無い住宅にするための冷暖房設備

床下冷暖房システム　airvolley（エアボレー）

床下に開放する暖気・冷気を間接的に居室空間に送風するため、程よい温度の床暖房を実現。暖房効果は抜群で体感が良く、ランニングコスト低減にも繋がる。もちろん冷房もとても快適だ。1階だけでも、全館でも導入可能で、全館の場合は1階の床暖房効果はそのままで、1階と2階の温度差が0.5℃という画期的な全館空調を実現。予算に、住まい方に、間取りに合わせた自由な空調プランもエアボレーのメリットの一つ。

- 商品名
  床下冷暖房システム　airvolley（エアボレー）
- 企業名
  株式会社キムラ
- 価格
  70万円程度から
- ウェブサイト
  https://arumik-skog.com/airvolley/
- お問い合わせ
  arumik-skog.info@kimuranet.jp

ヘルスケア（ヒートショック、空気環境、抗菌・抗ウイルス、快眠など）

遠赤外線で身体を冷やさないフローリング

温活フローリング Just Touch

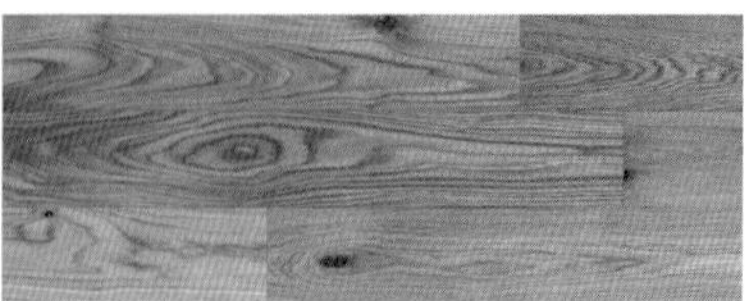

温活フローリング Just Touch は、これまでの木質フローリングとは全く異なる角度から開発した商品。見た目は一般的な木質フローリングと変わりないが、本商品には常温で遠赤外線を発する植物由来の成分がコーティングされている。足裏が床面に触れることで遠赤外線エネルギーが体内に吸収され血行が良くなり、カラダを冷やすことなく心地よい温かさを保つ。

- 商品名
  温活フローリング Just Touch
- 企業名
  株式会社ケースリー
- 価格
  設計価格 1万700円/㎡
- ウェブサイト
  https://www.just-touch.jp
- お問い合わせ
  kthree@just-touch.jp

ヘルスケア（ヒートショック、空気環境、抗菌・抗ウイルス、快眠など）

オゾンで除菌・消臭を実現した照明器具

オゾン発生器付小型シーリングライト

オゾンによる酸化作用で除菌・消臭を実現した小型シーリングライト。1畳から3畳程度で高さ2400㎜の空間を想定しており、人感センサを用いて照明が点灯し、消灯後にスリット状のオゾン発生口からファンによってオゾンを発生させ、除菌・消臭することが可能。オゾン濃度は0.1ppm以下になるように安全面にも配慮した設計とした。住宅の玄関やトイレなどの共有スペースなどで活用できる。

- 商品名
  オゾン発生器付小型シーリングライト
- 企業名
  コイズミ照明株式会社
- 価格
  6万5,000円(税抜)~
- ウェブサイト
  https://www.koizumi-lt.co.jp/

ヘルスケア（ヒートショック、空気環境、抗菌・抗ウイルス、快眠など）

足元から快適な生活を優しくサポートするカーペット

ロールカーペット

カーペットはホコリの舞い上がりを抑える効果や、歩行音やモノを落とした際の階下への音の緩和・反響音を抑える効果、転倒時の衝撃を吸収する効果を持つ。また、光の反射が少なく、部屋に敷くことで眩しさの軽減効果など、住宅におすすめしたい多くの効果を持つ商品だ。アレル物質除去等の機能性商品もラインアップ。やわらかな踏み心地で素足で過ごしても心地よいリラックス空間を演出する。

- 商品名
  ロールカーペット
- 企業名
  株式会社サンゲツ
- 価格
  標準価格 Aランク:3,700円/㎡~Kランク:2万8,000円/㎡(税別)
- ウェブサイト
  https://www.sangetsu.co.jp
- お問い合わせ
  kouhou@sangetsu.co.jp

ヘルスケア（ヒートショック、空気環境、抗菌・抗ウイルス、快眠など）

調湿性能、消臭性能に優れた高機能内装材

健康壁ヘルシアート

同社製品で最高レベルの吸放湿性能200g/㎡に加え、悪臭の吸着分解性能に優れる高機能な内装仕上げ材。室内の湿度が高いときは湿気を吸収、乾燥時は放出するため、結露を抑えてダニやカビの発生を抑制する。また、室内の生活臭やペット臭を吸着して分解するため、1年を通じて快適な室内環境を保つ。カラーバリエーションは75色。

- 商品名
  健康壁ヘルシアート
- 企業名
  四国化成建材株式会社
- 価格
  6,750円/㎡(税込・材料目安価格)
- ウェブサイト
  https://kenzai.shikoku.co.jp

ヘルスケア（ヒートショック、空気環境、抗菌・抗ウイルス、快眠など）

表情豊かで味わいある住まいをつくる内装材

けいそうモダンコート内装

吸放湿性能に優れた珪藻土（けいそうど）が主成分の内装仕上げ材。㎡あたり90gの吸放湿性能により室内の湿気をコントロール。結露を抑えてダニやカビの発生を抑制する。カラーバリエーションは75色。自然素材を使った塗り壁ならではの素材感は、窓から差し込む日光や照明によりその表情を変え、味わいのある住まいをつくる。ビニルクロスの上からも施工できるためリフォームにも最適だ。

- 商品名
  けいそうモダンコート内装
- 企業名
  四国化成建材株式会社
- 価格
  2,240円/㎡(税込・材料目安価格)
- ウェブサイト
  https://kenzai.shikoku.co.jp

ヘルスケア（ヒートショック、空気環境、抗菌・抗ウイルス、快眠など）

付着するウイルスを 99% 以上減少（※）するガラス

ウイルスクリーン

ウイルスクリーン ® αは抗菌・抗ウイルス効果のある銅系化合物と、有機物を分解する光触媒膜との相乗効果により、ガラス面に付着するウイルスを 99% 以上減少。
※同社試験結果

- 商品名
  ウイルスクリーン
- 企業名
  日本板硝子株式会社
- 価格
  問い合わせ
- ウェブサイト
  https://glass-wonderland.jp/
- お問い合わせ
  atsuko.goto@nsg.com

ヘルスケア（ヒートショック、空気環境、抗菌・抗ウイルス、快眠など）

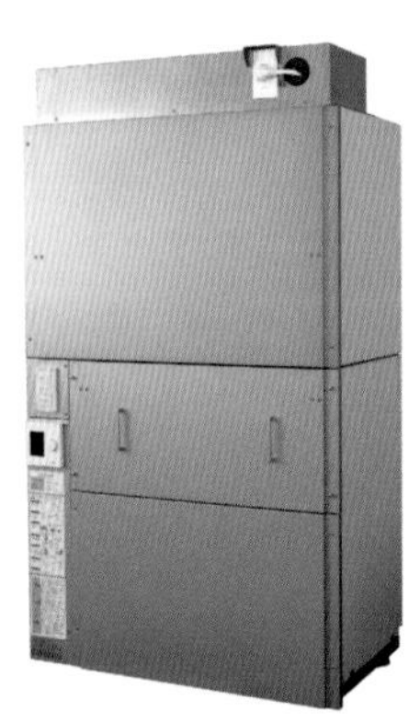

心地よい空調と温熱環境を実現する全館空調システム

全館空調熱交換気システム「ウイズエアー」

ウイズエアーは温度や湿度、新鮮な空気の換気、空気清浄、空気の循環を「おまかせ制御」。上質な空気を家じゅうにムダなく届ける。さらに、スマートフォンによる操作や将来のエアコン買い替え時の運転制御ソフトウェアの更新にも対応可能。

- 商品名
  全館空調熱交換気システム「ウイズエアー」
- 企業名
  パナソニック株式会社 空質空調社
- 価格
  問い合わせ
- ウェブサイト
  https://sumai.panasonic.jp/air/kanki/zenkan/

ヘルスケア（ヒートショック、空気環境、抗菌・抗ウイルス、快眠など）

さまざまな空間の気になるニオイを脱臭する“ナノイー発生機”

天井埋込形ナノイー発生機「エアイー」

暮らしやインテリアにフィットしながら様々な空間の気になるニオイを脱臭するナノイー発生機。エアイーはナノイーを発生しながら空間の空気を循環させることで、付着したタバコ臭、体臭、ペット臭などを自然減衰と比べ、大幅に低減。ダクト工事や木枠（下地）工事が不要なので、既設空間への取り付けも簡単。

- 商品名
  天井埋込形ナノイー発生機「エアイー」
- 企業名
  パナソニック株式会社 空質空調社
- 価格
  問い合わせ
- ウェブサイト
  https://sumai.panasonic.jp/air/kanki/nanoe/

ヘルスケア（ヒートショック、空気環境、抗菌・抗ウイルス、快眠など）

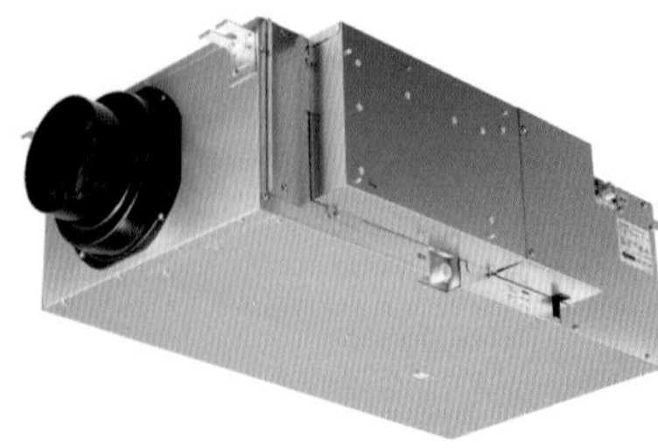

家全体を手間なくまるごと加湿できる加湿ユニット

天井埋込形 加湿ユニット「アクアシッター」

全館空調と組み合わせることで、家中を 24 時間自動で加湿し、冬場の乾燥を抑制する製品。また、自動給排水と加湿フィルターがない遠心破砕加湿方式により、日々のお手入れやメンテナンスの手間を軽減。部屋ごとに据置型加湿機を複数台設置することに比べ、消費電力を 32%削減する。

- 商品名
  天井埋込形 加湿ユニット「アクアシッター」
- 企業名
  パナソニック株式会社 空質空調社
- 価格
  問い合わせ
- ウェブサイト
  https://sumai.panasonic.jp/air/kanki/tenumekashitsu/

ヘルスケア（ヒートショック、空気環境、抗菌・抗ウイルス、快眠など）

ダクトレスで施工が簡単な熱交換気システム

壁掛け熱交換気システム

壁にパイプ取り付けの簡単施工。天井裏などのダクト施工が不要なため、ダクト式では設置が難しかった住宅への導入が可能になった。また、給排気ファン内蔵で強制同時給排気できる方式を採用。さらに温湿度を回収し、冷暖房コストを抑える全熱交換型の熱交換素子内蔵。ZEH住宅の申請における1次エネルギー消費量の計算では、「熱交換型換気設備」として入力できる。

- 商品名
  壁掛け熱交換気システム
- 企業名
  パナソニック株式会社 空質空調社
- 価格
  問い合わせ
- ウェブサイト
  https://sumai.panasonic.jp/air/kanki/kabekakefan/

ヘルスケア（ヒートショック、空気環境、抗菌・抗ウイルス、快眠など）

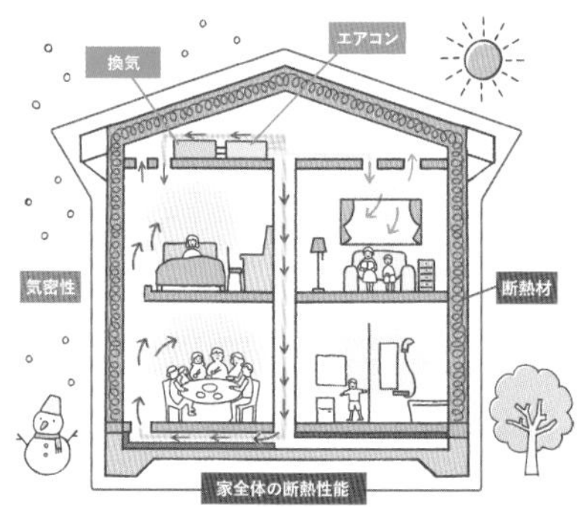

快適と省エネを両立させた全館空調システム

全館空調システム「エアロジック」

エアロジックは、適切な断熱性能を確保した上でその家の性能や住まい方に合った設備を選び、必要最低限のエネルギー（電気代）で暑さ&寒さのない暮らしを実現させよう、という考えから生まれた全館空調システム。断熱性能の提案から、空調計画・施工、アフターフォローに至るまで、全館空調導入に必要なプロセスをサポートする。サポートを通じて住まい手を寒暖ストレスから解放し、健康的な生活へと導く。

- 商品名
  全館空調システム「エアロジック」
- 企業名
  株式会社ユニソン
- 価格
  参考価格 100万円~300万円
- ウェブサイト
  https://www.unison-net.com/passive/
- お問い合わせ
  airlogic@unsn.co.jp

ヘルスケア（ヒートショック、空気環境、抗菌・抗ウイルス、快眠など）

南九州・シラス台地の砂の特性を活かした壁紙

シラスクロス

約3万年前に、南九州の姶良カンデラの噴火によって発生した巨大火砕流が堆積し形成された、最大150mもの厚さで積み重なっているシラス台地のシラス。非晶質の割合が60～80%占める特異な性質をもった“マグマセラミック”で、消臭・分解・抗菌・イオン化などの優れた機能を発揮する。さらに、壁紙を作る工程も人間の手を使うローテク製法にこだわり、エネルギー消費や地球環境への負荷が少ないのも特徴。

- 商品名
  シラスクロス
- 企業名
  リリカラ株式会社
- 価格
  1,500円/m(1,640円/㎡)
- ウェブサイト
  https://www.lilycolor.co.jp
- お問い合わせ
  https://www.lilycolor.co.jp/interior/contact/index.php

ヘルスケア（ヒートショック、空気環境、抗菌・抗ウイルス、快眠など）

部屋の気になる臭いを繰返し消臭する壁紙

空気を洗う壁紙®

部屋の気になる臭いを吸着・分解し消臭。壁紙表面の消臭加工「トリプルフレッシュ®」により臭いの原因物質を繰り返し消臭する。さりげなく空気のケアができる機能性壁紙で、快適な毎日を実現。多くの商業施設、ホテル、介護施設、病院などに採用されており、安心と信頼の消臭性能を持つ。

- 商品名
  空気を洗う壁紙。
- 企業名
  ルノン株式会社
- 価格
  参考価格 1,000円/m 材料価格
- ウェブサイト
  https://ssl.runon.co.jp
- お問い合わせ
  runon@sin.suminoe.co.jp

木造化・木質化

木構造用建材、木質化建材、国産材活用など

木造化・木質化（木構造用建材、木質化建材、国産材活用など）

燃え広がらず煙や有害ガスが出ない不燃木材

セルフネン不燃木材 SUS ▲ NOH（スサノヲ）

「不燃木材」という言葉は、同社が開発した「燃えない木材セルフネン」が木材として初めて、国土交通大臣「不燃材料」認定を取得したことがきっかけで誕生した。ホウ酸系の薬剤を使用しながらも、着色塗装の上に独自のウレタン塗装を施すことで、白華（薬剤が結晶化し表面に白く浮き出ること）は約 20 年経過しても生じない。火災時に煙と有害ガスを抑えて命を守り、火災から財産を守ることができる安全で安心な製品だ。

- 商品名
  セルフネン不燃木材SUS▲NOH（スサノヲ）
- 企業名
  株式会社アサノ不燃
- 価格
  問い合わせ
- ウェブサイト
  https://www.funen.jp
- お問い合わせ
  asano-info@funen.jp

木造化・木質化（木構造用建材、木質化建材、国産材活用など）

木のぬくもりと香りを感じる不燃のぬり壁材

セルフネン木ぬり壁

不燃木材（国産スギ）の木粉を活用したサステナブルな室内用の塗り壁材。素材の風合いや木の香りを感じることができ、柔らかな雰囲気の空間に仕上がる。室内を快適に保つ、防カビ・調湿・保温・消臭効果があり、約 10 分で 90% のアンモニア臭を吸収する。有害な化学物質は使用していないためシックハウスは無縁で、F ☆☆☆☆と同様に使用でき安心だ。国土交通大臣「不燃材料」認定。

- 商品名
  セルフネン木ぬり壁
- 企業名
  株式会社アサノ不燃
- 価格
  問い合わせ
- ウェブサイト
  https://www.funen.jp
- お問い合わせ
  asano-info@funen.jp

木造化・木質化（木構造用建材、木質化建材、国産材活用など）

木造耐火建築を実現する 2 時間耐火の構造材

セルフネン耐火木材

「セルフネン耐火木材（メンブレン型）」は木造の耐火建築物を実現する構造材（柱）だ。純木質であるため、耐火条件が厳しい場所でも防火性と意匠性の両立を可能にする。また、H 型の鉄骨と耐火木材を組み合わせたハイブリッドな「セルフネン耐火木材（鋼材内蔵型）」は国土交通大臣の 2 時間耐火を取得している。国産木材を多く利用することで、脱炭素社会の実現に貢献し、国内林業の活性化を支援する。

- 商品名
  セルフネン耐火木材
- 企業名
  株式会社アサノ不燃
- 価格
  問い合わせ
- ウェブサイト
  https://www.funen.jp
- お問い合わせ
  asano-info@funen.jp

木造化・木質化（木構造用建材、木質化建材、国産材活用など）

基材から化粧材まですべてに国産材を使用した床材

Live Natural Premium オール国産材

これまで活用されていなかった国産広葉樹の小径木をフローリングの化粧材として活用した無垢材挽き板フローリング。広葉樹の木材としての価値を高め、持続可能な森林経営や木材生産を行う地域の活性化、日本の里山にある豊かな自然を守ることに貢献したい、という思いから生まれた。基材には、国産ヒノキ合板と国産材単板を組み合わせたハイブリッド合板を使用し、床暖房仕上げ材として使用できる。

- 商品名
  Live Natural Premium オール国産材
- 企業名
  朝日ウッドテック株式会社
- 価格
  2万2,470円～2万2,880円/㎡
- ウェブサイト
  https://www.woodtec.co.jp/products/lineup/flooring/livenaturalpremium/all-kokusan/

木造化・木質化（木構造用建材、木質化建材、国産材活用など）

高い不燃性能を持つ木質壁・天井材

the wall 不燃タイプ

“壁”や“天井”は、床と同様に内装で広い面積を占め、一面を変更するだけで空間に個性を出せる。「the wall 不燃タイプ」は、表面に天然木を使用しながら高い不燃性能を持つ内装用壁・天井材。住宅の火気使用室や公共物件など、内装制限のかかる空間でも安心して木の温もりを楽しめる。第一弾として、人気の高い「レッドシダー」の不燃タイプを発売しており、バリエーションは今後拡充予定。

- 商品名
  the wall 不燃タイプ
- 企業名
  朝日ウッドテック株式会社
- 価格
  2万2,290円/㎡・税抜
- ウェブサイト
  https://www.woodtec.co.jp/thewall/redcedar/funen

木造化・木質化（木構造用建材、木質化建材、国産材活用など）

空間価値を圧倒的に上げる銘木内装材

WOODRIUM

内装ボード材、階段材、手摺材をラインアップする内装建材ブランド。それぞれの製品表面には、2mmの挽き板もしくは無垢集成材を使用しており、床材などと組み合わせることで銘木に囲まれたより豊かな空間を実現できる。水廻りに対応可能な強化塗装も用意しており、テーブルや階段、手摺はもちろん、キッチンサイドや洗面台のカウンタートップ等、これまで木を使うという発想がなかった場所にも銘木の豊かさを提供。

- 商品名
  WOODRIUM
- 企業名
  朝日ウッドテック株式会社
- 価格
  WOODRIUMボード（挽き板）：オーダー品の場合10万円～16万8,000円/㎡（税別）※サイズ（厚み27mm、巾150～1,050mm、長さ450～2,700mmの寸法範囲内でプレカット対応）
- ウェブサイト
  https://www.woodtec.co.jp/woodrium/

木造化・木質化（木構造用建材、木質化建材、国産材活用など）

190年以上続く自然素材でできた紙クロス

オガファーザー

ドイツ製の紙クロスで、再生紙と木の製材時にでるおがくずを使ったウッドチップクロスと、バージンパルプを使ったフリースクロスがある。塗装用の下地壁紙として生まれた素材で、一度張ると張り替えの必要がなく、呼吸性のある塗料で10回以上の塗り替えが可能なため廃棄物を出さない。塩ビクロスと異なり透湿性に優れカビの発生リスクを低減し、快適な室内環境を作ることができる。

- 商品名
  オガファーザー
- 企業名
  株式会社イケダコーポレーション
- 価格
  1万6,500円～
- ウェブサイト
  https://iskcorp.com/
- お問い合わせ
  info@iskcorp.com

木造化・木質化（木構造用建材、木質化建材、国産材活用など）

天然木を使用した上質な木製玄関ドア

BESDOOR -Charm-

天然素材を使用した断熱性の高い木製玄関ドア。暮らすほどに愛着のわく、天然の木材に囲まれた豊かな暮らしを提供する。

- 商品名
BESDOOR -Charm-
- 企業名
ヴェステック株式会社
- 価格
問い合わせ
- ウェブサイト
https://www.vesttech.co.jp
- お問い合わせ
vesttech@vesttech.co.jp

木造化・木質化（木構造用建材、木質化建材、国産材活用など）

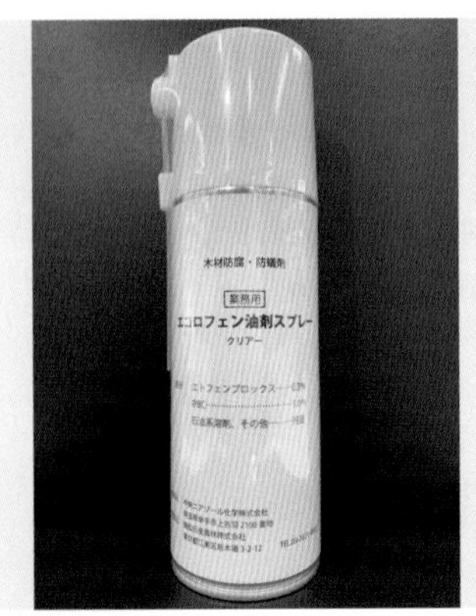

片手でかんたんに施工できる防腐防蟻処理剤

エコロフェン油剤スプレー

スプレータイプの木材防腐防蟻処理商品。ノズル付きのため、刷毛やローラーでは届かない細かい隙間や奥の部材まで防腐処理ができる。シロアリに対し即効性を示し、シロアリや腐れに対し持続性が高い。有効成分は無色で木材の風合いを残す。成分は揮発しにくく、人体への影響が少ないことが特徴。

- 商品名
エコロフェン油剤スプレー
- 企業名
兼松サステック株式会社
- 価格
3,000円
- ウェブサイト
https://www.ksustech.co.jp/
- お問い合わせ
e-inoue@ksustech.co.jp

木造化・木質化（木構造用建材、木質化建材、国産材活用など）

雨でも滑りにくいウッドデッキ用木材

かまぼこデッキ板

無垢のデッキ木材は、木表を使うと水が溜まる。木裏を使うとささくれや剥がれが生じてしまう。そんな悩みを解決する製品だ。ニッサンクリーンAZN乾式防腐処理済み「かまぼこデッキ板」は、木材の反りを考慮して表面に緩いR面を施したデッキ板。雨が降っても水はけが良いため滑りにくく、水分による表面の劣化も少なく木目の美しさを保つ。AZN乾式防腐は木材の風合いをそのままに木材の感触を感じられる。

- 商品名
かまぼこデッキ板
- 企業名
兼松サステック株式会社
- 価格
問い合わせ
- ウェブサイト
https://www.ksustech.co.jp/
- お問い合わせ
e-inoue@ksustech.co.jp

木造化・木質化（木構造用建材、木質化建材、国産材活用など）

木材の色も形も変えない乾式保存処理材

AZN乾式注入処理

乾式防腐・防蟻処理方法は、溶媒に水を使用しないため木材が膨潤せず寸法変化が少ない。木材への浸透性が高く、低毒性の薬剤で処理できる。また処理後すぐに塗装、接着作業ができる。寸法精度を要求される住宅の構造材に最適だ。

- 商品名
AZN乾式注入処理
- 企業名
兼松サステック株式会社
- 価格
問い合わせ
- ウェブサイト
https://www.ksustech.co.jp/whm/profile/index.html
- お問い合わせ
e-inoue@ksustech.co.jp

木造化・木質化（木構造用建材、木質化建材、国産材活用など）

簡単施工・シンプルデザインの木製床ガラリ

フロアーベント［ストライプ］

床との段差がないバリアフリータイプの木製床ガラリ。木の素材感を活かしつつ、直線で構成されたシンプルなデザインのため、インテリア性を損なうことなく、床下の通気を確保することができる。施工は受け材不要・置くだけの簡単施工。

- 商品名
  フロアーベント［ストライプ］
- 企業名
  株式会社キムラ
- 価格
  1万7,000円（税別）
- ウェブサイト
  https://kimura-mailnews.com/floorventstripe
- お問い合わせ
  arumik-skog.info@kimuranet.jp

木造化・木質化（木構造用建材、木質化建材、国産材活用など）

桧の耐久性をさらに向上した国産材防腐土台

OP ドライスケヤーひのき

国産ひのきに防腐処理を施すことにより、ひのき本来の耐久性をさらに向上させた土台。

- 商品名
  OPドライスケヤーひのき
- 企業名
  株式会社ザイエンス
- 価格
  問い合わせ
- ウェブサイト
  https://www.xyence.co.jp/
- お問い合わせ
  sl-moku@xyence.co.jp

木造化・木質化（木構造用建材、木質化建材、国産材活用など）

パネル工法に対応した新たな防腐処理面材

防腐面材

住宅の重量化により増えつつあるパネル工法において、面材部分を工場で防腐処理することにより、安定した品質と現場での美化が図れる。

- 商品名
  防腐面材
- 企業名
  株式会社ザイエンス
- 価格
  問い合わせ
- ウェブサイト
  https://www.xyence.co.jp/
- お問い合わせ
  sl-moku@xyence.co.jp

木造化・木質化（木構造用建材、木質化建材、国産材活用など）

温もりのあるまちをつくる国産材の木塀

木塀

国産木材を AQ1 種のペンタキュア ECO30 で保存処理し、屋外耐久性を確保。設計・製造・施工まで一貫体制で対応。要望に合わせた特注対応も可能。公園・建築外構等への納入実績が多数。デッキ、ベンチ、遊具など他のエクステリアも用意している。

- 商品名
  木塀
- 企業名
  株式会社ザイエンス
- 価格
  問い合わせ
- ウェブサイト
  https://www.xyence.co.jp/
- お問い合わせ
  sl-kanky@xyence.co.jp

木造化・木質化（木構造用建材、木質化建材、国産材活用など）

防火戸、火に強い木のシャッター

TOKYO シャッター

東京・多摩産の杉を使用したオーバースライダータイプのガレージドア。木製でありながら防火設備の認定を受けたシャッターのため、防火や準防火地域でも使用可能。また静粛性に優れるドイツ・マランテック社製の電動オープナーを標準で搭載しており、リモコンで速やかに開閉が可能。35mm 厚の一枚物の無垢板が醸し出す高級感や重厚感のあるデザインが魅力で、カラーは全 7 色を用意。

- 商品名
  TOKYOシャッター
- 企業名
  ジェイスタイルガレージ株式会社
- 価格
  136万9,900円（防火設備EBタイプ。サイズ～W2,600×H2,290mm）（税抜。運送費、取付工事費込。）
- ウェブサイト
  https://js-g.co.jp
- お問い合わせ
  info@js-g.co.jp

木造化・木質化（木構造用建材、木質化建材、国産材活用など）

「防炎効果」が期待できる木材専用塗料

国産高機能木部塗料　木守り専科　防炎　ファイアプロテクト

シオンの「木守り専科（きまもりせんか）　防炎　ファイアプロテクト」は、塗るだけで「消防法上の防炎効果」が期待できる木材専用塗料。しかも、亜麻仁油等の植物油がベースのナチュラル塗料。高い安全性が求められる学校、保育園での木製建具等の防炎化ニーズに対応。公共案件での利用実績多数。

- 商品名
  国産高機能木部塗料　木守り専科　防炎　ファイアプロテクト
- 企業名
  株式会社シオン
- 価格
  参考価格　1ℓ　9,500円・4ℓ　3万6,400円 / 設計単価（材工込み）　3,300円
- ウェブサイト
  https://kimamoli.jp/
- お問い合わせ
  customer@xion.co.jp

木造化・木質化（木構造用建材、木質化建材、国産材活用など）

屋外で最長約 8 年の高耐候性の木材専用塗料

国産高機能木部塗料　木守り専科　高耐候　ウェザープロテクト

シオンの木守り専科（きまもりせんか）「高耐候」は、屋外で最長約 8 年の高耐候性と木材保護性能 JASS18M307 規格を実現した木材専用塗料。しかも、亜麻仁油等の植物油がベースのナチュラル塗料。庁舎、学校、保育園等での利用実績多数。

- 商品名
  国産高機能木部塗料　木守り専科　高耐候　ウェザープロテクト
- 企業名
  株式会社シオン
- 価格
  参考価格　1ℓ　1万2,200円・4ℓ　4万6,200円 / 設計単価（材工込み）　3,400円
- ウェブサイト
  https://kimamoli.jp/
- お問い合わせ
  customer@xion.co.jp

木造化・木質化（木構造用建材、木質化建材、国産材活用など）

杉の赤身を白太材風に見せる木材専用塗料

国産高機能木部塗料　木守り専科　杉の赤身けし

シオンの木守り専科「杉の赤身けし」は、杉の赤身材を 1 回塗りで無垢の白太材のように見せられる。これにより赤身材を仕上げ材として利用することが可能になる。また、屋外では雨、紫外線から最長約 8 年、杉を守る。

- 商品名
  国産高機能木部塗料　木守り専科　杉の赤身けし
- 企業名
  株式会社シオン
- 価格
  参考価格　屋内屋外共用　1ℓ　9,300円・超高耐候　1ℓ　1万2,200円 / 設計単価（材工込み）　それぞれ、3,000円、3,400円
- ウェブサイト
  https://kimamoli.jp/
- お問い合わせ
  customer@xion.co.jp

木造化・木質化（木構造用建材、木質化建材、国産材活用など）

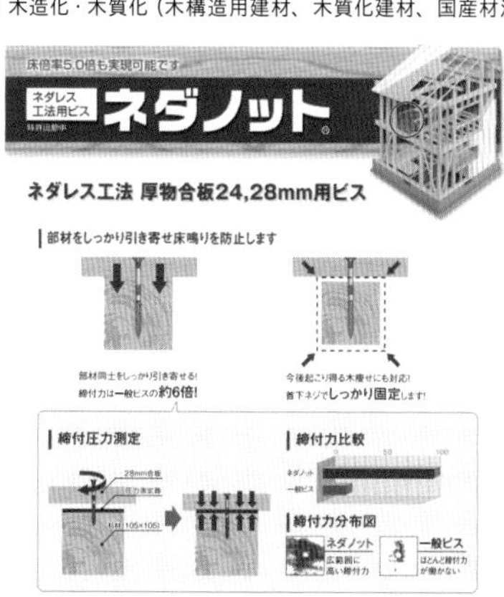

デザイナー向け全 66 色　国産自然塗料

国産自然塗料　U-OIL（ユーオイル）

シオンの国産自然塗料 U-OIL は、全 66 色。木材のデザイン性を高め、“おしゃれ”、“かっこいい”木造空間を演出する。さらに、塗料に求められる基本 3 性能、「安全性」、「作業性」、「耐候性」、すべてにおいて高い優位性を有する。木造住宅の内外装、商店建築、店舗内外装等での使用実績が多数あり。

- 商品名
  国産自然塗料　U-OIL（ユーオイル）
- 企業名
  株式会社シオン
- 価格
  参考価格 0.75ℓ 7,400円・2.5ℓ 2万1,900円 / 設計単価（材工込み）2,800円
- ウェブサイト
  https://u-oil.jp/
- お問い合わせ
  customer@xion.co.jp

木造化・木質化（木構造用建材、木質化建材、国産材活用など）

床鳴り防止・床倍率向上を実現するビス

ネダノット

ネダレス工法の 24・28㎜など厚物合板留めの商品。ハウスプラス確認検査㈱において、構造試験による耐力確認をしており、品確法上の床倍率の算定が可能。品確法（N 釘）で示されている床倍率（「1.2 倍」「3 倍」）を大幅に上回る、最大 5 倍まで算定が可能。また、ネダノットの締付力は一般ビスの約 6 倍あり、この強い締付力が反ってしまった合板でもしっかり押さえつけ、隙間を無くし床鳴りを防止する。

- 商品名
  ネダノット
- 企業名
  シネジック株式会社
- 価格
  ND5-70設計価格 24円/本
- ウェブサイト
  https://www.synegic.co.jp/
- お問い合わせ
  PR@synegic.co.jp

木造化・木質化（木構造用建材、木質化建材、国産材活用など）

様々な強度に優れた万能な接合部材

パネリード X

構造材同士の接合で特に強度に特化した商品。数多くの実験を行っており、材料・接合方法に合わせた強度データの提出が可能。また自社試験機による、用途に合わせた接合部実験の実施とデータ提供も可能。梁材固定の際、PX8 - 230(200) を 3 本で羽子板ボルト 1 本と同等以上である事を公的試験で確認しているため、金物の代わりに安心して使用できる。意匠的に金物を露出させたくない場合に効果的。

- 商品名
  パネリードX
- 企業名
  シネジック株式会社
- 価格
  PX8-230設計価格 460円/本
- ウェブサイト
  https://www.synegic.co.jp/
- お問い合わせ
  PR@synegic.co.jp

木造化・木質化（木構造用建材、木質化建材、国産材活用など）

幅広い用途・規模に対応できる柱頭柱脚コネクタ

Node.Column

住宅規模から学校規模まで幅広い用途・規模の建築物に対応できるさまざまな耐力のコネクタを用意している。正方形断面の正角柱から長方形断面の平角柱まで対応が可能。最大荷重約 500kN（約 50t）もの耐力を持つコネクタも用意。柱の内部にコネクタが納まり、美しい接合部を実現する。またピン穴などの加工穴がまったく見えない接合部も可能で、あらわし構造の場合にも木肌の美しさを損なうことがない。

- 商品名
  Node.Column
- 企業名
  株式会社ストローグ
- 価格
  問い合わせ
- ウェブサイト
  https://stroog.com/products/node-column/
- お問い合わせ
  marketing@stroog.com

中大規模木造用に適した中大規模用梁受コネクタ

Node.HSML

専用せん断キーを使用し、中大規模木造用に適した大きな耐力を発揮する。また一般的なコネクタとは違い、ホゾ径とホゾ穴径を同寸として初期ガタを防止している。中大規模木造用に標準化された製品であり、鋼板挿入型などの特注品と異なり、納期やコスト面でもメリットがある。また標準図を用意しているため採用も容易。学校施設、庁舎、園舎などのさまざまな中大規模木造建築で実績がある。

- 商品名
Node.HSML
- 企業名
株式会社ストローグ
- 価格
問い合わせ
- ウェブサイト
https://stroog.com/products/node-hsml/
- お問い合わせ
marketing@stroog.com

木造化・木質化（木構造用建材、木質化建材、国産材活用など）

最大耐力約1.5倍を実現する小規模用梁受コネクタ

Node.HSS

断面欠損が小さく従来の蟻仕口接合部と比べて耐力が高く、最大耐力は約1.5倍を実現。また、ホゾ径とホゾ穴径を同寸として初期ガタを防止している。コネクタは木材の内部に隠れ、スリット加工も小さいため、あらわし構造の場合にも美しい接合部を実現。あらかじめプレカット工場にて高精度な木材加工・取付が行われ、現場では熟練技術がなくても精度の高い構造躯体がスピーディーに完成する。

- 商品名
Node.HSS
- 企業名
株式会社ストローグ
- 価格
問い合わせ
- ウェブサイト
https://stroog.com/products/node-hss/
- お問い合わせ
marketing@stroog.com

木造化・木質化（木構造用建材、木質化建材、国産材活用など）

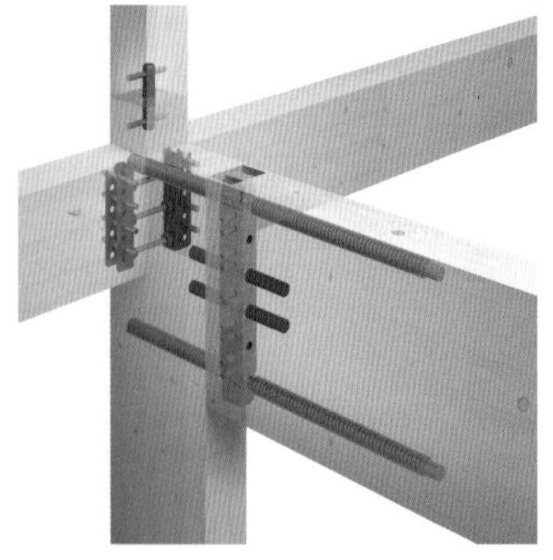

小断面から大断面まで対応可能なラーメン接合部コネクタ

Node.Rigid

他のストローグコネクタと併用し、狭小ガレージハウスや開放感のある大開口・大スパン住宅など、プランに応じた構造フレームを構成できる。小断面から大断面まで対応が可能で、住宅規模から学校規模まで幅広い規模の木造建築物に使用が可能。プレカット工場であらかじめ木材加工を行いコネクタを取り付けるため、施工現場ではボルトを締めたりドリフトピンを打つだけの簡単な作業で、熟練技術を必要とせずに施工できる。

- 商品名
Node.Rigid
- 企業名
株式会社ストローグ
- 価格
問い合わせ
- ウェブサイト
https://stroog.com/products/node-rigid/
- お問い合わせ
marketing@stroog.com

木造化・木質化（木構造用建材、木質化建材、国産材活用など）

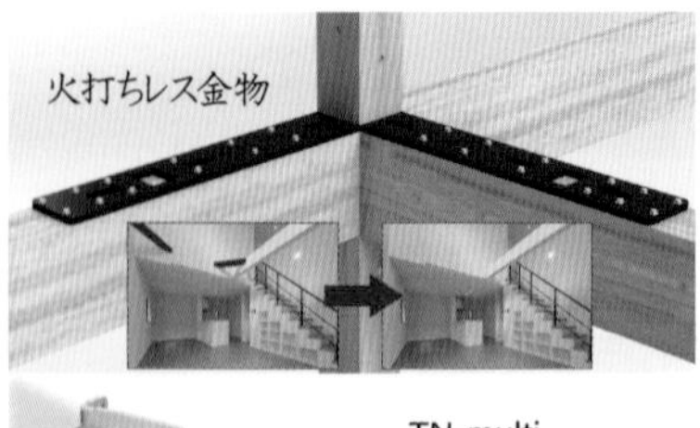

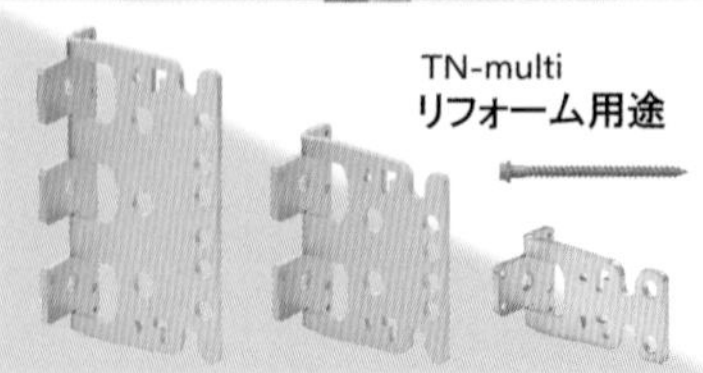

火打ち材のない吹き抜けを可能にする金物

火打ちレス金物

通常、吹き抜け空間には火打ち材が必要で空間内に見えてくるが、「火打ちレス金物」を使用すれば火打ち材のないスッキリとした吹き抜け空間を実現できる。構造性能としても火打ち材と同程度の耐力を有している。他にも、ビス留めで簡単に梁を増設できる梁受金物「TN-multi リフォーム用途」、建築後に柱材を容易に交換できる「TN-multi 柱交換用途」など多様な金物を用意している。

- 商品名
火打ちレス金物
- 企業名
株式会社タツミ
- 価格
問い合わせ
- ウェブサイト
https://www.tatsumi-web.com/
- お問い合わせ
https://www.tatsumi-web.com/form/contact/

木造化・木質化（木構造用建材、木質化建材、国産材活用など）

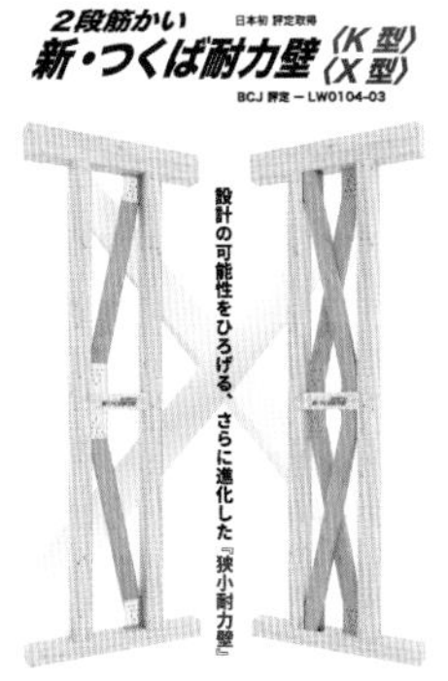

設計の可能性を広げる、進化した狭小耐力壁

新・つくば耐力壁〈K 型〉〈X 型〉

通常の耐力壁の半分の幅 455mm で〈K 型〉は 4.1 倍～5.0 倍、〈X 型〉は 6.3 倍～ 7.0 倍の相当壁倍率が確保可能。狭小耐力壁のため、開口部を大きく取れ、インナーガレージや開放的なリビングを計画するなど設計の自由度が向上。従来は鉄骨造で計画していた物件の木造化も実現する。通常の筋かいと同感覚で施工が可能、特殊なアンカーボルトや専用金物も不要で現場作業も簡単。2023 年みらいのたね賞を受賞。

- 商品名
  新・つくば耐力壁〈K型〉〈X型〉
- 企業名
  株式会社タナカ
- 価格
  設計価格 K型5万円 X型8万円
- ウェブサイト
  https://www.tanakanet.co.jp/housing/
- お問い合わせ
  cs@tanakanet.co.jp

木造化・木質化（木構造用建材、木質化建材、国産材活用など）

スギの弱点を克服、進化した無垢材

Gywood®（ギュッド）

スギなどの国産針葉樹の大径材を使用し、表層部を特に高密度化した木材製品。圧密によって針葉樹の弱点である傷つきやすさを克服し、高い形状安定性を誇る。中層部は密度が低いため、スギ本来の長所である熱伝導率の低さ、衝撃吸収性、軽さなどを残している。木目の美しさ、滑らかな肌触りに加え、高い機能を持つ進化した無垢材として、フローリングや家具をはじめとした内装・外装ほか様々な用途に使用できる。

- 商品名
  Gywood®(ギュッド)
- 企業名
  ナイス株式会社
- 価格
  問い合わせ
- ウェブサイト
  https://gywood-muku.jp/
- お問い合わせ
  rdc@nice.co.jp

木造化・木質化（木構造用建材、木質化建材、国産材活用など）

優れた防腐防蟻性能、飫肥杉の高耐久赤身材

ObiRED®（オビレッド）

宮崎県産飫肥（おび）杉の大径材の赤身部分のみを使用している木材製品。豊富に含まれる精油成分により高い耐久性を有している。天然乾燥と中温の人工乾燥を組み合わせた独自の乾燥技術で、耐久性を損なうことなく高い形状安定性を保持する。防腐・防蟻薬剤の AZN を加圧注入することで更に耐久性を高めることもでき、デッキ材やフェンス、ルーバーといったエクステリア材や外装材として、幅広く使用できる。

- 商品名
  ObiRED®(オビレッド)
- 企業名
  ナイス株式会社
- 価格
  問い合わせ
- ウェブサイト
  https://obired.jp/
- お問い合わせ
  rdc@nice.co.jp

木造化・木質化（木構造用建材、木質化建材、国産材活用など）

天然木の心地よさを感じるウッドブラインド

ウッドブラインド「クレール」

天然木ならではの美しい質感とやさしい温もりを感じられる「クレール」。環境にやさしい FSC® 認証材や竹材を使用したスラットをはじめ、トレンドカラーや素材感を楽しめるデザインスラットなど、全 39 色を用意。1 本のコードで軽快に操作できるスマートコード式や、複数のブラインドや高窓の操作に便利な電動タイプなど、充実した安心・安全操作のラインアップ。子どもやペットがいる家庭にも安心で快適な暮らしを提供する。

- 商品名
  ウッドブラインド「クレール」
- 企業名
  株式会社ニチベイ
- 価格
  参考価格 2万3,100円~(クレール50 標準タイプ コード式) ※価格には消費税および取付施工費、送料は含まれない
- ウェブサイト
  https://www.nichi-bei.co.jp
- お問い合わせ
  https://www.nichi-bei.co.jp/jsp/contact/contact.jsp

木造化・木質化（木構造用建材、木質化建材、国産材活用など）

国産材活用と森林保全に貢献する内装建材

ikumori（イクモリ） フローリング・パネリング

化粧面には、雪深く厳しい寒さの中で逞しく育った北海道産広葉樹ナラ、ニレ、センを使用している。幾年もの時を経て刻まれた節や割れといった自然の証を余すところなく、唯一無二の天然意匠として製品に取り入れることでバラエティー富かな表情を可能とし、且つ限りない廃棄量の削減に寄与する。また、採用される製品に使用した資源量に見合う量の苗木を再び北海道の地に植樹し、将来世代に森の恵みを残していく。

- 商品名
  ikumori（イクモリ）フローリング・パネリング
- 企業名
  株式会社ニッシンイクス
- 価格
  1万10円/㎡
- ウェブサイト
  https://www.nissin-ex.co.jp/
- お問い合わせ
  info-ex@nissin-ex.co.jp

木造化・木質化（木構造用建材、木質化建材、国産材活用など）

ナチュラルウッドで落ち着きのある不燃ボード

リアルパネル　ナラナチュラル

リアルパネルは本物の天然木を使用した、壁や天井に使える不燃ボード。国交省の不燃認定（NM-1265）を取得した不燃仕様に加えて、壁材・天井材はもちろん建具や什器・カウンターなどの面材として使用できる合板仕様をラインアップ。節や割れなどの特徴を最小限に抑えた優しい風合いの国産材ナチュラルウッドは、住宅や商業店舗、文教施設などあらゆるシーンに馴染み、癒やしや落ち着きのある空間を演出する。

- 商品名
  リアルパネル　ナラナチュラル
- 企業名
  株式会社ニッシンイクス
- 価格
  問い合わせ
- ウェブサイト
  https://www.nissin-ex.co.jp/
- お問い合わせ
  info-ex@nissin-ex.co.jp

木造化・木質化（木構造用建材、木質化建材、国産材活用など）

繰り返しの地震に強い構造用面材

構造用ハイベストウッド

高耐水 MDF を基材とした通気工法用の下地材として最適な構造用面材。壁倍率は木造軸組工法 2.5 倍および 4.0 倍、枠組壁工法 3.0 倍の大臣認定を取得。高耐水性、シロアリ・腐朽菌にも優れた抵抗力で、長持ちする家を実現する。耐震性能シミュレーションソフト「wallstat」に対応。

- 商品名
  構造用ハイベストウッド
- 企業名
  株式会社ノダ
- 価格
  問い合わせ
- ウェブサイト
  https://www.noda-co.jp/

木造化・木質化（木構造用建材、木質化建材、国産材活用など）

天然銘木突板貼り。国産材を基材に使用した木質フロア

ラスティックフェイス　リッチ・JベースVC

木目の織りなす繊細な風合い、時の積み重なりを感じる上質感のある木質フロア。「クス」「アカシア」「ウォールナット」「ブラックチェリー」「エルム」「セン」の 6 つのデザインに 1 本溝、2 本溝タイプを用意。インテリアの主役として多種多様なニーズに応える。【特徴】抗ウイルス・抗菌・ワックス不要・耐汚れ・耐車イス・耐凹みキズ・耐電気カーペット・クラックレス・床暖房対応（JAFMA登録品）。

- 商品名
  ラスティックフェイス　リッチ・JベースVC
- 企業名
  株式会社ノダ
- 価格
  1万1,212円/㎡
- ウェブサイト
  https://www.noda-co.jp/

木造化・木質化（木構造用建材、木質化建材、国産材活用など）

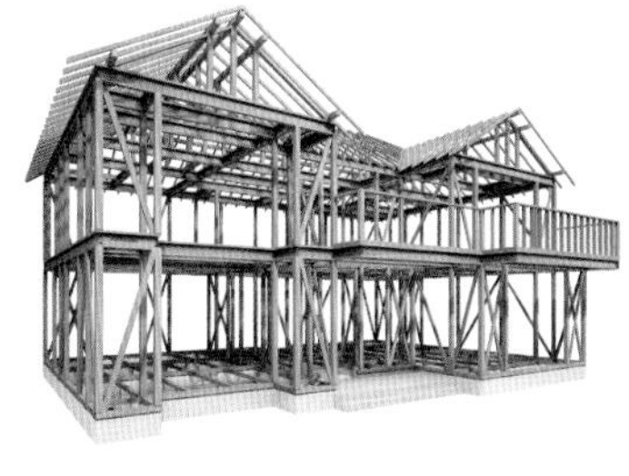

高強度部材と全棟構造計算で建てる家

パナソニック耐震住宅工法　テクノストラクチャー

木と鉄でできた独自の強い梁「テクノビーム」を使い、1棟ごとに構造計算をして建てるパナソニック耐震住宅工法テクノストラクチャーの家。388項目にも及ぶ緻密な構造計算で強度確認を実施し、確かな耐震性を実現。構造計算方法と結果はパナソニックから保証書が発行される。構造躯体の強さをベースに、長く快適に暮らせる住まいが実現できる。

- 商品名
  パナソニック耐震住宅工法　テクノストラクチャー
- 企業名
  パナソニック アーキスケルトンデザイン株式会社
- 価格
  問い合わせ
- ウェブサイト
  https://panasonic.co.jp/phs/pasd/

木造化・木質化（木構造用建材、木質化建材、国産材活用など）

150～1200mmの梁成に対応できる金物工法

プレセッターSU

コンパクトなワンピース型で、小型軽量化を実現した金物工法。接合部の木材断面の欠損を最小限に抑え構造体の強度を向上する。金物を2種類または3種類組合せることで1200mmまでの大きな梁成にも対応できるため、木造住宅から中大規模木造建築まで様々な用途で使用できる。燃えしろ設計の参考資料もホームページで公開。

- 商品名
  プレセッターSU
- 企業名
  BXカネシン株式会社
- 価格
  問い合わせ
- ウェブサイト
  https://www.kaneshin.co.jp/products/list.php?skbn=4-6
- お問い合わせ
  info-kaneshin@ys-gr.jp

木造化・木質化（木構造用建材、木質化建材、国産材活用など）

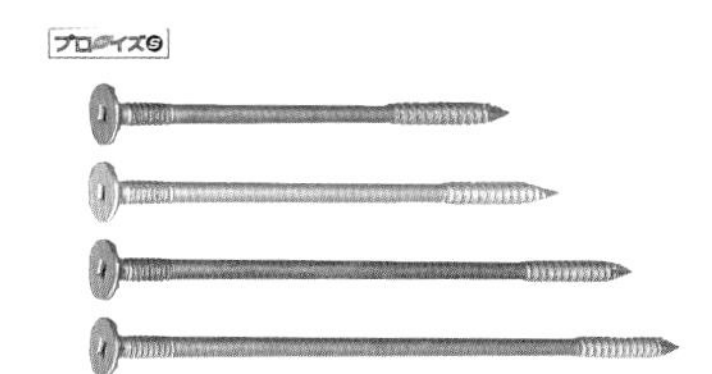

屋根構面として高耐力を確保することが可能なビス

BX高耐力たる木ビス

Zマークひねり金物（ST-12）の2倍以上の耐力を有するビス。引き寄せ効果を持たせたネジ形状により屋根が吹き飛ばされないように、たる木と母屋・軒桁・棟木を強固に接合する。屋根倍率は1.4～2.2倍(条件により異なる）で、小屋組みの水平方向の変形を防止し、火打ち梁を設けず、すっきりとした勾配天井の吹き抜けをつくることもできる。

- 商品名
  BX高耐力たる木ビス
- 企業名
  BXカネシン株式会社
- 価格
  問い合わせ
- ウェブサイト
  https://www.kaneshin.co.jp/products/productsd.php?icd=1000998&kcd=2-9
- お問い合わせ
  info-kaneshin@ys-gr.jp

木造化・木質化（木構造用建材、木質化建材、国産材活用など）

空間のシンボルに、桧の枝付き磨き丸太

桧の枝付きシンボルツリー

空間のシンボルに大人気な桧の枝付き磨き丸太。長さは3メートルから6メートルまで製造している。1本1本個性溢れる丸太が、空間をより彩る。産地は奈良県、樹齢は80～150年生。

- 商品名
  桧の枝付きシンボルツリー
- 企業名
  森庄銘木産業株式会社
- 価格
  問い合わせ
- ウェブサイト
  https://www.yamanaramorisho.com/
- お問い合わせ
  1927@yamanaramorisho.com

家事負担の軽減

家事楽、時短、掃除手間削減など

家事負担の軽減（家事楽、時短、掃除手間削減など）

シンプルながらもスタイリッシュなキッチン

ラフィーナ ネオ

洗練されたシンプルデザインと新たな収納アイテムを搭載した「ラフィーナ ネオ」。シンプルさを追求したスクエアシンクは、コーナー部分をR7とすることで清掃性にも配慮した。また、ワークトップは清潔で汚れに強いステンレスをはじめ、メラミン、人造石、人工大理石をご用意。さらに害虫が嫌がる部材をアース製薬（株）と共同開発。人体に無害で害虫が嫌がる忌避剤をパッキンにコーティングし、害虫の侵入を防ぐ。

- 商品名
ラフィーナ ネオ
- 企業名
永大産業株式会社
- 価格
100万5,400円~（I型2,550ミリ、扉:マット調木目シリーズ、食洗機なし）（消費税、工事費別）
- ウェブサイト
https://www.eidai.com

家事負担の軽減（家事楽、時短、掃除手間削減など）

「幹太くん」の専用収納ユニット

乾太くん専用収納ユニット

リンナイ製の家庭用ガス衣類乾燥機「乾太くん」の設置に特化した収納ユニット。洗濯家事の利便性や脱衣室の収納しやすさ、清掃のしやすさなどの基本性能を備える。濡れた手や洗濯物が触れる部分は耐水性の高い仕上げとしたほか、カウンターは作業時に負担が少ない高さ(1050mm) に設計。また、作業場所を増やせるスライドカウンターは洗濯物の仕分けや畳み作業に便利。※「乾太くん」は東京ガスの登録商標。

- 商品名
乾太くん専用収納ユニット
- 企業名
永大産業株式会社
- 価格
9万8,000円（税別・施工費別）サイズ:間口750×奥行650×高さ1,050㎜、仕様:スライドカウンター×1、引き出し×1、カラー:チャコールグレー柄（ホワイト柄も用意）
- ウェブサイト
https://www.eidai.com

家事負担の軽減（家事楽、時短、掃除手間削減など）

フィルターとファンを洗浄するレンジフード

洗エールレンジフード

給湯トレイにお湯（40～45℃）を入れて本体にセットし洗浄ボタンを押すだけで、キッチン換気扇のファンとフィルターをまるごと自動洗浄。約2カ月に1度の洗浄で約10年間ファンフィルターを取り外さずに清掃可能。1回の洗浄に使うお湯もわずか0.65ℓと節水に役立つ。清掃時間もわずか10分と家事負担軽減、時短にもつながる。

- 商品名
洗エールレンジフード
- 企業名
クリナップ株式会社
- 価格
21万円~（税別）／間口60㎝・鋼板前幕板タイプ
- ウェブサイト
https://cleanup.jp/
- お問い合わせ
inq@cleanup.jp

家事負担の軽減（家事楽、時短、掃除手間削減など）

ペットの抜け毛が掃除しやすいラグ

Wag（ワグ）

SUMINOE FURMILIY!（スミノエ ファミリー）シリーズは、人もペットもみんなくつろげる「快適な空間」づくりを実現する。シリーズ中の Wag（ワグ）は、ペットの抜け毛が掃除しやすいナイロン糸を使用。さらに消臭加工付きでペットのいる家庭にピッタリな商品だ。防ダニ・滑り止め・床暖房対応の日本製ラグ。

- 商品名
  Wag(ワグ)
- 企業名
  株式会社スミノエ
- 価格
  3万5,310円(税込)
- ウェブサイト
  https://suminoe.jp/
- お問い合わせ
  https://suminoe.jp/inquiry/

家事負担の軽減（家事楽、時短、掃除手間削減など）

調湿性能で住まいを快適に暮らせる天井材

ダイロートン健康快適天井材『クリアトーン12S II』

室内の天井全面に施工することで、室内の湿気を吸収・放出してくれる機能により爽やかな空間を演出。調湿性能を有している為、例えば、洗面室やランドリールームの他、居室での部屋干しを行った場合におこるジメジメ感を抑制し、気にせず部屋干しができる。

- 商品名
  ダイロートン健康快適天井材『クリアトーン12SII』
- 企業名
  大建工業株式会社
- 価格
  9,020円/梱(18枚入り・3.3㎡)消費税別
- ウェブサイト
  https://www.daiken.jp/
- お問い合わせ
  https://www.daiken.jp/support/

家事負担の軽減（家事楽、時短、掃除手間削減など）

掃除道具の収納にも便利な壁面収納ユニット

スタイリッシュ ファニチャー「MiSEL（ミセル）」

「ミセル」のユニットは、日本の標準的な住宅の建築単位を考慮したサイズのため、どんな間取りでも、壁と壁の間、床と天井の間をピッタリと収めることができる。「お掃除ユニット」を組み合わせれば、掃除道具を上手に隠しながら、取り出しやすい収納で効率性をアップさせる。特に収納場所に困りがちな、掃除機や柄の長いモップ等をおさめられ、下部にはロボット掃除機が入るスペースもしっかり完備できる。

- 商品名
  スタイリッシュ ファニチャー「MiSEL(ミセル)」
- 企業名
  大建工業株式会社
- 価格
  3万8,600円~72万1,400円/セット
- ウェブサイト
  https://www.daiken.jp/
- お問い合わせ
  https://www.daiken.jp/support/

家事負担の軽減（家事楽、時短、掃除手間削減など）

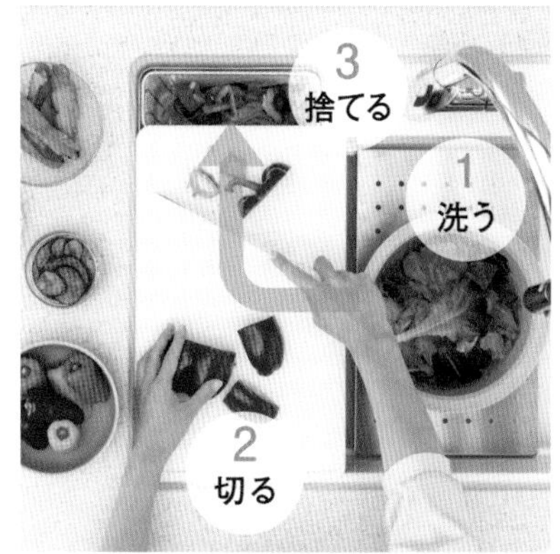

家事を「らく」にするシンク

家事らくシンク

シンクの上で「洗う、切る、調理」を叶える家事らくシンクは、2層構造でキッチンでの作業をより“らく”にする工夫が満載。洗うだけだったこれまでのシンクから、スペースを最大限に活かし、シンク内でものを切ったり、下ごしらえしたり、まいにちの調理をもっと効率よくスピーディに。面倒な片付けをもっとカンタンに。キッチンを使う人に寄り添う、それがタカラスタンダードの「家事らくシンク」。

- 商品名
  家事らくシンク
- 企業名
  タカラスタンダード株式会社
- 価格
  トレーシアシンプルプラン(アクリル人造大理石天板の場合)で5万9,000円
- ウェブサイト
  https://www.takara-standard.co.jp/
- お問い合わせ
  asahi-kurokawa@takara-standard.co.jp

家事負担の軽減（家事楽、時短、掃除手間削減など）

油汚れも水拭きでキレイになる キッチンパネル

ホーロークリーンキッチンパネル

タカラスタンダードのキッチンパネルはホーローのため、汚れや湿気・ニオイをガード。付着した油汚れも水拭きでサッと落とせる。頑固な汚れは、タワシでゴシゴシしても傷つかない。ホーローはマグネットが付くため、キッチンの壁一面が収納に。好きな場所にペタッとカンタン取り付け。壁に穴を開けなくて良いのも嬉しいポイント。自分に合った収納やインテリアを楽しめるのは、ホーローならではの魅力となる。

- 商品名
  ホーロークリーンキッチンパネル
- 企業名
  タカラスタンダード株式会社
- 価格
  I型255cmの窓無しキッチンの場合 6万1,820円(税込)~
- ウェブサイト
  https://www.takara-standard.co.jp/
- お問い合わせ
  asahi-kurokawa@takara-standard.co.jp

家事負担の軽減（家事楽、時短、掃除手間削減など）

インテリアになじむランドリーバー

ハンギングバー

ランドリールームに設置すると、洗濯物をそのままかけることもできるため、家事動線を確保できる。使いやすいブラックとホワイトの２色展開。バーは傷のつきにくいフィルムラッピング仕様で実用性とデザイン性を兼ね備えている。バーはアルミ製のため、好みの長さに現場カットが可能。

- 商品名
  ハンギングバー
- 企業名
  トーソー株式会社
- 価格
  H-1:1万900円(税別)~ H-2:2万1,700円(税別)~
- ウェブサイト
  https://www.toso.co.jp/
- お問い合わせ
  info@toso.co.jp

家事負担の軽減（家事楽、時短、掃除手間削減など）

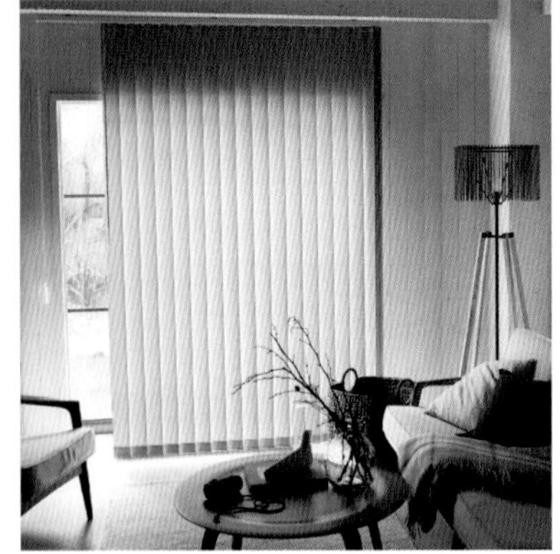

ちょい開け機能で出入りが楽な バーチカルブラインド

バーチカルブラインド

縦のラインがスッキリとしたバーチカルブラインド。トーソーのバーチカルブラインドはコード＆バトン操作が標準タイプのため、コードはもちろん、バトンでもカーテンのように開け閉めができる。出入りの多い窓でも片手でサッと操作が可能。

- 商品名
  バーチカルブラインド
- 企業名
  トーソー株式会社
- 価格
  4万200円(税別)（ルノプレーン 幅1800㎜×高さ1800㎜の場合）
- ウェブサイト
  https://www.toso.co.jp/
- お問い合わせ
  info@toso.co.jp

家事負担の軽減（家事楽、時短、掃除手間削減など）

清潔で美しいレストルーム空間をつくる トイレ

ネオレスト　LS

「ネオレストLS」は、高い清潔性とデザイン性を兼ね備えたトイレ。使うたびに便器やノズル、便座裏まで自動で除菌するため、菌が汚れに変化するのを抑え、きれいが長持ちする。さらにナノレベルになめらかな陶器表面で、汚れをしっかり落とす。陶器の質感を引き立てるアクセントカラーなど、上品で優美なデザインが特長。凹凸をそぎ落とした形状で掃除もしやすく、清潔で美しいレストルーム空間を実現する。

- 商品名
  ネオレスト　LS
- 企業名
  TOTO株式会社
- 価格
  希望小売価格　43万7,000円~(税抜)
- ウェブサイト
  https://jp.toto.com/
- お問い合わせ
  https://jp.toto.com/support/contact/

家事負担の軽減（家事楽、時短、掃除手間削減など）

便器が浮いているため簡単に掃除ができるトイレ

住宅用壁掛トイレ　FD

便器が浮いているため、便器下もサッとひと拭きで簡単に掃除ができる。フローティングデザインならではの浮遊感で、これまでの便器には無い高級感を実現。さらに、FDは便器背面のキャビネットがコンパクトなため、空間が広く感じられるデザインとなっている。キャビネットカラーは、リネン調でやさしい素材感のあるリネブラックも用意。シック、モダンなこだわりのある空間にコーディネートが可能。

- 商品名
住宅用壁掛トイレ　FD
- 企業名
TOTO株式会社
- 価格
希望小売価格　33万8,000円~(税抜)
- ウェブサイト
https://jp.toto.com/
- お問い合わせ
https://jp.toto.com/support/contact/

家事負担の軽減（家事楽、時短、掃除手間削減など）

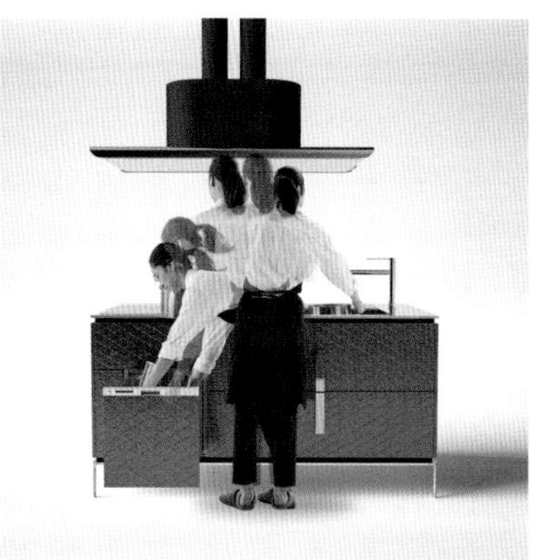

作業動線をゼロにするキッチン

ゼロ動線キッチン

ゼロ動線キッチンは、シンクとコンロ、そして食洗機までの最短動線で使いやすく、疲れないキッチン。洗う・切る・盛り付けまでシンク内で完結できる「パラレロシンク」によって、キッチンの作業台スペースが不要となり、シンクとコンロの距離を極限まで近づける事が可能になった。シンクの真価がもたらした、キッチンでの作業動線をゼロにする新しいキッチンの形。

- 商品名
ゼロ動線キッチン
- 企業名
株式会社トーヨーキッチンスタイル
- 価格
定価:136万6,000円(税別)~　※水栓金具・加熱機器・レンジフードを含む。配送費・施工費・諸経費は含まず。
- ウェブサイト
https://www.toyokitchen.co.jp/
- お問い合わせ
info@toyo1.toyokitchen.co.jp

家事負担の軽減（家事楽、時短、掃除手間削減など）

シンク上で調理作業ができるシンク

スムースワークシンク

2段の折りたたみ式アイテムで調理の作業領域をシンク上に拡張し、ワークトップすべてが調理スペースに。水が流せるシンクの上で調理ができるので、周囲が汚れやすい作業も気兼ねなく楽しめる。シンク内には洗剤カゴなどの金物がないスッキリとした設計。アイテムをのせる段差も緩やかな斜め形状で、使用後のお手入れも簡単。排水口左右の底面を溝形状に仕上げた「奥スルーポケット」で洗い物があっても水はけ良く流れる。

- 商品名
スムースワークシンク
- 企業名
トクラス株式会社
- 価格
トクラスキッチンCollagiaシリーズ　標準シンクより差額3万円
- ウェブサイト
https://www.toclas.co.jp/
- お問い合わせ
koho@toclas.co.jp

家事負担の軽減（家事楽、時短、掃除手間削減など）

日々の暮らしをもっと自由にする門柱ユニット

門柱ユニット

門柱ユニットは、大型郵便物対応のポストと、宅配ボックス、照明、表札を兼ね備えたナスタのトータルソリューション。掃除や料理、洗濯など、家事で手が離せない時に来る宅配便や、投函できなかった郵便物の対応など、受け取りに関する日々の無駄な「てまひま」を無くし、有意義な時間を増やすことができる。

- 商品名
門柱ユニット
- 企業名
株式会社ナスタ
- 価格
定価目安:4万9,500円~23万1,000円(税込)
- ウェブサイト
https://www.nasta.co.jp/support/
- お問い合わせ
https://www.nasta.co.jp/support/

家事負担の軽減（家事楽、時短、掃除手間削減など）

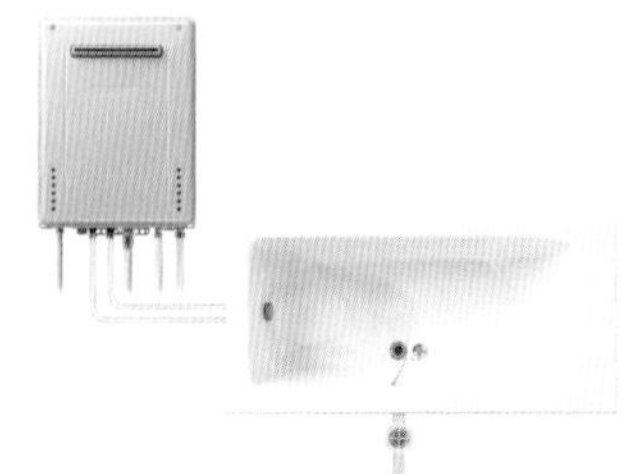

除菌機能搭載の給湯器

高効率ガスふろ給湯器 GT-C72 シリーズ

従来品に搭載していた浴槽の湯を除菌する機能に加え、ふろの配管を除菌する装置を初めて搭載した。ふろ配管は水を電気分解して生成したオゾンを使い除菌、排水口の菌を減らして悪臭を抑制。別売のリモコンには長湯によるのぼせ対策の機能も追加。入浴中の体の中心部の体温変化を推測する技術を使い、湯の温度や室温に応じてふろから出る目安の時間をリモコンに表示する。

- 商品名
  高効率ガスふろ給湯器GT-C72シリーズ
- 企業名
  株式会社ノーリツ
- 価格
  58万6,630円
- ウェブサイト
  https://www.noritz.co.jp/
- お問い合わせ
  k.kitamae@noritz.co.jp

家事負担の軽減（家事楽、時短、掃除手間削減など）

使いやすいたっぷり収納を実現したキッチン

システムキッチン　マルーレ

キャビネット内の空間を最大限に活用し、たっぷり収納を実現する「収納のマルーレ」。ここから生まれた「マインセレクション」はマグネットアイテムで収納をカスタマイズしたり、ゴミ箱をキャビネットに内蔵したり、キッチンで過ごす時間がより快適になる工夫が散りばめられた特別なマルーレ。BOSCHやKOHLERなど人気の海外機器ラインアップも充実している。

- 商品名
  システムキッチン　マルーレ
- 企業名
  株式会社ハウステック
- 価格
  設計価格（定価）：壁付I型　間口255cm　奥行き65cm
  エントリーパッケージプラン 81万9,200円（税抜）～
- ウェブサイト
  www.housetec.co.jp/info/contact.html
- お問い合わせ
  www.housetec.co.jp

家事負担の軽減（家事楽、時短、掃除手間削減など）

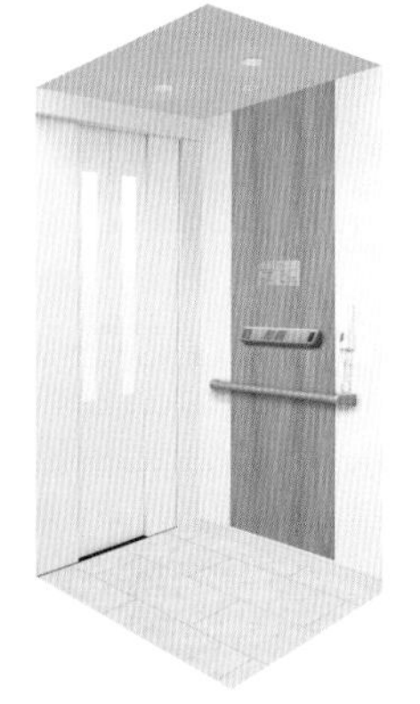

省スペース設計の普及モデル 3人乗りエレベーター

1414 ミディモダン Ui

ルーム内間口950mm、奥行き1,150mmのスペースで大きな荷物も運べる3人乗りエレベーター。車いすでの利用もできるほか、明るい上階に家族が集まるリビングや祖父母の部屋にする住まいづくりを実現。また毎日の洗濯や各階の掃除、買い物など、様々な家事のシーンにおいて、「暮らしの困った」を解決する。

- 商品名
  1414ミディモダンUi
- 企業名
  パナソニック エレベーター株式会社
- 価格
  2階建（2か所停止）、鉄骨・コンクリート造住宅の場合のメーカー希望小売価格 380万6,000円（税込）
- ウェブサイト
  https://sumai.panasonic.jp/elevator/

家事負担の軽減（家事楽、時短、掃除手間削減など）

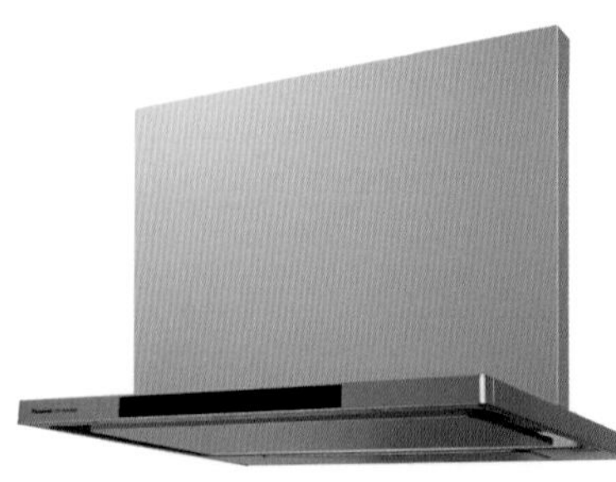

AIエコナビ運転でかしこく省エネのレンジフード

レンジフード

レンジフード本体のエコナビスイッチを押すだけで「調理センサー」が調理物の温度を検知し、自動的に換気風量を切り替えて省エネ運転。手動操作運転に比べて電気代を約40%削減する。IHクッキングヒーターの調理メニューや火力信号が、レンジフードの「調理センサー」をアシストし、よりきめこまかく省エネおまかせ運転をすると共に、DCモーターとLED照明でさらに省エネに。

- 商品名
  レンジフード
- 企業名
  パナソニック株式会社 空質空調社
- 価格
  問い合わせ
- ウェブサイト
  https://sumai.panasonic.jp/air/kanki/rangehood/

家事負担の軽減（家事楽、時短、掃除手間削減など）

長持ち・溝まで掃除がしやすいトリプルコートの床材

ベリティスフロアー トリプルコート

溝の内部まで汚れに強い高密度コートを施し、溝の隙間に溜まった汚れの掃除も簡単。コーティング層が厚く、水や油の浸入による表面変色がしにくい仕様で、油ハネや水がかりが気になるキッチンなどの水まわりでも使用できる。さらに、表面塗装が厚く、すり減りにくいため、すり傷やへこみがつきにくい仕様に。歩行頻度が高い場所でも使い始めのころの美しい状態が長続きする。

- 商品名
  ベリティスフロアー トリプルコート
- 企業名
  パナソニック ハウジングソリューションズ株式会社
- 価格
  希望小売価格3万9,900円/坪
- ウェブサイト
  https://sumai.panasonic.jp/interior/floor/concept/

家事負担の軽減（家事楽、時短、掃除手間削減など）

家事ラク商品を搭載したキッチンプラン

L クラスキッチン【エッセンシャルプラン】

エッセンシャルプランには、大きな鍋を横並びで置けて3口同時に使いやすい「ワイドコンロ」を搭載。調理がしやすいだけではなく、カウンターとの段差が小さいため掃除がしやすい。また、水だけで水アカ汚れが落ちやすいスゴピカ素材を使用した「ラクするーシンク」、「グラリオカウンター」、「サラサラワイドシャワー混合水栓」も搭載。水廻りで一番気になる水アカ汚れのお手入れもラクになりキレイな状態が長続きする。

- 商品名
  Lクラスキッチン【エッセンシャルプラン】
- 企業名
  パナソニック ハウジングソリューションズ株式会社
- 価格
  144万4,300円(税込158万8,730円)
- ウェブサイト
  https://sumai.panasonic.jp/kitchen/l-class/

家事負担の軽減（家事楽、時短、掃除手間削減など）

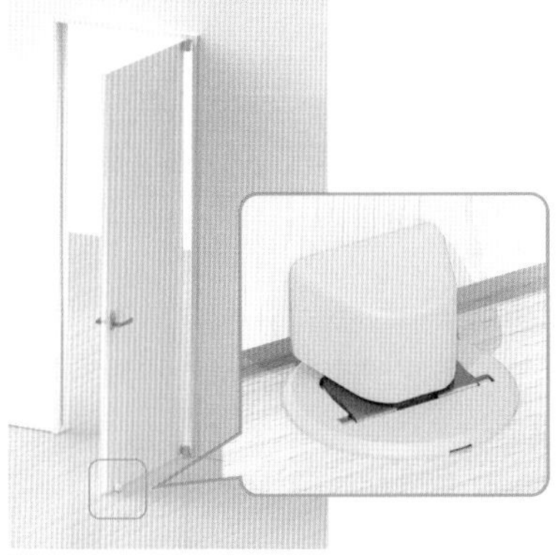

手動操作不要のマグネット式ドアストッパー

室内用マグネットドアストッパー「MDS-1」

扉の開閉動作だけで自動ロック・解除するマグネット式のドアストッパー。掃除や換気で扉を開けておきたいときに、かがんでの操作が不要。扉が開いてストッパーに近づくと、磁石で引っ張ってロックする。解除は扉を閉めるだけ。薄型設計で使用していない時はほぼフラットな状態だ。取り付け用の治具もついてるため、簡単取り付けを実現。床や扉の色が異なる場合にも対応可能な3色展開（床と扉で色を変えることも可能）。

- 商品名
  室内用マグネットドアストッパー「MDS-1」
- 企業名
  株式会社ムラコシ精工
- 価格
  660円(税込)(1個)(送料別)
- ウェブサイト
  https://www.murakoshiseikou.com/
- お問い合わせ
  webcontact@murakoshiseikou.com

家事負担の軽減（家事楽、時短、掃除手間削減など）

日々を支える、宅配ボックス一体型門柱

コルディアラックII

宅配ボックスと表札、インターホンを一体にできる門柱。トレンドに左右されないベーシックカラーで毎日の暮らしを支える。宅配ボックス「コルディア100ライト・120ライト」（別売）が2つまで取り付けられ、共働きの子育て世代やシニア世代の受け取る人はもちろん、届けてくれる人にもやさしく、社会や暮らしの変化に寄り添う。

- 商品名
  コルディアラックII
- 企業名
  株式会社ユニソン
- 価格
  コルディアラックII9万8,000円(税抜)、コルディア100ライト後出し12万4,000円(税別)
- ウェブサイト
  https://www.unison-net.com/
- お問い合わせ
  info@unsn.co.jp

暮らしに寄り添う技術とデザインのキッチン

RICHELL

「RICHELLE(リシェル)」がフルモデルチェンジ。使い心地と、キッチン空間の居心地の良さを高めた。熱・キズ・汚れに強くお手入れが簡単な「セラミックトップ」や、ほしい道具が少ない動きで取り出せる「らくパッと収納」など、家事を楽にするアイテムが選択できる。デザインが大きく刷新され、ミニマルで洗練された佇まいに。触れるたびに心が躍り、使うほどに想いが深まる。

- 商品名
  RICHELL
- 企業名
  株式会社LIXIL
- 価格
  約108万円～※セラミックトップを搭載した場合
- ウェブサイト
  https://www.lixil.co.jp/lineup/kitchen/richelle/

家事負担の軽減（家事楽、時短、掃除手間削減など）

ホコリが付きにくくお手入れが簡単な壁紙

アンチダスト

壁紙表面の特殊コーティングによりホコリが付きにくく、一般壁紙に比べ表面にホコリやダスト汚れが付きにくいため、メンテナンスの頻度が一般ビニル壁紙に比べ少ない。また、抗菌性に優れ、清潔さをキープする。おすすめの使用場所として、掃除がしにくい天井、吹き抜け、トイレなどの狭い空間、使用者の入れ替わりが多い客室に最適。

- 商品名
  アンチダスト
- 企業名
  リリカラ株式会社
- 価格
  1,000円/㎡(1,090円/㎡)
- ウェブサイト
  https://www.lilycolor.co.jp
- お問い合わせ
  https://www.lilycolor.co.jp/interior/contact/index.php

家事負担の軽減（家事楽、時短、掃除手間削減など）

Micro Bubble Bath Unit

Ultra Fine Bubble

Air Bubble Technology

驚きと感動を与える、ファインバブル給湯器

ファインバブル給湯器(マイクロバブルバスユニット、ウルトラファインバブル給湯器)

マイクロバブルバスユニットは、無数の微細な泡を発生させ、まるで温泉のような白濁の湯を楽しめる給湯システム。ゆっくりと体を温めるとともに、気泡が皮脂汚れに吸着し、肌を清潔に保つ。浴室や洗面所、キッチンなど、家中どこでもウルトラファインバブル入りのお湯を使えるのがウルトラファインバブル給湯器。気になる水まわりの汚れや水垢が付きにくくなり、日々の掃除負担を軽減できる。

- 商品名
  ファインバブル給湯器(マイクロバブルバスユニット、ウルトラファインバブル給湯器)
- 企業名
  リンナイ株式会社
- 価格
  問い合わせ
- ウェブサイト
  https://rinnai.jp/top
- お問い合わせ
  eigyo-pr-info@rinnai.co.jp

家事負担の軽減（家事楽、時短、掃除手間削減など）

洗濯物が速く、心地よく乾くガス衣類乾燥機

ガス衣類乾燥機 乾太くん

「乾太くん」なら、6kg の洗濯物を約 60 分、9kg の洗濯物を約 90 分で乾燥。電気式の約 1/3 の時間で、家事の時間を大幅に短縮できる。また、80℃以上の温風によるパワフル乾燥で、生乾き臭の原因菌を除去。外干しや日光消毒でも除去できないニオイさえ、取り除く。いつも清潔に使えて、花粉やウイルスの対策としても使用できる。パワフルな温風で繊維が根元から立ち上がり、ふんわりした仕上がりに。

- 商品名
  ガス衣類乾燥機 乾太くん
- 企業名
  リンナイ株式会社
- 価格
  問い合わせ
- ウェブサイト
  https://rinnai.jp/lp/kanta/
- お問い合わせ
  eigyo-pr-info@rinnai.co.jp

省エネ
資源循環
創エネ・蓄エネ
ヘルスケア
木造化・木質化
家事負担の軽減
子育て支援
高齢者対応
防災
リフォーム対応
省施工
高意匠
長寿命
IoT
その他

家事負担の軽減（家事楽、時短、掃除手間削減など）

洗練のデザインと先進機能を搭載したコンロ

ビルトインコンロ デリシア

付属の調理器具「ザ・ココット」で、80℃低温調理や無水調理、オーブン調理など料理の幅が広がり、「ココットプレート」はグリル庫内の汚れを99.9％カットする。「+R RECIPE」アプリを使えば、材料を調理器具にセットしてレシピをコンロに送信するだけで、自動調理が可能。このアプリではプロ監修のこだわりレシピが毎週更新されている。お手入れのしやすさや安全性を追求したハイグレードビルドインガスコンロ。

- 商品名：ビルトインコンロ デリシア
- 企業名：リンナイ株式会社
- 価格：問い合わせ
- ウェブサイト：https://rinnai.jp/lp/newdelicia/
- お問い合わせ：eigyo-pr-info@rinnai.co.jp

家事負担の軽減（家事楽、時短、掃除手間削減など）

コンパクト設計のフロントオープン食洗機

フロントオープン食洗機

フロントオープン食洗機は、庫内が広く大容量で、自由なレイアウトが可能。お椀や深皿、小鉢などの和食器もセットしやすく、鍋やフライパンなどの調理器具もまとめて一度に洗える。上下2段カゴにより、食器の出し入れがしやすいことも特長。節水性にも優れ、手洗いや従来機種よりも水の使用量を大幅に削減。上下のダブルノズルが強力に洗浄し、すみずみまで洗い上げる。

- 商品名：フロントオープン食洗機
- 企業名：リンナイ株式会社
- 価格：問い合わせ
- ウェブサイト：https://rinnai.jp/lp/dishwasher/front/
- お問い合わせ：eigyo-pr-info@rinnai.co.jp

子育て支援

スタディコーナー、安全対策など

子育て支援（スタディコーナー、安全対策など）

子どもと一緒に室内で遊べる遊具

Athletic Series（アスレチックシリーズ）

子どもは遊具での遊びを通して、創造性、主体性を向上させている。しかしながら、日本では様々な事情から公園の遊具が消え、子どもの成長の機会が少なくなりつつある。そんな状況を解決するため「Athletic Series」は誕生した。置き型の運動器具とは異なり、省スペースで、使わないときも内装デザインを損ねないことが特徴。子どもだけではなく、大人も使用できるため運動不足解消にもおすすめだ。

- 商品名：『Athletic Series（アスレチックシリーズ）』
- 企業名：カツデン株式会社
- 価格：製品によって異なる。詳細は同社WEBページを参照
- ウェブサイト：https://kdat.jp/
- お問い合わせ：hidaka@katzden.co.jp

子育て支援（スタディコーナー、安全対策など）

ブルーライトカットで太陽光に近い照明

太陽光スペクトル LED シーリングライト

ブルーライトの波長域を自然光レベルまで削減した LED を搭載し、自然光に近い Ra97 を再現して室内にいながら青空の下で見るような本来の色を再現した照明器具。モノや文字をはっきりと見せ、睡眠の質の向上や心地よさも実証されており、子どもの目にも優しいため、子供部屋にも活用できる。調光調色タイプは、専用リモコンで色温度や明るさを切り替えて使用できるため、ライフスタイルに応じたあかりを楽しむことが可能だ。

- 商品名
  太陽光スペクトルLEDシーリングライト
- 企業名
  コイズミ照明株式会社
- 価格
  3万2,000円(税抜)～
- ウェブサイト
  https://www.koizumi-lt.co.jp/

子育て支援（スタディコーナー、安全対策など）

子どもの安全に配慮したロールスクリーン

CS ロールスクリーン

操作チェーンに一定の荷重が加わると操作部が本体から外れる安心・安全の新機構を採用し、子どもが誤って操作チェーンに引っ掛かることによる不慮の事故を防ぐ効果が期待できる。2021 年にはキッズデザイン賞を受賞、素材感の異なる 3 種の無地柄で計 39 点のラインアップ、一部は壁紙との同色展開も。分かりやすいワンプライスの価格設定で見積りも簡単。防炎性能もあるため住宅だけでなく文教・児童福祉施設等にもおすすめ。

- 商品名
  CSロールスクリーン
- 企業名
  株式会社サンゲツ
- 価格
  参考価格 W200×H200の場合2万4,300円(税別)
- ウェブサイト
  https://www.sangetsu.co.jp
- お問い合わせ
  kouhou@sangetsu.co.jp

子育て支援（スタディコーナー、安全対策など）

家族と暮らしを見守るインターホン

Nasta Interphone

生活スタイルが変わり、EC や食事のデリバリーが急速に増加した今、子どもの留守番時に来た訪問者・宅配業者の対応に不安やストレスを感じる人が増えている。そんな悩みを解決する手段として、Nasta Interphone は従来のインターホンの機能に加え、24 時間録画で防犯カメラとして機能し、毎日の暮らしを守る。また、自動応答機能とおやすみモードを設定すれば、呼出音で子どもの睡眠を妨げる心配もない。

- 商品名
  Nasta Interphone
- 企業名
  株式会社ナスタ
- 価格
  オープン価格
- ウェブサイト
  https://www.nasta.co.jp/support/
- お問い合わせ
  https://www.nasta.co.jp/support/

子育て支援（スタディコーナー、安全対策など）

建物の騒音源を抑える高性能制振遮音板

すーぱー静香・ゆか

階上からの衝撃音をカットして、やすらぎの空間を創造。フローリングの床にスプーンなどの軽い小物を落としたときや椅子を引いたとき、また、子供たちが飛び跳ねたりすると、階下の部屋へ意外に大きな音となって伝わることがある。仲良く暮らしていても、音のストレスは不快なもの。「すーぱー静香・ゆか」は、木質系フロアを始め、床で生じるさまざまな衝撃音を遮断し、優れた遮音性能を発揮する。

- 商品名
  すーぱー静香・ゆか
- 企業名
  七王工業株式会社
- 価格
  問い合わせ
- ウェブサイト
  https://www.nanao-net.co.jp
- お問い合わせ
  t_harashima@nanao-net.co.jp

子育て支援（スタディコーナー、安全対策など）

家族みんなが使いやすい新時代の玄関ドア

M30 顔認証自動ドア

磁力で開閉する「リニアシステム」を搭載し「顔認証キー」と連動させることにより、ハンズフリーで入室可能なアクセス性とセキュリティ性を両立した安全・安心な戸建住宅用自動ドア。買い物時などの荷物で両手がふさがっている場合、ベビーカーや車いすを押しながら、また自転車を押しながら出入りする際にも便利。子どもから大人まで安心して利用できる自動開閉に対応した安全機能を設定。

・商品名
M30 顔認証自動ドア

・企業名
YKK AP株式会社

・価格
C10デザイン・顔認証キー　98万円（外引込みタイプ）、116万円（袖付タイプ）※袖付タイプはLow-E複層ガラス ※消費税・組立施工費等除く

・ウェブサイト
https://www.YKKap.co.jp/

・お問い合わせ
https://www.YKKap.co.jp/ask/contact/b_index.php

高齢者対応

バリアフリー、在宅介護対応など

高齢者対応（バリアフリー、在宅介護対応など）

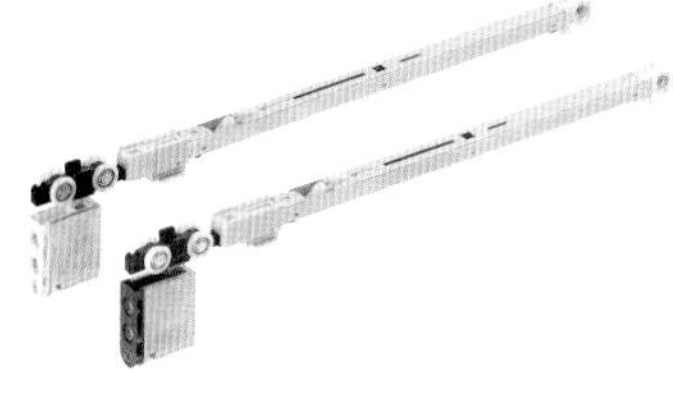

一般住宅用引戸の動きをゆっくりとアシストする建物金具

FC-2950-K-H　ソフトクローズ

引戸が閉まりきる手前で、ブレーキ機能が働き、静かにゆっくりと閉じるようアシストする「引戸ソフトクローズ」。指挟み防止や開閉音の解消、さらには衝撃の軽減により、建具や金物の劣化を防ぐ。引戸の重量に応じて様々なバリエーションを用意しており、また引戸の開閉時、両方に機能が働く「2way ソフトクローズ」や戸の跳ね上がりを抑制する機能に加えて、ロングストロークタイプなども準備している。

・商品名
FC-2950-K-H ソフトクローズ

・企業名
アトムリビンテック株式会社

・価格
上代価格8,200円

・ウェブサイト
https://www.atomlt.com/

・お問い合わせ
yajima.gorou@atomlt.com

高齢者対応（バリアフリー、在宅介護対応など）

バリアフリー×デザイン

玄関ベンチ

バリアフリー×デザインをコンセプトにした機能的なベンチ。1㎜単位でサイズオーダー可能なため様々な間取りの空間に採用できる。置き型のベンチとは異なり、足元がすっきりしているのも特徴。また、ふとしたときに握れる縦手すりを付けたことで、日常でストレスを感じる「立ったり座ったりする動作」が快適になる。子どもからお年寄りまで快適に使用できる住宅設備だ。

・商品名
玄関ベンチ

・企業名
カツデン株式会社

・価格
9万6,000円~

・ウェブサイト
https://kdat.jp/

・お問い合わせ
hidaka@katzden.co.jp

消臭、抗菌・抗ウイルス機能などを持つ内装材

アレスシックイ

アレスシックイは消臭、抗菌・抗ウイルス、湿度調節などの機能を持つ日本古来の建材「漆喰」を独自技術で塗料化した内装用消石灰系仕上げ塗材。VOC（揮発性有機化合物）を含まず、シックハウスの原因であるホルムアルデヒドなども吸着・分解し、人に優しい生活空間をつくる。ローラーや刷毛で壁紙の上から簡単に塗ることができ、一般住宅だけでなく医療・老健施設や幼稚園、美術館など幅広いシーンで採用されている。

- 商品名
  アレスシックイ
- 企業名
  関西ペイント株式会社
- 価格
  オープン価格
- ウェブサイト
  https://www.kansai.co.jp/shikkui/
- お問い合わせ
  yura02@als.kansai.co.jp

高齢者対応（バリアフリー、在宅介護対応など）

5分浴びるだけで温まるボディハグシャワー

ボディハグシャワー

「ボディハグシャワー」はお湯にやさしく包まれて温まる、新感覚のシャワー。10個のノズルから吐水をするので、全身を一度に温めることができ、「ボディ“ハグ”シャワー」という名前のごとく、お湯に「ハグされる」ような浴び心地を提供するシャワー。浴槽に入ることが困難で寒くなりがちな方にも、全身が温まるシャワーを満喫できる。浴槽の利用や清掃が減り、浴槽浴と比較した時に節約につながる。

- 商品名
  ボディハグシャワー
- 企業名
  株式会社LIXIL
- 価格
  20万円～（税別・施工費込み）※23年12月時点の価格
- ウェブサイト
  https://www.lixil.co.jp/lineup/bathroom/s/choice/feature/article10.htm

防災

自然災害対策、非常時生活支援など

防災（自然災害対策、非常時生活支援など）

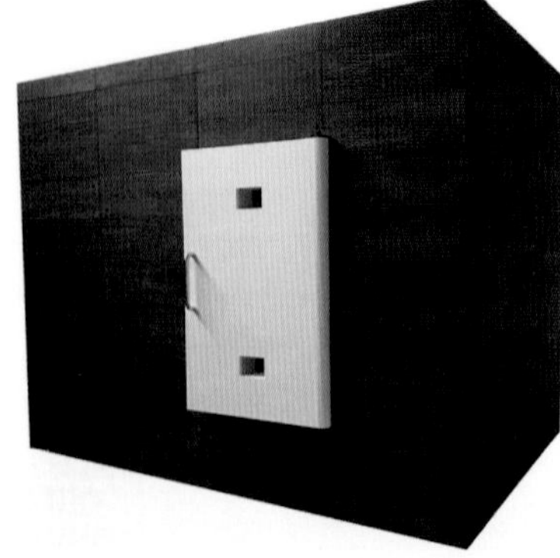

地震・火災に強い1時間耐火木造シェルター

木造の耐震・耐火シェルター グラセーフ

首都直下地震などの大災害がいつ起きてもおかしくないと予測される中、大切な家族や自分の生命を守る耐震・耐火の木造シェルターだ。住居内だけでなく庭や駐車場などの外部にも設置可能で、安全で安心な在宅避難ができる。3つの震災（阪神淡路・東日本・熊本）の地震動を再現した実験で倒壊しない耐震性と1000℃での1時間耐火を確保。また、燃え広がらず、煙や有害なガスの発生を抑えるため、大規模火災を防止する。

- 商品名
  木造の耐震・耐火シェルター グラセーフ
- 企業名
  株式会社アサノ不燃
- 価格
  問い合わせ
- ウェブサイト
  https://www.funen.jp
- お問い合わせ
  asano-info@funen.jp

防災（自然災害対策、非常時生活支援など）

大臣認定を取得した高い安全性を持つ木製防火ドア

木製防火ドア

「木は燃えやすい」というイメージがあるが、実は「火災に強い素材」。火災で高温にさらされても、芯まで燃え尽きるまでに多くの時間を要する。さらに熱伝導率が低く、扉表面が高温になりにくいため、人命を救助できる可能性も高くなる。木製として国産第一号の認定を得て以来、常に業界をリードしつづけている。

- 商品名
木製防火ドア
- 企業名
阿部興業株式会社
- 価格
70万8,000円~
- ウェブサイト
https://www.abekogyo.co.jp/
- お問い合わせ
press@abekogyo.co.jp

防災（自然災害対策、非常時生活支援など）

災害時の備えに軽量・水洗可能な簡易ベッド

「床にポン」～発泡ポリプロピレン製簡易組立ベッド

2種類のパーツを差し込むのみで約1分で組立完了。水洗い・アルコール消毒ができる簡易組立ベッド。重量は5kgと軽量なのに耐荷重は、500kg /㎡。断熱材としても使用されている発泡ポリプロピレン製のため、寒冷地の寒さ対策にも効果がある。防災の備蓄品や BCP 対策に。

- 商品名
「床にポン」~発泡ポリプロピレン製簡易組立ベッド
- 企業名
ウチヤマコーポレーション株式会社（製造元:東洋コルク㈱）
- 価格
設計価格 2万7,000円（税込・送料別途）
- ウェブサイト
https://www.toyocork.co.jp/yuka-nipon?gclid=Cj0KCQiA7aSsBhCiARIsALFvovztYvR0GmtM6pvgZyBCL18C0WF3i6TZ3mvnAsNZzyyPQSqhN1WnshwaAlPZEALw_wcB
- お問い合わせ
masaki-endo@umc-net.co.jp

防災（自然災害対策、非常時生活支援など）

既存住宅の天井・床を壊さない耐震補強工法

かべつよし

「かべつよし」は、天井・床を壊さない耐震補強工法として 2000 年に誕生した。面材は MDF とモイスの 2 種類で、柱頭·柱脚金物を改良し豊富なバリエーションを用意。一般的な壁補強に必要な天井・床の解体・復旧工事が不要のため、工期の短縮とコスト削減を実現した耐震補強工法だ。

- 商品名
かべつよし
- 企業名
エイム株式会社
- 価格
設計価格 MDFかべつよし（大壁用）:3万9,600円（セット）
- ウェブサイト
https://www.aimkk.com/
- お問い合わせ
aim@aimkk.com

防災（自然災害対策、非常時生活支援など）

災害に強い家になる後付けホールダウン金物

かぞくまもる

住宅の外側から設置する、後付けホールダウン金物「かぞくまもる」は、基礎・柱を緊結することで「ホゾ抜け」や「分離」を防止し、地震・津波などの災害から家屋・家族を守る。

- 商品名
かぞくまもる
- 企業名
エイム株式会社
- 価格
設計価格 左・右・平面タイプ:5万9,800円/本
- ウェブサイト
https://www.aimkk.com/
- お問い合わせ
aim@aimkk.com

防災（自然災害対策、非常時生活支援など）

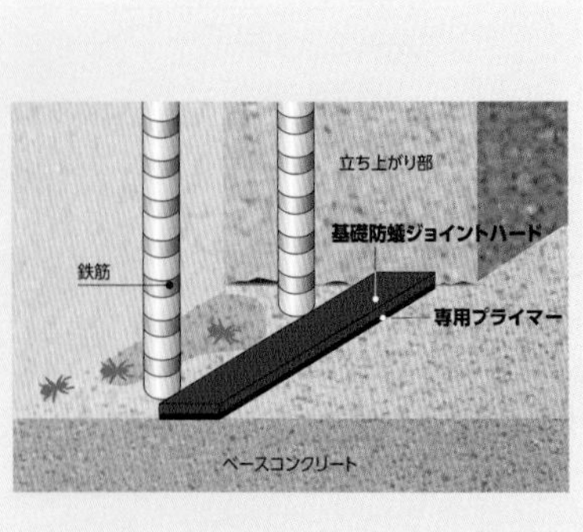

住宅基礎の打ち継ぎ部用止水板

インサル基礎防蟻ジョイントハード

シロアリと浸水の被害から家を守る住宅基礎工事のニュースタンダード。“防蟻”成分を含んだテープタイプの止水材で、立ち上がり部のコンクリートと一体化することで、浸水から住宅を守る。プライマーを塗ってテープを貼るだけのため乾燥待ちはなく、速やかにコンクリートの施工を進めることが可能。

- 商品名
  インサル基礎防蟻ジョイントハード
- 企業名
  株式会社エービーシー商会
- 価格
  オープン価格
- ウェブサイト
  https://www.abc-t.co.jp/
- お問い合わせ
  info-12@abc-t.co.jp

防災（自然災害対策、非常時生活支援など）

日立製オイルダンパーを使用した制震装置

Hi ダイナミック制震工法

Hi ダイナミック制震工法は新築はもちろんリフォームでも使える制震装置だ。2004 年の発売以降、累計実績数は1万 5000 棟以上。東日本大震災や熊本地震でも設置した建物の倒壊はゼロ。オイルダンパーは耐用年数 60 年でメンテナンスフリー。シミュレーションによる効果計算と数量見積も無料で行っている。近年、旧家を含むリノベーションでの引き合いが特に増加している。

- 商品名
  Hiダイナミック制震工法
- 企業名
  江戸川木材工業株式会社
- 価格
  問い合わせ
- ウェブサイト
  http://www.edogawamokuzai.co.jp
- お問い合わせ
  gensin@edogawamokuzai.co.jp

防災（自然災害対策、非常時生活支援など）

国産電池セル搭載 可搬型蓄電システム

可搬型蓄電システム POWER YIILE 3

自社開発の国産電池セルを搭載。業界トップクラスの安全性と長寿命を実現。同シリーズの累計出荷台数は 4 万3,000 台以上。高い安全性と信頼性が評価され、住宅を中心に、セキュリティ、通信、病院、介護福祉、官公庁・自治体など、様々な業種・業界の「電気と安心の備え」として選ばれている。その高い安全性から、2006 年の創業以来、電池起因の重大事故はない。

- 商品名
  可搬型蓄電システム POWER YIILE 3
- 企業名
  エリーパワー株式会社
- 価格
  オープン
- ウェブサイト
  https://www.eliiypower.co.jp/products/general/stand-alone/py3
- お問い合わせ

防災（自然災害対策、非常時生活支援など）

設置場所を選ばない 可搬型蓄電システム

可搬型蓄電システム POWER YIILE HEYA S

エリーパワーの蓄電システムは、自社開発の国産電池セルを搭載。業界トップクラスの安全性と長寿命を実現している。本製品は非常時のバックアップ電源に特化した仕様に最適化しており通信モジュールも内蔵している。簡単に移動可能なキャスター付で、用途・状況に合わせてフレキシブルに対応できる。さらに 10 年保証も付いており、メンテナンスフリーで長く安心して使用できる。

- 商品名
  可搬型蓄電システム POWER YIILE HEYA S
- 企業名
  エリーパワー株式会社
- 価格
  オープン
- ウェブサイト
  https://www.eliiypower.co.jp/products/general/stand-alone/pyhs

防災（自然災害対策、非常時生活支援など）

スペースを有効活用 壁掛け蓄電システム

屋内壁掛蓄電システム POWER YIILE HEYA

主にマンションやアパートなどの集合住宅専有部分への導入のしやすさを追求し、居住空間における設置スペースの問題を解決するコンパクトな「屋内壁掛蓄電システム」。停電時には蓄電池からの電力供給に自動的に切り替わるため、災害時にも安心して過ごせる。

- 商品名
  屋内壁掛蓄電システム POWER YIILE HEYA
- 企業名
  エリーパワー株式会社
- 価格
  オープン
- ウェブサイト
  https://www.eliiypower.co.jp/products/general/stand-alone/pyh

防災（自然災害対策、非常時生活支援など）

大切な命と資産を守る次世代耐火被覆材

耐火テクト

次世代耐火被覆材「耐火テクト」は、耐火被覆に加え、多様なデザイン建築物の増加に伴い近年求められるようになった屋外耐久性・デザイン性・工期短縮といった＋αの機能を満たす安心な発泡性ポリエーテル樹脂耐火被覆材。豊富な機能に加え、国土交通省の耐火構造認定を耐火１時間・２時間（梁・柱）の主要な鋼材サイズで取得している。

- 商品名
  耐火テクト
- 企業名
  関西ペイント株式会社
- 価格
  オープン価格
- ウェブサイト
  https://www.kansai.co.jp/taikatect/
- お問い合わせ
  yura02@als.kansai.co.jp

防災（自然災害対策、非常時生活支援など）

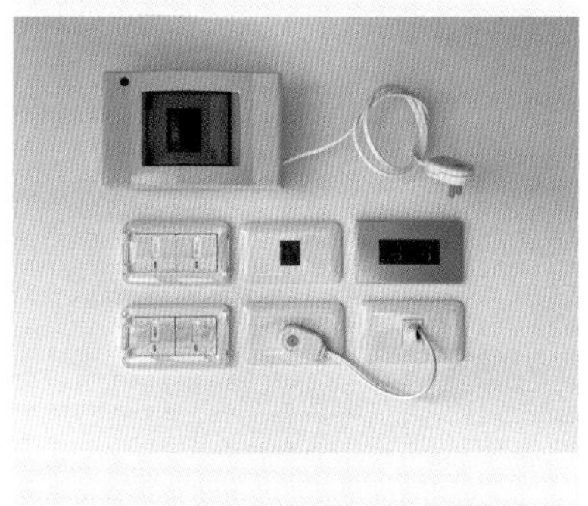

災害に備える停電時給電システム

停電時給電システム　スマートｅチェンジ2

停電でも車や発電機、蓄電池を使用することで電気が使えるため、避難所に行かずに自宅で過ごせる。最大100v1500wまで使用可能。電力供給する家電は最大４か所、自由に選択が可能。

- 商品名
  停電時給電システム　スマートeチェンジ2
- 企業名
  株式会社キムラ
- 価格
  室内＋車横キット定価10万円(税別、材のみ)ブレーカー別途
- ウェブサイト
  https://my.ebook5.net/kimura/smarte_anshin/
- お問い合わせ
  product.sales@kimuranet.jp

防災（自然災害対策、非常時生活支援など）

重厚感と軽量性を兼ね備えた新しい瓦

ROOGA

伝統的な瓦の造形美を持ちながら、軽さ・強さを兼ね備えた新しい屋根瓦。一般的な陶器平板瓦と同じ厚みながら、重量はその約１／２と軽く、地震時の建物の揺れを低減する。また、強風で瓦のズレや飛散がしにくいだけでなく、衝撃に強く、飛来物が当たっても割れにくいため、昨今甚大化する台風やゲリラ豪雨にも安心。自然災害に強く、住まいづくりに貢献する。

- 商品名
  ROOGA
- 企業名
  ケイミュー株式会社
- 価格
  2万680円/坪(税抜 1万8,800円/坪)
- ウェブサイト
  https://www.kmew.co.jp/shouhin/roof/rooga/
- お問い合わせ
  https://www.kmew.co.jp/inquiry/inquiry.php

防災（自然災害対策、非常時生活支援など）

機能性と意匠を両立したガレージシャッター

アルミガレージシャッター「サンオート静々動々」

開放速度約13秒／2.5m、開閉音60dB以下の素早く静かな開閉で、早朝や夜遅くの開閉でも音を気にせずスムーズな車の出し入れが可能に。正圧・負圧ともに800Pa以上の高い耐風圧性能も備えており、大型化する台風から大切な車を守る。スラットカラーはメタリック調4色と木目調2色をラインアップ、住宅の外観に合わせて最適なデザインの選択が可能。高い機能性と意匠性で、快適なガレージライフをサポート。

- 商品名
  アルミガレージシャッター「サンオート静々動々」
- 企業名
  三和シヤッター工業株式会社
- 価格
  参考価格 146万3,000円（消費税込、取付工事費・搬入費・諸経費別／仕様 サイズ:W3,200mm×H2,500mm、カラー:ステンカラー）
- ウェブサイト
  https://www.sanwa-ss.co.jp/

防災（自然災害対策、非常時生活支援など）

防火地域のバルコニー向け耐風窓シャッター

高耐風圧窓シャッター「マドモア耐風ガード スクリーンＧⅡタイプ」防火仕様　土間・バルコニー納まり

最大耐風圧（負圧）1800Pa（風速76m/s時の風圧（負圧）に相当）の高い耐風圧性能で、強風や飛来物から住宅を守る。土間・バルコニー納まりで業界初※となる防火認定を取得。防火・準防火地域でも、ＧⅡタイプ防火仕様なら土間やバルコニーに透明ガラスの非防火仕様サッシが使用できる。強風時や火災時の安全を確保しながら、開放感のある眺望も叶える。※2022年4月時点 同社調べ

- 商品名
  高耐風圧窓シャッター「マドモア耐風ガード スクリーンGⅡタイプ」防火仕様　土間・バルコニー納まり
- 企業名
  三和シヤッター工業株式会社
- 価格
  参考価格 23万円（消費税込、取付工事費・搬入費・諸経費別／仕様:電動、土間・バルコニー納まり、TW=1,500㎜ H=2,100mm、カラー:ステンカラー）
- ウェブサイト
  https://www.sanwa-ss.co.jp/

防災（自然災害対策、非常時生活支援など）

耐風圧性能800Paを実現した軽量シャッター

耐風形軽量シャッター「耐風ガードＬＳ」

スラット端部を独自開発のフック形状としたことで、耐風フック等のロック操作を行うことなく強風時にガイドレールからシャッターカーテンが抜け出すことを防止。利便性の向上だけでなく、ロック操作ができない外出中や夜間の急な強風からも大切な住居や店舗を守る。シャッターカーテンの軽量化による手動操作性の向上と環境負荷低減も図った。スラットは全7色から選択可能で、安全性だけでなく意匠性も確保。

- 商品名
  耐風形軽量シャッター「耐風ガードLS」
- 企業名
  三和シヤッター工業株式会社
- 価格
  参考価格 28万6,000円（消費税込み、取付工事費、搬入費、諸経費別／仕様 サイズ:W3,700×H2,500、カラー:サンド）
- ウェブサイト
  https://www.sanwa-ss.co.jp/

防災（自然災害対策、非常時生活支援など）

完全嵌合式の低層建築用ボルトレス折板

ロック75

昨今、豪雨・豪雪といった異常気象が常態的に発生し、屋根に対する高い安心感が求められているなか、ロック75は、全長に渡り完全嵌合する折板として、高い防水性能を有する。ボルトを使用しない嵌合による固定方法は、足で踏み込むだけの容易な施工とし、高い省力化を実現。最少勾配3/100と低勾配設計を得意とし、低層の集合住宅・介護施設等に最適な屋根材だ。これまでに2万棟を超える出荷実績を誇る。

- 商品名
  ロック75
- 企業名
  JFE鋼板株式会社
- 価格
  問い合わせ
- ウェブサイト
  http://www.jfe-kouhan.co.jp
- お問い合わせ
  https://cpjb.f.msgs.jp/webapp/form/24052_cpjb_1/index.do

防災（自然災害対策、非常時生活支援など）

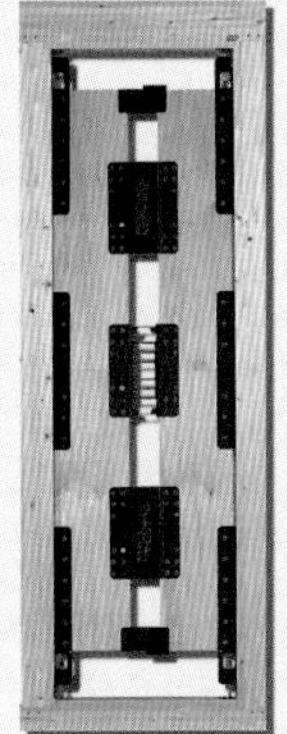

GUARDIAN FORCE ORANGE

地震の揺れを素早く揺れを抑える制振壁

ガーディアン・フォース／オレンジ

ガーディアン・フォースシリーズ内でもっとも地震の揺れを素早く強力に揺れを抑える制振壁。地震エネルギー吸収力に優れた < 粘弾性ダンパー > を採用。小さな地震・大きな地震・繰り返し発生する地震から地震エネルギーを吸収し住まい全体の損傷を軽減し、永く住み続けられる家を実現する。HP にて実大振動実験映像公開中。

- 商品名
  ガーディアン・フォース／オレンジ
- 企業名
  株式会社住宅構造研究所
- 価格
  問い合わせ
- ウェブサイト
  https://www.homelabo.co.jp/
- お問い合わせ
  toiawase@homelabo.co.jp

防災（自然災害対策、非常時生活支援など）

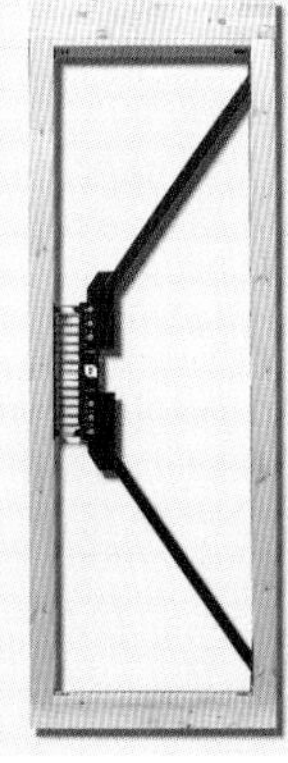

GUARDIAN FORCE HYBRID

優れた制振性能を備える国土交通大臣認定品

ガーディアン・フォース／ハイブリッド

ガーディアン・フォースシリーズの素早く強力に揺れを抑える特徴を備え、大臣認定を取得し壁倍率 3.0 倍を持つ制振壁。地震エネルギー吸収力に優れた < 粘弾性ダンパー > と耐震性を持ちながら大きい揺れへの吸収力も高い < 鋼製ダンパー > を採用。地震の揺れによる住まい全体の損傷を軽減し、永く住み続けられる家を実現する。HP にて実大振動実験映像公開中。

- 商品名
  ガーディアン・フォース／ハイブリッド
- 企業名
  株式会社住宅構造研究所
- 価格
  問い合わせ
- ウェブサイト
  https://www.homelabo.co.jp/
- お問い合わせ
  toiawase@homelabo.co.jp

防災（自然災害対策、非常時生活支援など）

延樹 BRANCH

国道交通大臣認定壁倍率 5.0 倍を取得

延樹・ブランチ

大臣認定において壁倍率 5.0 倍の最高評価を取得。地震対策と間取りの自由度の両立をした制振壁。< 鋼製ダンパー > は高強度の鉄の板が変形し、地震エネルギーを強力に吸収。繰り返し発生する地震の揺れを最小限に抑えることが可能。地震の揺れによる住まい全体の損傷を軽減し、永く住み続けられる家を実現する。HP にて実大振動実験映像公開中。

- 商品名
  延樹・ブランチ
- 企業名
  株式会社住宅構造研究所
- 価格
  問い合わせ
- ウェブサイト
  https://www.homelabo.co.jp/
- お問い合わせ
  toiawase@homelabo.co.jp

防災（自然災害対策、非常時生活支援など）

PHOENIX TREE

住まいを揺れから守る小型ローコスト制振壁

フェニックスツリー

ダンパーを小型化しながらも高い制振特性を持つ、住宅構造研究所の従来品と比べローコストな制振壁。地震エネルギー吸収力に優れた < 粘弾性ダンパー > を採用。実物件大の振動実験では耐震住宅と比べ 89% 以上も揺れを軽減し制振性能を実証。地震の揺れによる住まい全体の損傷を軽減し、永く住み続けられる家を実現する。HP にて実大振動実験映像公開中。

- 商品名
  フェニックスツリー
- 企業名
  株式会社住宅構造研究所
- 価格
  問い合わせ
- ウェブサイト
  https://www.homelabo.co.jp/
- お問い合わせ
  toiawase@homelabo.co.jp

防災（自然災害対策、非常時生活支援など）

スリムな形状がポイント 枠組壁工法に特化した制振壁

グラバスター

枠組壁工法のたて枠間隔455mmに合わせ取り付け可能な制振壁。地震エネルギー吸収力に優れた<粘弾性ダンパー>を採用。小さな地震・大きな地震・繰り返し発生する地震から地震エネルギーを吸収し住まい全体の損傷を軽減し、永く住み続けられる家を実現する。HPにて実大振動実験映像公開中。

- 商品名
グラバスター
- 企業名
株式会社住宅構造研究所
- 価格
問い合わせ
- ウェブサイト
https://www.homelabo.co.jp/
- お問い合わせ
toiawase@homelabo.co.jp

防災（自然災害対策、非常時生活支援など）

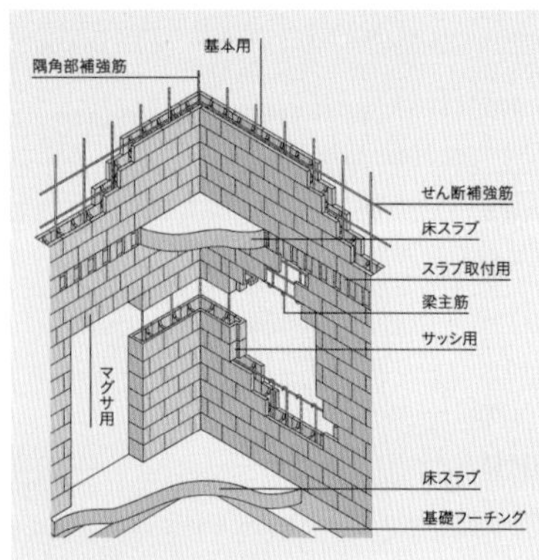

耐震性・耐久性に優れた構工法

RM構工法

RM造（鉄筋コンクリート組積造）は、平成15年に告示化された構造。（平成15年国土交通省告示第463号）高規格RMユニットを組積し、その空洞部に鉄筋を配筋の上、モルタルやコンクリートを充填し耐力壁を建設する構工法だ。高い耐震性、耐久性、耐火性をもち、狭小敷地や不整形地での施工にも適した構工法。また型枠廃材の抑制が可能で、地球環境にもやさしいという特徴を持つ。建築物や耐震シェルターなど様々な用途で使用可能。

- 商品名
RM構工法
- 企業名
太陽エコブロックス株式会社
- 価格
問い合わせ
- ウェブサイト
http://www.taiyo-ecobloxx.com
- お問い合わせ
pln@taiyo-ecobloxx.com

防災（自然災害対策、非常時生活支援など）

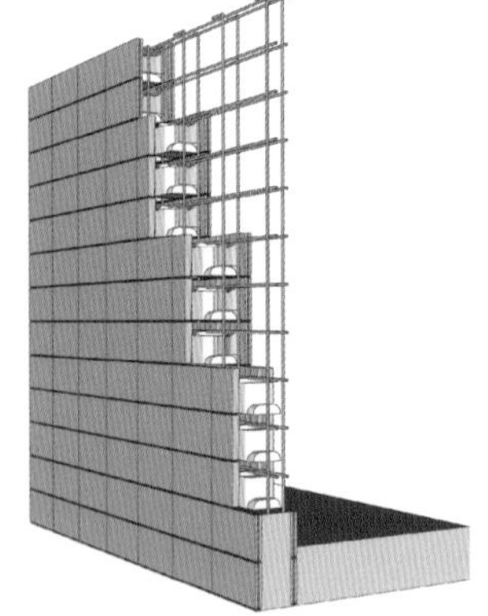

耐震・耐風・耐水害・遮音・防火機能を備えた防災塀工法

防災ボイドRM塀

RM造(鉄筋コンクリート組積造)を採用した防災塀。耐震・耐風・耐水害・遮音・防火機能を備えており、構造計算により控え壁を省略することも可能。壁にはボイドRMユニットを採用しており、部分充填を可能とし、壁を軽量化し耐震性能を向上させている。

- 商品名
防災ボイドRM塀
- 企業名
太陽エコブロックス株式会社
- 価格
問い合わせ
- ウェブサイト
http://www.taiyo-ecobloxx.com
- お問い合わせ
pln@taiyo-ecobloxx.com

防災（自然災害対策、非常時生活支援など）

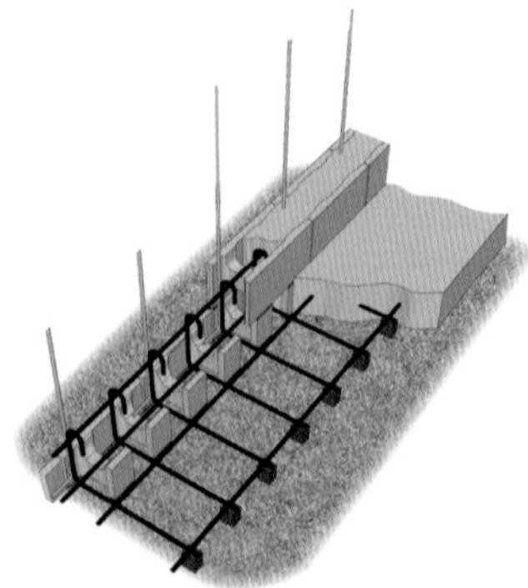

地震によるブロック塀倒壊リスクを減らす基礎工法

RM造耐震ブロック塀基礎

大地震発生時のブロック塀倒壊事故の大きな要因は鉄筋の腐食だ。基礎立上り部と塀の界面から雨水が浸入し鉄筋を錆びさせる。RM造耐震ブロック塀基礎は基礎スラブと基礎立上りのコンクリートを一体打設することにより、ひび割れを防止し雨水の浸入を防ぐ。基礎立上り部分には防錆鉄筋「あんしん鉄筋」を採用し二重の対策としている。システマティックな施工で、ブロック専門工以外でも耐震性能の高いブロック塀基礎が築造可能だ。

- 商品名
RM造耐震ブロック塀基礎
- 企業名
太陽エコブロックス株式会社
- 価格
問い合わせ
- ウェブサイト
http://www.taiyo-ecobloxx.com
- お問い合わせ
pln@taiyo-ecobloxx.com

防災（自然災害対策、非常時生活支援など）

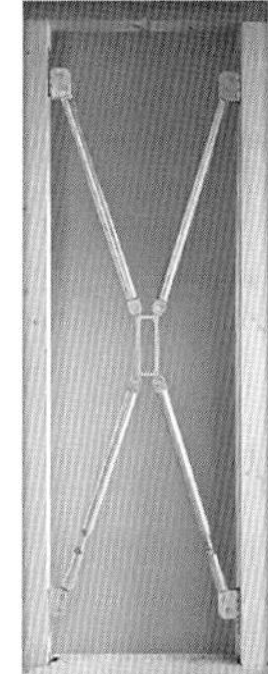

木造軸組工法用の制振・耐震壁

WUTEC-SF

大きな本震にも繰り返しの余震に対しても優れた制振性能により建物へのダメージを軽減。業界で唯一の高純度アルミニウムデバイスが変形し地震エネルギーを吸収。■壁倍率認定 2.6 倍を取得■耐震補強・リフォームでも使える■優れた耐久性で大地震後のメンテナンスフリーを実現■台風などの小さな揺れから大地震にも対応■温度変化によって性能に変化なし。

- 商品名：WUTEC-SF
- 企業名：株式会社タカミヤ
- 価格：定価10万円/基
- ウェブサイト：https://www.takamiya.co/wutec/
- お問い合わせ：infostructuralproduct@takamiya.co

防災（自然災害対策、非常時生活支援など）

開放的な空間をつくる制振・耐震壁

WUTEC-5.0

ZEH に向けた制振・耐震壁。2 基から制振効果を発揮するため、従来の制振装置と比べて 開放的な空間を創り出すことが可能。特注鋼材の 2 重デバイスが地震の揺れ幅に応じて変形し、建物へのダメージを軽減。■壁倍率認定 4.8 倍取得■制振+外周部 ZEH 水準断熱材+大空間リビングが全て実現可能■ 1 棟 2 基配置も可能で、コストを削減し、耐力壁の確保にも貢献 ■ 2024 年発売予定

- 商品名：WUTEC-5.0
- 企業名：株式会社タカミヤ
- 価格：参考価格 13万円/基
- ウェブサイト：https://www.takamiya.co/wutec/
- お問い合わせ：infostructuralproduct@takamiya.co

防災（自然災害対策、非常時生活支援など）

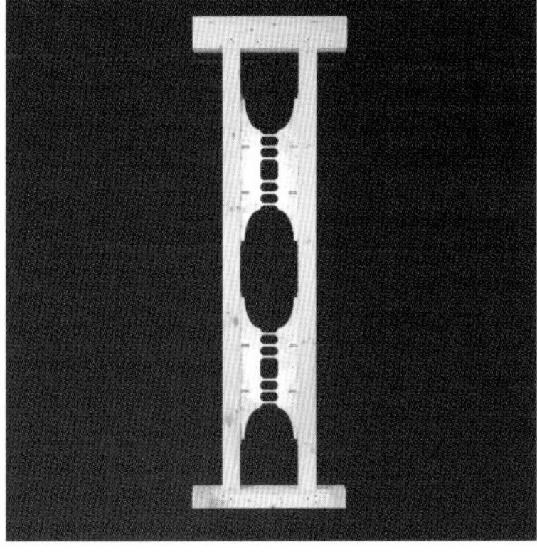

ハーフサイズの耐震・制振壁

MUSASABI 455

従来の耐力壁と比べ、コンパクトサイズであり、開放的な空間や、間口の狭い建物のガレージ壁を耐力壁にできる。3 階建てや積雪地域でも無理なく耐震性能を確保。塑性部の変形によるエネルギー吸収で、粘り強く建物を守る。■壁倍率 5.7 倍相当（公財）日本住宅·木材技術センター「新工法認証」取得■小壁 455 幅の有効活用で大空間を■狭小地の住宅でも耐震性能を■集成材要らずで通常の柱・基礎・土台の簡易な施工性

- 商品名：MUSASABI 455
- 企業名：株式会社タカミヤ
- 価格：問い合わせ
- ウェブサイト：https://www.takamiya.co/product/detail/153/
- お問い合わせ：infostructuralproduct@takamiya.co

防災（自然災害対策、非常時生活支援など）

土嚢に代わる浸水対策品

タイガーダム

従来の土のうに代わる、水のう型簡易膨張ダムシステムで、水害時の浸水対策時間を大幅に短縮する。チューブに水を注入するだけで強靭なダムを形成。長さや高さも自由自在。設置方法もシンプル。使用後は水を抜いて折りたたむだけ。繰り返して使用もできる。「人員・時間」を飛躍的に低減・短縮することが可能。撤去に要する時間も早い為、MLCP（マンション生活継続計画）等あらゆる場所で貢献する。

- 商品名：タイガーダム
- 企業名：株式会社タカミヤ
- 価格：問い合わせ
- ウェブサイト：https://www.takamiya.co/tigerdam/
- お問い合わせ：InfoBusinessPromotion@takamiya.co

防災（自然災害対策、非常時生活支援など）

簡単施工、低コストな給電システム

停電対策システム「スマートエルラインライト」

停電時にハイブリッド車などのエコカーや発電機等の屋外電源、太陽光から住宅へ電気供給が可能な給電システム。特定負荷の回路を事前に設定し、停電時に自動で非常用電源に切り替わる。また、従来の住宅給電システムであるV2Hと比較し、低コストで導入が可能。EV充電器（屋外コンセント等）と組み合わせることで簡易V2Hとしても活用が可能だ。

- 商品名　停電対策システム「スマートエルラインライト」
- 企業名　日東エルマテリアル株式会社
- 価格　約30万円
- ウェブサイト　https://marketing.nitto-lmaterials.com/sll/
- お問い合わせ　shotaro.kayashima@nitto.com

防災（自然災害対策、非常時生活支援など）

防災対策に最適な防災防犯ガラス

ラミペーンシェルター

「防災防犯ガラス」とは、2枚の板ガラスの間に合成樹脂の60mil（約1.5 mm）以上の中間膜をはさみ、圧着した合わせガラス。耐貫通性に優れ、万一破損しても破片がほとんど飛び散らない。合わせガラスは高い安全性が求められる自動車のフロントガラスにも採用されている。

- 商品名　ラミペーンシェルター
- 企業名　日本板硝子株式会社
- 価格　問い合わせ
- ウェブサイト　https://glass-wonderland.jp/
- お問い合わせ　atsuko.goto@nsg.com

防災（自然災害対策、非常時生活支援など）

地震に強い、高耐力構造用面材

novopanSTP II

木造住宅の耐力面材としてこれまでに戸建住宅約100万棟分の使用実績を持つ。告示仕様はもちろん独自の大臣認定仕様の壁倍率も使用することができる。高倍率仕様（軸組大壁4.3倍、枠組4.8倍）を活用することで2025年に予定されている壁量基準の見直しにも対応。また耐震シミュレーションソフト「wallstat」の認証建材で、novopanSTP IIを張った建物が地震を受けた時の挙動を視覚的に確認できる。

- 商品名　novopanSTPII
- 企業名　日本ノボパン工業株式会社
- 価格　3'×10'板　1枚　3,170円(設計価格)
- ウェブサイト　https://www.novopan.co.jp/
- お問い合わせ　grix-stp@novopan.co.jp

防災（自然災害対策、非常時生活支援など）

繰り返しの揺れにも高い制震力を発揮する制震装置

EQ GUARD / EQ GUARD M

京都大学と共同開発した制震装置。EQ GUARDは在来軸組工法の尺モジュールで、EQ GUARD Mは在来軸組工法のメーターモジュールで使用。鋼板ダンパーが変形することで地震エネルギーを吸収し、建物の揺れを抑える。壁倍率2.8倍（EQ GUARD）、3.2倍（EQ GUARD M）の国土交通大臣認定を取得。EQ GUARDで振動台実験を行い、繰り返す大きな揺れにも変わらない制震力があることを確認。

- 商品名　EQ GUARD / EQ GUARD M
- 企業名　BXカネシン株式会社
- 価格　問い合わせ
- ウェブサイト　https://www.kaneshin.co.jp/products/list.php?skbn=5-4
- お問い合わせ　info-kaneshin@ys-gr.jp

防災（自然災害対策、非常時生活支援など）

台風・強風に強い窓シャッター

マドマスター高耐風圧モデル

近年大型化する台風・強風対策として耐風圧強度（負圧）2100Pa（風速 82m/s 相当）に耐えることができるウインドブロックシリーズ「マドマスター高耐風圧モデル」。内部構造の強度アップ、住まいを強風被害から守る。

- 商品名
マドマスター高耐風圧モデル
- 企業名
文化シヤッター株式会社
- 価格
要見積もり
- ウェブサイト
https://bunka-s-pro.jp/product/mm_windblock/

防災（自然災害対策、非常時生活支援など）

停電を自動検知し 最長 20 時間非常点灯する照明

防災用 LED シーリング

普段は調色・調光タイプの LED シーリング。もしもの停電時には自動で非常点灯を開始。最長 20 時間の非常点灯が可能で、非常点灯のあかりの ON/OFF 操作や明るさの変更（3 段階）も可能。

- 商品名
防災用LEDシーリング
- 企業名
株式会社ホタルクス
- 価格
6万1,000円
- ウェブサイト
https://www.hotalux.com/
- お問い合わせ
hotalux_j@dm.hotalux.com

防災（自然災害対策、非常時生活支援など）

揺れが収まるとロックが解除される 家具用耐震金具

家具用耐震ラッチ「PFR-TSA α」

地震の揺れを感知すると家具の扉や引き出しをロックして収納物の飛び出しを防ぎ、避難路の確保、器物の損壊やケガなど二次災害の発生を最小限に抑える。揺れが収まると自動でロックを解除して通常の状態に。様々な家具に取り付けが可能な小さな金具で日常作業の邪魔にならず、作動音も静かなことが大きな特徴。東日本大震災以降は、過去の地震を再現できる 3 次元加振試験機を製作し、品質向上に取り組んでいる。

- 商品名
家具用耐震ラッチ「PFR-TSAα」
- 企業名
株式会社ムラコシ精工
- 価格
1,100円(税込)(2個セット)(送料別)
- ウェブサイト
https://www.murakoshiseikou.com/
- お問い合わせ
webcontact@murakoshiseikou.com

▷ p.024

防災（自然災害対策、非常時生活支援など）

リフォーム・新築に使える耐震フレーム

FRAME II

木質耐震フレームを住宅の躯体内にバランスよく配置することで、耐震上の弱点であった開口部（窓）を減らさずに耐震性能を向上することができる。「FRAME II」に高性能樹脂窓「APW 330」などを組合せることで窓まわりの断熱化も同時に実現。門型と BOX 型があり、設置する場所や開口部の大きさによって選択可能。狭小地でも耐震性を確保しながら大開口が可能。

- 商品名
FRAMEII
- 企業名
YKK AP株式会社
- 価格
門型:23万9,500円～、BOX型:13万9,700円～
※フレーム本体のみ、消費税・組立施工費等除く
- ウェブサイト
https://www.YKKap.co.jp/
- お問い合わせ
https://www.YKKap.co.jp/ask/taishin/index.php

リフォーム対応

簡易リフォーム、カバー工法など

リフォーム対応（簡易リフォーム、カバー工法など）

災害に強く快適な住まいを実現する金属屋根

スーパーガルテクト

遮熱性鋼板と断熱性を一体成型した金属製屋根材。非常に優れた耐久性を持つ「超高耐久ガルバ」を採用し、腐食に強いため海岸から500m以遠までのエリアで、穴あき25年保証を実現している。1㎡あたり5kgと軽量で、地震時の割れの心配はなく、建物にかかる負担を軽減する。既存屋根に重ねて施工するリフォーム「カバー工法」で多く採用され、既存屋根の撤去･処分費などのコストも削減。

・商品名
スーパーガルテクト
・企業名
アイジー工業株式会社
・価格
8,190円/㎡(税別)
・ウェブサイト
https://www.igkogyo.co.jp/
・お問い合わせ
info@igkogyo.co.jp

リフォーム対応（簡易リフォーム、カバー工法など）

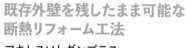

既存外壁を残したまま可能な断熱リフォーム工法

アキレスソトダンプラス

キューワンボードを使用した、既存の外壁を残したまま住まいを壊さずにリフォームが可能な木造住宅外壁向けリフォーム工法。壁を解体・撤去して行うスケルトン改修と比べて施工の規模が抑えられ、工事も生活空間に影響しないため住んだままの工事が可能。引っ越しや家具の配置変更も不要なため、工期短縮、コストダウンを実現できる。また断熱改修工事と同時に耐震補強も可能なため、ストック住宅の活用に画期的。

・商品名
アキレスソトダンプラス
・企業名
アキレス株式会社
・価格
住宅状況に応じるためお見積りは応相談（対象住宅の外壁状況によっては ソトダン工法の施術ができない場合もある）
・ウェブサイト
https://www.achilles.jp/product/construction/insulation/sotodanplus-method/
・お問い合わせ
https://www.achilles.jp/contact/hip/（HP問い合わせフォーム）

リフォーム対応（簡易リフォーム、カバー工法など）

壁・天井を壊さずに断熱改修する断熱複合材

アキレス JD パネル

既存住宅の断熱改修用複合パネルとして、業界最高水準の断熱性能熱伝導率 0.018W/(m･K) の「ジーワンボード」(Z1 ボード) と防火性能を持つ「石膏ボード」を一枚のパネルにした既存住宅向けの断熱複合パネル。ビス止めによる既存壁への上張り工法で一部屋から断熱改修が可能。パネルの厚みを 29.5mm に抑えられたことで、居住スペースを大きく狭めることがない。

・商品名
アキレスJDパネル
・企業名
アキレス株式会社
・価格
厚さ29.5㎜（硬質ウレタン20㎜ 石膏9.5㎜）幅910㎜ 長さ1,820㎜で設計価格 9,520円/枚(5,750円/㎡)（税別）※受注生産品
・ウェブサイト
https://www.achilles.jp/product/construction/insulation/jd-panel/
・お問い合わせ
https://www.achilles.jp/contact/hip/（HP問い合わせフォーム）

リフォーム対応（簡易リフォーム、カバー工法など）

メンテナンス性に優れた樹脂サイディング

樹脂サイディング「WALL-J」

どこか懐かしくもシンプルなデザインのため、時代に左右されず、いつでも使用できる外壁材。耐久性・経済性にも優れ、日々のお手入れもしやすい樹脂サイディング。

- 商品名
  樹脂サイディング「WALL-J」
- 企業名
  旭トステム外装株式会社
- 価格
  2万3,960円/坪~
- ウェブサイト
  https://www.asahitostem.co.jp/
- お問い合わせ
  asahitostem-sd@lixil.com

リフォーム対応（簡易リフォーム、カバー工法など）

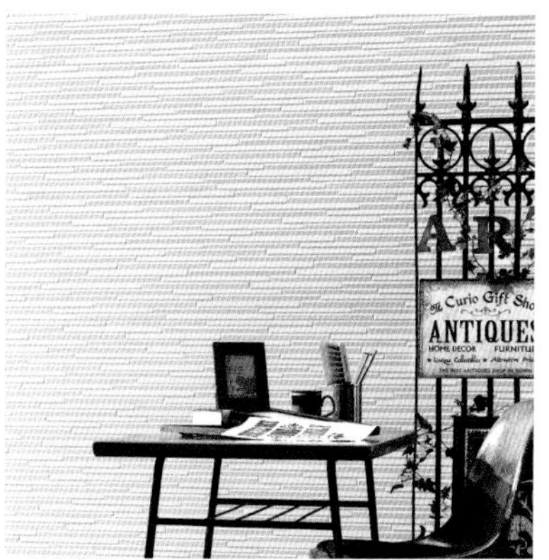

リフォームにもお勧めの フッ素採用の金属サイディング

Dan サイディング「フッ素商品」

Dan サイディングの中でもフッ素を採用した商品はリフォームにもお勧め。外壁リフォームでは一般的な「塗り替え」と比べれば当初コストは掛かるが、高耐候なためメンテナンス費用でトータルでお得になることも。豊富な柄デザインの中から選べ、建物のイメージも一新できる。

- 商品名
  Danサイディング「フッ素商品」
- 企業名
  旭トステム外装株式会社
- 価格
  約2万1,200円/坪~
- ウェブサイト
  https://www.asahitostem.co.jp
- お問い合わせ
  asahitostem-sd@lixil.com

リフォーム対応（簡易リフォーム、カバー工法など）

国内初、JIS 認証を取得した 建築用真空断熱材

VIP-Build

国内で初めて、建築用真空断熱材 JIS 認証を取得【JIS A 9529】。熱伝導率は 0.004W/(m・K)、熱抵抗値は 16mm 厚で 4.0㎡・K/W 程度。初期の断熱性能が、JIS で想定される「23℃、相対湿度 50%、25 年継続使用」を想定した長期での断熱性能値においてもほとんど低下しない。

- 商品名
  VIP-Build
- 企業名
  旭ファイバーグラス株式会社
- 価格
  370幅:8,040円/枚、405幅:8,980円/枚
- ウェブサイト
  https://www.afgc.co.jp
- お問い合わせ
  nandemo@afgc.co.jp

リフォーム対応（簡易リフォーム、カバー工法など）

引越し不要、床下からリフォームできる 床用アクリア

リフォーム用アクリア U ボードピンレス

床断熱のリフォームは実は簡単。床を剥がさずに床下から施工ができるため、部分断熱リフォームなら工期はたったの１～２日程度。引越しの必要もなく住んだままでも施工可能。また、グラスウールなので適度な弾力性があり、隙間なく施工ができる。

- 商品名
  リフォーム用アクリアUボードピンレス
- 企業名
  旭ファイバーグラス株式会社
- 価格
  1万2,940円/坪
- ウェブサイト
  https://www.afgc.co.jp
- お問い合わせ
  nandemo@afgc.co.jp

リフォーム対応（簡易リフォーム、カバー工法など）

屋根のリフォームにも最適な カバールーフ工法のシングル屋根材

リッジウェイ AR

リッジウェイのもつ軽量性、柔軟性を生かして既存の屋根材の上から葺き増しができる。カバールーフ工法なので、既存屋根にアスベストが含まれていても、工事による飛散の心配がない。また屋根が無くなることがないため引越し不要。既存の屋根材が化粧スレートの場合、野地板が腐っていない等の諸条件を満たせばカバールーフ工法が可能。既存屋根材の撤去作業、廃材処理が不要なため、安価な工事が実現できる。

- 商品名
リッジウェイAR
- 企業名
旭ファイバーグラス株式会社
- 価格
1万8,720円/ケース
- ウェブサイト
https://www.afgc.co.jp
- お問い合わせ
nandemo@afgc.co.jp

リフォーム対応（簡易リフォーム、カバー工法など）

機能性と意匠性を併せ持つ シングル屋根材

オークリッジスーパー

オークリッジスーパーは、カラーバリエーション豊富で新築・リフォーム共に使用できる屋根材。アスファルトに釉薬でコーティングした天然石を吹き付けているため色落ちに強く、セルフシーラントが付いているため耐風性・耐久性にも優れており、メンテナンスフリーなのが特徴。製品保証期間も 40 年と長期に渡るため、安心して長く使用できる。

- 商品名
オークリッジスーパー
- 企業名
伊藤忠建材株式会社
- 価格
材工:8,000円/㎡~
- ウェブサイト
https://www.owenscorning.jp/product/roofing/oakridge-super.html
- お問い合わせ
m2.request@ick.co.jp

リフォーム対応（簡易リフォーム、カバー工法など）

リフォームに最適な 全天候型高耐久屋根材

スカイメタルルーフ

スカイメタルルーフは軽量・快適・経済的の 3 つが特徴のリフォームに最適な屋根材。1㎡あたり約 6kg と現在多く使用されている平板スレートの約 1/3、瓦の 1/8 の重量で建物への負担を減らし地震の揺れを軽減する。表面のセラミックコーティングされたストーンチップは、雨粒を分散し雨音を軽減させるほか、日射熱を吸収し室内へ熱を伝えにくくする。また、色落ちに強く塗り替えなど長期メンテナンスが不要。

- 商品名
スカイメタルルーフ
- 企業名
伊藤忠建材株式会社
- 価格
材工:1万2,000円/㎡~
- ウェブサイト
https://www.skymetalroof.com/
- お問い合わせ
m2.request@ick.co.jp

リフォーム対応（簡易リフォーム、カバー工法など）

自然と家族が、集まる場所に使いたい 無垢の木の内窓

無垢の木の内窓　MOKU サッシ

無垢の木を使った内窓「MOKU サッシ」。MOKU サッシを取り付けることで既存窓と MOKU サッシの間に新しい空気層がつくられる。これにより、屋外の冷気と室内の暖気をしっかり遮断するので、結露などが起きにくくなる。また、木は室内の湿度を調節するという効果も備えている。

- 商品名
無垢の木の内窓　MOKUサッシ
- 企業名
株式会社ウッドワン
- 価格
問い合わせ
- ウェブサイト
https://www.woodone.co.jp/
- お問い合わせ
pr-info@woodone.co.jp

リフォーム対応（簡易リフォーム、カバー工法など）

内張り壁用

床・壁・天井の断熱改修工事が約3日でスピード完成！

天井
壁 3day リフォーム
床

※内張り天井用、内張り床用、外張り壁用もございます

室内側から断熱リフォームできるパネル

リフォーム用ボード　リプラスボード

住宅の断熱性能が向上すると、冷暖房費が抑えられ、省エネはもちろんのこと、部屋ごとの温度差が減少するためヒートショックの予防や結露やカビによる健康問題の対策にもなる。「リプラスボード」は、室内側から断熱リフォームを行うことができるパネルで、現状の仕上げ材の上からも施工が可能。＊外張り「壁」用は、室外側からの施工となる。詳細は要問い合わせ。

- 商品名　リフォーム用ボード リプラスボード
- 企業名　株式会社FPコーポレーション
- 価格　8,850円~
- ウェブサイト　https://www.fpcorp.co.jp
- お問い合わせ　info@fpcorp.co.jp

リフォーム対応（簡易リフォーム、カバー工法など）

外壁や屋根も対応できる住まいの塗り変え塗料

アレスダイナミックシリーズ

アレスダイナミックシリーズは、建物の長期保護とライフサイクルコストの最適化を目指した高性能な製品をラインアップしている。外壁用上塗塗料、軒裏・鉄部用塗料、屋根用上塗塗料のほか下塗材も充実し、さまざまな建物素材に対応。シリーズ全製品に塗膜劣化原因の一つである「ラジカル」の発生を抑制する技術を導入し、高い耐候性を発揮し厳しい自然環境から建物の長期保護を可能にする。

- 商品名　アレスダイナミックシリーズ
- 企業名　関西ペイント株式会社
- 価格　オープン価格
- ウェブサイト　https://www.kansai.co.jp/alesdynamic/
- お問い合わせ　yura02@als.kansai.co.jp

リフォーム対応（簡易リフォーム、カバー工法など）

足場不要で雨樋・屋根の作業可能な装置

スムースライド 77

スムースライド 77 は軒先をスムーズに横移動ができる装置で、雨樋の交換や屋根施工時に使用することができる。従来、雨樋交換のためだけの足場設置は施主の費用負担が重く、工期もかかる。スムースライド 77 は屋根施工を行う職人自らが設置ができるため、足場費用と工期を軽減する。各部材のジョイントはビスやナットなどの専門工具を使用しないワンタッチ固定で、作業員 2 名の場合、10m の範囲を約 1 時間で素早く設置できる。

- 商品名　スムースライド77
- 企業名　元旦ビューティ工業株式会社
- 価格　問い合わせ
- ウェブサイト　https://www.gantan.co.jp/
- お問い合わせ　press_release@gantan.co.jp

リフォーム対応（簡易リフォーム、カバー工法など）

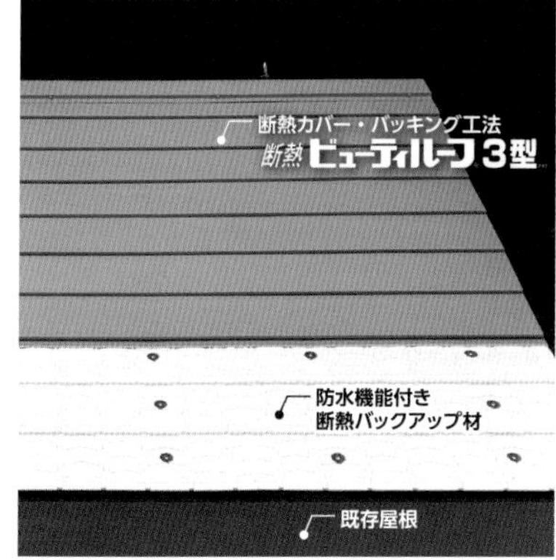

新しい屋根を踏まない工法の高耐久な屋根材

断熱ビューティルーフ 3 型

断熱ビューティルーフ 3 型はカバー工法対応の住宅リフォーム専用金属屋根。同社独自のパッキング工法は、新しく葺いた屋根を踏まずに上から下へと葺いていくことにより、新しい屋根のキズや凹みを軽減できるほか、急勾配でも安定した姿勢で施工可能。施工中に雨水・土埃・落ち葉などが屋根内部に浸入する事も抑制。厚みのある断熱バックアップ材は断熱性を高め、雨水や結露水を排水するための溝を設けているため防水性も高い。

- 商品名　断熱ビューティルーフ3型
- 企業名　元旦ビューティ工業株式会社
- 価格　設計価格(材工)1万2,800円/㎡
- ウェブサイト　https://www.gantan.co.jp/
- お問い合わせ　press_release@gantan.co.jp

リフォーム対応（簡易リフォーム、カバー工法など）

細かい葉もキャッチ 落ち葉が入らない雨樋

元旦内樋　落ち葉止め

雪や台風に強く落ち葉が入らない雨樋「元旦内樋」は、落ち葉除けを樋に被せることで樋内に落ち葉を入れず、落ち葉詰まりを防ぎ、清掃メンテナンスを軽減する。「落ち葉止め」は、針葉樹のカラマツなどの落ち葉除けの孔よりも小さな葉も手前でキャッチする新オプション。キャッチした葉は乾けば自然の風で飛んでいくため、清掃の手間も少ない。「元旦内樋」はあらゆる屋根に後付けが可能。

- 商品名
  元旦内樋　落ち葉止め
- 企業名
  元旦ビューティ工業株式会社
- 価格
  問い合わせ
- ウェブサイト
  https://www.gantan.co.jp/
- お問い合わせ
  press_release@gantan.co.jp

リフォーム対応（簡易リフォーム、カバー工法など）

熱移動の多くを占める輻射熱を 97%反射する住宅遮熱材

ラミパック SD

既築住宅約 5000 万戸は、ほとんどが断熱不足であり、中には無断熱の住宅も多く、特に高齢者においては酷暑のリスクのひとつである住宅内での熱中症に直面する生活を余儀なくされている。ラミパック SD は気泡緩衝材「ミナパック」の両面に、純度 99% のアルミ箔を熱溶着した高遮熱反射材。屋根下・壁面を覆うことで、輻射熱を 97%以上反射。日射による暑さ指数上昇を軽減し熱中症のリスクを抑える。

- 商品名
  ラミパックSD
- 企業名
  酒井化学工業株式会社
- 価格
  問い合わせ
- ウェブサイト
  https://www.sakai-grp.com/
- お問い合わせ
  eigyokaihatsu_gyomu@sakai-grp.com

リフォーム対応（簡易リフォーム、カバー工法など）

1日で取り替え可能なリフォームサッシ

ノバリス サッシ

ノバリス サッシは、今ある窓の枠だけを残して新しい窓を取り付けるリフォーム商品。壁を壊すような大掛かりな工事は不要で、暮らしに影響することなく、わずか１日で取り替え作業が完了。また、室内側から施工できる部材形状により、２階の施工時にも足場の設置は不要。アルミ樹脂複合サッシの「アルジオ」をベースとした高断熱タイプも用意。同じノバリスシリーズには、玄関ドア、玄関引戸なども揃えている。

- 商品名
  ノバリス サッシ
- 企業名
  三協立山株式会社　三協アルミ社
- 価格
  問い合わせ
- ウェブサイト
  https://alumi.st-grp.co.jp/

リフォーム対応（簡易リフォーム、カバー工法など）

簡単断熱リフォームの後付樹脂窓

プラメイク E II

今ある窓につけるだけのスピーディー施工が可能な後付樹脂内窓「プラメイクＥⅡ」。既設外窓との間に生まれた中間空気層と、熱が伝わりにくい樹脂が外気と室内を遮断し、窓からの熱の出入りを大幅に抑え、高い断熱効果を発揮。また、外気温の影響を受けにくくなることで結露の発生を軽減する。さらに、二重窓とすることで、外からの騒音や室内の音漏れを抑えるほか、防犯効果も期待できる。

- 商品名
  プラメイクEⅡ
- 企業名
  三協立山株式会社　三協アルミ社
- 価格
  14万7,700円～(複層ガラス入り)※ガラス入り完成品価格
- ウェブサイト
  https://alumi.st-grp.co.jp/

リフォーム対応（簡易リフォーム、カバー工法など）

手軽に部屋の印象をアップデートできるフロアタイル

フロアタイル

居心地の良い空間を作るには、まずは好みにぴったり合った床のデザインを選ぶこと。サンゲツのフロアタイルは150柄434点という豊富なデザインバリエーションを取り揃えているため、イメージ通りの柄を見つけられることが期待できる。本物さながらのリアルな質感、丈夫でキズにも強く、手入れも簡単。条件によっては既存床の上に重ね貼りもでき、コストを抑えながらクオリティの高い、理想の空間を作り上げることができる。

- 商品名
フロアタイル
- 企業名
株式会社サンゲツ
- 価格
標準価格4,600円/㎡~（税別）
- ウェブサイト
https://www.sangetsu.co.jp
- お問い合わせ
kouhou@sangetsu.co.jp

リフォーム対応（簡易リフォーム、カバー工法など）

IoTに対応しスマートフォンや
スマートスピーカーで操作が可能。
（オプション）

簡単施工で手動窓シャッターを電動化

窓シャッター電動化システム「マドモアチェンジ SY」

専用部品の交換・追加を行うだけで、今の窓シャッターはそのままに、気軽に電動化が可能。大掛かりな外壁工事や屋内配線工事は不要。オプションのシャッター通信中継器を追加することで、スマートフォンアプリ「HomeLink」やHEMS機器と連携し、スマートフォンやタブレット、スマートスピーカーでの操作も可能に。外出先からの遠隔操作や、IoT対応家電と連携した一斉操作も可能になり、より利便性がアップする。

- 商品名
窓シャッター電動化システム「マドモアチェンジSY」
- 企業名
三和シヤッター工業株式会社
- 価格
参考価格 9万1,300円（税込、取付工事費・搬入費・諸経費別／仕様:スクリーンS、TW1500×H2100（同仕様にシャッター通信中継器を追加した場合は18万1,500円）
- ウェブサイト
https://www.sanwa-ss.co.jp/

リフォーム対応（簡易リフォーム、カバー工法など）

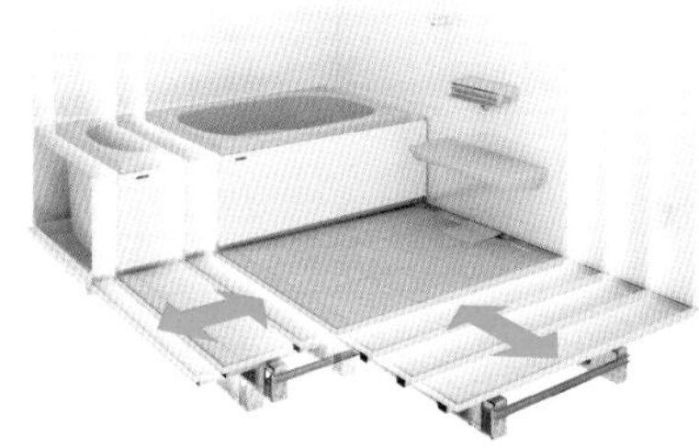

リフォームでピッタリサイズが選べるシステムバス

ぴったりサイズシステムバス

今ある浴室空間を無駄なく広く使える、ピッタリサイズが選べるシステムバス。浴室スペースに合わせて、間口・奥行ともに2.5cm刻みでサイズオーダーできるため、サイズバリエーションは約1,500通り。リフォーム後には今より広い浴槽や浴室にできる場合も。また、梁や柱のある浴室でも、ぴったり合ったサイズでリフォームが可能。傾斜のある浴室やドアのサイズや位置が特殊な浴室にも柔軟に対応する。

- 商品名
ぴったりサイズシステムバス
- 企業名
タカラスタンダード株式会社
- 価格
エメロード（カウンター無仕様）の場合 60万6,000円（税別63万0,000円）~
- ウェブサイト
https://www.takara-standard.co.jp/
- お問い合わせ
asahi-kurokawa@takara-standard.co.jp

リフォーム対応（簡易リフォーム、カバー工法など）

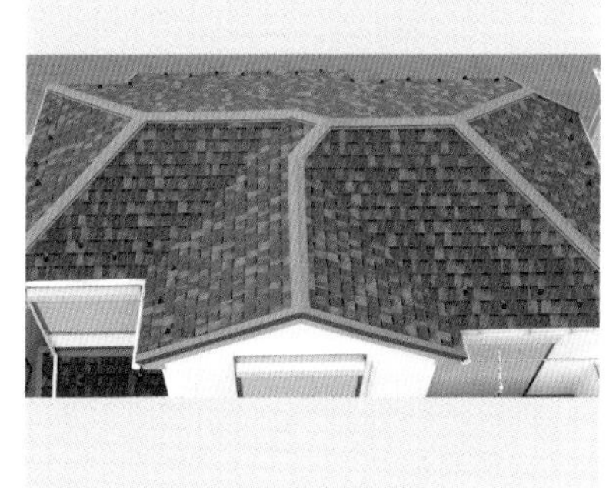

屋根改修に適した改質アスファルトシングル

OHVAN

「OHVAN（オーヴァン）」は住宅屋根用化粧スレートのカバー改修工法に適したサイズで、仕上がりがとても美しい。釘と専用接着剤（プレセメント加工）を使用することにより、強風に対しても安心。金属屋根等に比べて、雨音を軽減する。また重さは瓦の約1/4、住宅屋根用化粧スレートの約2/3（11kg）。軽いので改修工事でも柱や梁の負担も軽減。

- 商品名
OHVAN
- 企業名
田島ルーフィング株式会社
- 価格
問い合わせ
- ウェブサイト
https://tajima.jp
- お問い合わせ
juken-sougou@tajima.co.jp

リフォーム対応（簡易リフォーム、カバー工法など）

犬と猫モチーフの おしゃれな室内用ドアノブ

わんにゃんレバーハンドル

小首をかしげたような後ろ姿と、愛嬌あふれるしっぽが印象的。赤い首輪と小さな鈴がワンポイントアクセント。しっぽ部分がレバーハンドルになった、かわいらしい室内用のドアノブ。愛犬・愛猫の姿を想像させる愛らしさは、ただのレバーハンドルとしてだけではなく、インテリア小物としての存在感や癒し効果が抜群だ。

- 商品名
  わんにゃんレバーハンドル
- 企業名
  株式会社長沢製作所
- 価格
  1万5,000円
- ウェブサイト
  https://www.nagasawa-mfg.co.jp/store/contents/wannyan
- お問い合わせ
  customer-support@nagasawa-mfg.co.jp

リフォーム対応（簡易リフォーム、カバー工法など）

取り付けが簡単な、抗ウイルスドアハンドル

ワンタッチバーハンドル

工具を使わず、短時間で調整ができる引き戸用のドアハンドル。取り付けは本体を左右から押すだけで完了するため、従来必要だったネジの締め付けが不要になり簡単に取り付けができる。さらに、抗ウイルス・抗菌効果を持った塗料を使用しており、快適で衛生的な環境作りをサポートする。また、扉の雰囲気に合わせて選択できるよう、バー部分の材質に「木」と「アルミ」の２種類を用意した。

- 商品名
  ワンタッチバーハンドル
- 企業名
  株式会社長沢製作所
- 価格
  1万2,000円
- ウェブサイト
  https://www.nagasawa-mfg.co.jp/store/contents/bar_handle
- お問い合わせ
  customer-support@nagasawa-mfg.co.jp

リフォーム対応（簡易リフォーム、カバー工法など）

鍵を使わないコンパクトなボタン錠

キーレックス 500 面付本締錠

暗証番号で解錠できるキーレス錠「キーレックス」は、鍵の持ち歩きが不要となり、暗証番号の変更だけで安全性が維持できる。また、電気を使わないため停電時にも作動する。利便性と経済性に優れた機能で、毎日をより快適にする。

- 商品名
  キーレックス500 面付本締錠
- 企業名
  株式会社長沢製作所
- 価格
  2万円
- ウェブサイト
  https://www.nagasawa-mfg.co.jp/product_keylex/keylex500_mentsuke/#22204
- お問い合わせ
  customer-support@nagasawa-mfg.co.jp

リフォーム対応（簡易リフォーム、カバー工法など）

抗ウイルス・抗菌効果を持つ レバーハンドル

Vi-Clear レバーハンドル

抗ウイルス・抗菌の効果を持ったレバーハンドル。住宅建材・ドア取手業界で初めて、抗ウイルス・抗菌の２部門で SIAA の認証を取得し、24 時間で 99.99％以上のウイルスを減少させ、細菌の増殖を防ぐ。ドアノブの取付けは非常に簡単で、新規設置でも交換でも幅広い用途に対応可能。他社製品からの取替えもほとんどカバーできる。詳しくは同社 Web サイトで確認を。

- 商品名
  Vi-Clearレバーハンドル
- 企業名
  株式会社長沢製作所
- 価格
  9,000円
- ウェブサイト
  https://www.nagasawa-mfg.co.jp/store/contents/vi-clear
- お問い合わせ
  customer-support@nagasawa-mfg.co.jp

リフォーム対応（簡易リフォーム、カバー工法など）

省スペースで自由に設置できる宅配ボックス

プチ宅 / プチ宅 Unit

ナスタのプチ宅シリーズは、全製品防水規格 IPX4 対応で、荷物を雨から守る。また「壁付タイプ」「据置タイプ」を用意しており、ポスト下や階段下のデッドスペースなど、あらゆる設置シチュエーションに対応し、世帯数の少ない物件や狭小地でも設置できる集合住宅向け宅配ボックスを取り扱っている。「壁付タイプ」では物件に合わせてボックスのサイズが自由に組み合わせ可能だ。

- 商品名
プチ宅/プチ宅Unit
- 企業名
株式会社ナスタ
- 価格
定価目安:7万9,200円~104万600円(税込)
- ウェブサイト
https://www.nasta.co.jp/support/
- お問い合わせ
https://www.nasta.co.jp/support/

リフォーム対応（簡易リフォーム、カバー工法など）

△ LL（I）-5 対応の床暖対応防音フロア

カナエル　C 防音床暖房４０

防音・防振性能と、耐久性に優れる防音フロア。生活音や歩行音の階下への配慮に最適。色柄は「ヒッコリーブラック色」「ウォールナットダーク色」「チェリーミディアム色」「オークライト色」「メープルペール色」「メープルミルキー色」「オークグレージュ色」「アッシュホワイト色」「オークキャメルライト色」。特長は、防音・抗菌・ワックス不要・耐汚れ・耐擦りキズ・耐電気カーペット・クラックレス・床暖房対応。

- 商品名
カナエル　C防音床暖房40
- 企業名
株式会社ノダ
- 価格
1万7,483円/㎡
- ウェブサイト
https://www.noda-co.jp/

リフォーム対応（簡易リフォーム、カバー工法など）

奥行 49cm のコンパクトな洗面化粧台

洗面化粧台ＨＶシリーズ

リフォームやセカンド洗面など、設置シーンが広がる奥行き 49cm のコンパクトな洗面化粧台。ドライエリアを備えた洗面ボウルは、小さな子どものうがい・手洗いアイテムを手の届きやすい位置に置くことができる。人工大理石の優れた質感と使い勝手の良いドライエリアをプラスした New ベーシックな洗面化粧台だ。軽量化で搬入も設置も楽に行える。洗面台には大きな底板点検口付きでリフォーム配管もしやすくしている。

- 商品名
洗面化粧台HVシリーズ
- 企業名
株式会社ハウステック
- 価格
設計価格(定価)：間口600　13万9,200円(税抜)~
間口750　14万6,400円(税抜)~
- ウェブサイト
www.housetec.co.jp
- お問い合わせ
www.housetec.co.jp/info/contact.html

リフォーム対応（簡易リフォーム、カバー工法など）

１台でキッチンと洗面がまかなえるミニマルキッチン

ミニマルキッチンＭＫシリーズ

賃貸住宅での一人暮らしに必要な水まわり設備とスタイリッシュなインテリア。ミニマルキッチン MK シリーズは、入居者が求めるその希望を最小限のスペースでかなえる。洗濯機が外置き、風呂・トイレが一緒…など、部屋の悩みを解決する新しい間取りの提案をミニマルキッチン MK シリーズがサポートする。

- 商品名
ミニマルキッチンMKシリーズ
- 企業名
株式会社ハウステック
- 価格
設計価格(定価)：間口900　21万2,300円(税抜)~
- ウェブサイト
www.housetec.co.jp
- お問い合わせ
www.housetec.co.jp/info/contact.html

リフォーム対応（簡易リフォーム、カバー工法など）

浅型設計でリフォーム・新築にも最適な浄化槽

ハイバッキーＫＲＳ型シリーズ

高度処理型家庭用浄化槽ハイバッキー KRS 型シリーズは、施工時の掘削深度を低減し、掘削作業主任者不要の浅型スリム設計でリフォーム・新築にも最適だ。高さ 1,335mm の浅型とすることで、単独処理浄化槽とほぼ同サイズの合併処理浄化槽の商品化を実現した。浅型となっても、汚泥貯留能力を確保。さらに、省エネ（5 人槽で 27W、同社従来品比 30%低減）で環境省の省エネ基準をクリアしている。

- 商品名
  ハイバッキーKRS型シリーズ
- 企業名
  株式会社ハウステック
- 価格
  設計価格(定価) 5人槽(標準品)　74万0,000円(税抜) 7人槽(標準品)　101万円(税抜)
- ウェブサイト
  www.housetec.co.jp
- お問い合わせ
  www.housetec.co.jp/info/contact.html

リフォーム対応（簡易リフォーム、カバー工法など）

梁の補強に最適な梁受金物

後施工金物（梁受用）

柱と梁、梁と梁をドリフトピンとビスで接合し、梁の増設を可能にする梁受金物。ボルトを使用しないため、羽子板金物が施工できない既存住宅等のリフォームで使用できる。サイズは後施工金物 1 から 4 までの 4 種類で 105~390mm の梁成に対応する。後施工金物 4 はせん断力のみを伝える金物（せん断キー）としても使用できる。

- 商品名
  後施工金物(梁受用)
- 企業名
  BXカネシン株式会社
- 価格
  問い合わせ
- ウェブサイト
  https://www.kaneshin.co.jp/products/productsd.php?icd=1000452&kcd=2-12
- お問い合わせ
  info-kaneshin@ys-gr.jp

リフォーム対応（簡易リフォーム、カバー工法など）

継ぎ目のない一体成形の浴室用収納棚

シェルファイン

透明感のある滑らかな質感と深みのある色彩感が特徴の、樹脂素材を使用した継ぎ目のない浴室壁面収納棚。一体成形の継ぎ目や段差をなくしたデザインで製造しており、楽にお掃除ができるご要望にも対応できる機能性を持っている。浴室正面への取り付けを想定し、左右が反転した2パターンを用意。狭い浴室にも設置可能な 3 段棚と鏡を備えたシンプルでコンパクトサイズの「シェルファイン S」もラインアップしている。

- 商品名
  シェルファイン
- 企業名
  フクビ化学工業株式会社
- 価格
  5万7,800円~/セット(税別)
- ウェブサイト
  https://www.fukuvi.co.jp/
- お問い合わせ
  knz-kikaku@fukuvi.co.jp

リフォーム対応（簡易リフォーム、カバー工法など）

天井・外壁全て剥さず改修可能な断熱材

MS グリーンファイバー

セルローズファイバーは新聞古紙から生まれた人や環境にやさしい断熱材。MS グリーンファイバーは、セルローズファイバーに麻の繊維を加え、独自の 60kg/㎥という高密度で施工することで、断熱材の沈下や隙間の発生など従来の問題点を解消した。現場工事は正社員による責任施工で、隙間を作らない高い断熱性と気密性を期待できる。既存住宅も天井・外壁を全て剥さずに断熱改修することが可能。

- 商品名
  MSグリーンファイバー
- 企業名
  株式会社マツナガ
- 価格
  問い合わせ
- ウェブサイト
  https://www.ms-matsunaga.jp/
- お問い合わせ
  info2ms-matsunaga.jp

リフォーム対応（簡易リフォーム、カバー工法など）

熱交換並の省エネ性能の第三種換気システム

MS デマンド換気システム

第三種換気なのに省エネ性能が高い換気システム。センサーが換気量を自動制御するヨーロッパ最先端技術「デマンドコントロール」を搭載。また、圧倒的に少ないダクトの量で施工も容易。さらに、超簡単メンテナンスで維持管理上のリスクが少なく、長期に渡ってしっかり換気しユーザー負担が少ない。修理部品がない他の古いダクト換気システムとの入れ替えも可能。

- 商品名
  MSデマンド換気システム
- 企業名
  株式会社マツナガ
- 価格
  問い合わせ
- ウェブサイト
  https://www.ms-matsunaga.jp/
- お問い合わせ
  info2@ms-matsunaga.jp

リフォーム対応（簡易リフォーム、カバー工法など）

サイズオーダーが可能なアルミフレーム扉

アルミフレーム扉「AX シリーズ」

少し大がかりなリフォームで開口が変更になった場所にも、1mm 単位でサイズオーダー可能。経年変化も少なく長持ちする。フレーム種類やカラー、面材の変更が可能で、3 枚扉仕様も用意（一部フレームのみ）。金具も自社製のため、静かで滑らかな扉の動きを実現。インテリアデザインの選択肢に、フレームが細く採光性の高い、軽やかなアルミフレーム扉がおすすめ。

- 商品名
  アルミフレーム扉「AXシリーズ」
- 企業名
  株式会社ムラコシ精工
- 価格
  1扉:8万300円~（税込）（レール、金物含む）
- ウェブサイト
  https://www.murakoshiseikou.com/
- お問い合わせ
  webcontact@murakoshiseikou.com

リフォーム対応（簡易リフォーム、カバー工法など）

ソトでの電気をスマートにまとめる EV ポート

ヴィコ EV ポート WH

EV 充電用の 200V コンセントを収められる「ヴィコ EV ポート WH」。充電後はケーブルを本体に巻き付けて片づけられる。充電コネクターは本体内に収納することも可能なので、長期間の外出にも安心。既存の壁に設置されているコンセントをそのまま使用でき、取り付けスペーサーの範囲内であれば、移設も可能。外でも必要な 100V コンセントも設置でき、庭での過ごし方にも変化を生む。

- 商品名
  ヴィコ EVポートWH
- 企業名
  株式会社ユニソン
- 価格
  ヴィコ EVポートWH 5万9,000円（税別）
- ウェブサイト
  https://www.unison-net.com/
- お問い合わせ
  info@unsn.co.jp

リフォーム対応（簡易リフォーム、カバー工法など）

上質な佇まいを演出するフラグシップモデル

リシェント玄関ドア3 XE モデル

「リシェント玄関ドア3 XE モデル」は、LIXIL の窓・ドアブランド TOSTEM のフラグシップモデル「玄関ドア XE」をカバー工法による 1day リフォームに対応させた商品。錠やラッチ、電気錠などあらゆるデバイスを機能ユニット（子扉）に納める新発想のドアロック機構で美しく洗練されたデザインを実現したほか、自動開閉などの最先端の機能を併せ持つことで、これまでにない上質な佇まいを演出する。

- 商品名
  リシェント玄関ドア3 XEモデル
- 企業名
  株式会社LIXIL
- 価格
  100万8,500円~（20C型 /H:2,356mm W:1,104mm /外額縁75、内額縁大/ハンドル色ブラック/FamiLock電池式の場合）※消費税・工事費・運搬費などは別。※23年12月時点の価格。
- ウェブサイト
  https://www.lixil.co.jp/lineup/entrance/rechentdoor-xe/

リフォーム対応（簡易リフォーム、カバー工法など）

外壁を壊さず簡単施工できる窓リフォーム商品

「マドリモ 断熱窓 戸建用」樹脂窓 引違い窓 ハイブリッド専用枠

外壁を壊すことなく、約半日で最新の窓に取替が可能な「マドリモ 断熱窓 戸建用」に、樹脂障子+アルミ樹脂複合枠のハイブリット構造で断熱性と施工性を両立。枠をスリム化したことで壁厚の薄い既存住宅への取り付けも可能。アルミ樹脂複合枠で最大幅を3,517㎜まで広げ、築年数の古い住宅に多い縁側の窓もリフォームできる。また、現場組立可能な枠のノックダウン供給により運搬の効率化と搬入のしやすさを実現。

- 商品名
「マドリモ 断熱窓 戸建用」樹脂窓 引違い窓 ハイブリッド専用枠
- 企業名
YKK AP株式会社
- 価格
引違い窓（Low-E複層ガラス、2枚建、クレセント仕様）W1,690 ㎜×H1,170㎜ 17万9,800円 ※居室仕様の新設窓+スライド網戸+樹脂額縁 見込大（見切材付）の価格 ※消費税・組立施工費等は除く
- ウェブサイト
https://www.YKKap.co.jp/
- お問い合わせ
https://www.YKKap.co.jp/ask/contact/b_index.php

省施工

省施工型建材・設備、ユニット化、プレカットなど

省施工（省施工型建材・設備、ユニット化、プレカットなど）

省施工なヘリンボーンフローリング

エアー・ウォッシュ・フローリング ビンテージフロアーラスティック フレンチヘリンボーン

平行四辺形のパネル型にすることで、施工の手間と時間を従来の5分の1に短縮。抗ウイルス・抗菌・VOC低減・消臭効果も備えた、重圧感のあるフレンチヘリンボーンシリーズ。幅広で、深い溝の仕上げが迫力と重厚感を持つ。さらに温もりを感じる自然な木目の表情がワンランク上の空間を演出する。

- 商品名
エアー・ウォッシュ・フローリング ビンテージフロアーラスティック フレンチヘリンボーン
- 企業名
株式会社イクタ
- 価格
設計価格 2万5,760円~3万1,820円/㎡(税別)
- ウェブサイト
https://ikuta.co.jp/
- お問い合わせ
info@ikuta.co.jp

省施工（省施工型建材・設備、ユニット化、プレカットなど）

省施工な軽量樹脂ルーフィング下葺き材

ルーフコート SR

従来のアスファルト系ルーフィング材の約1/4の重量。軽量で施工性が良く、特殊な多層構造により高い防水性と強度を持った樹脂製ルーフィング下葺き材。強度が強く強風でも破れにくい。夏場の高温でも軟化・ベタツキが無く、冬場での硬化・ひび割れも無いため、一年中安心して施工できる。表面の特殊防滑不織布で、滑りにくく安全に作業が可能だ。

- 商品名
ルーフコートSR
- 企業名
一村産業株式会社
- 価格
問い合わせ
- ウェブサイト
https://www.ichimura.co.jp/
- お問い合わせ
koji.shiochi@ima-ichimura.jp

現場の合理化を実現する野縁システム

LVL 天井野縁システム

455mm または 303mm ピッチでプレカット済みの野縁受けのため、墨出しの必要がない野縁システム。欠き込みに野縁をはめ込むので、石膏ボードのジョイント部分に当て木を追加する必要がない。またLVL基材のため品質のばらつきがなく強度が安定している。完全乾燥材のため乾燥収縮が起こりにくく、反り・ねじれがほとんどない。

- 商品名
LVL天井野縁システム
- 企業名
株式会社ウッドワン
- 価格
問い合わせ
- ウェブサイト
https://www.woodone.co.jp/
- お問い合わせ
pr-info@woodone.co.jp

省施工（省施工型建材・設備、ユニット化、プレカットなど）

研ぎ澄まされた上質さを感じられるアイアン手摺

ソリッドアイアン

「ソリッドアイアン」は、スッキリとして開放的、かつ、直線的でシンプルなデザインが特長のアイアン手摺。施工現場でのカットは不要、しかも電動ドライバー・六角レンチを使用して組み立てるだけで簡単に施工できる。1段目の取付部材には± 5mm の階高調整機能を設けている。素材には鋼板を使用し、幅 44mm、厚さ 9mm の小断面でありながら十分な強度を確保。

- 商品名
ソリッドアイアン
- 企業名
永大産業株式会社
- 価格
14段上り切り　ラインタイプ（ブラック色・ホワイト色）69万3,500円（税別、工事費別）
- ウェブサイト
https://www.eidai.com
- お問い合わせ

省施工（省施工型建材・設備、ユニット化、プレカットなど）

70mm 以内のアンカーのズレを一発解消

くるピタ

「くるピタ」は、ホールダウン金物と基礎から立ち上げたアンカーボルトのズレを、簡単に調整し直結できる位置調整金物。「ホールダウン金物とアンカーの穴位置が合わない」など現場の悩みも、70mm 以内のアンカーのズレまで一発で解消する。対応している HD 金物は最大 25kN。

- 商品名
くるピタ
- 企業名
エイム株式会社
- 価格
（設計価格）2万1,000円／1ケース20本
- ウェブサイト
https://www.aimkk.com/
- お問い合わせ
aim@aimkk.com

省施工（省施工型建材・設備、ユニット化、プレカットなど）

耐震・断熱・施工に優れた次世代型パネル

住宅用パネル　ヘビーウォール

近年の度重なる大地震により、危機管理や建造物の耐震性能の向上はより必須のものとなった。そんなニーズを捉え、安心や安全を確保することはもちろん、快適な住空間を生むために開発したのが住宅用高耐震・高断熱パネル「ヘビーウォール」。各部位だけではなく住宅全体で耐震レベルをアップさせ耐震等級 2、等級 3 の取得を可能とする。

- 商品名
住宅用パネル　ヘビーウォール
- 企業名
株式会社FPコーポレーション
- 価格
11,780円～
- ウェブサイト
https://www.fpcorp.co.jp
- お問い合わせ
info@fpcorp.co.jp

省施工（省施工型建材・設備、ユニット化、プレカットなど）

より効率よく簡単にするプレカット断熱材

断熱材割付システム　プレカット

断熱材「カネライトフォーム」を適したサイズにカットして施工現場に届ける。プレカットだからできる無駄のない断熱施工。施工現場を変える3つのメリットは、①工期短縮：現場加工が不要、切屑の発生を防ぎ、清掃の手間も軽減。②コスト削減：廃材処理が不要。切り間違いによるロスもない。③品質安定：正確な寸法にカット。安定した施工品質を維持できる。プレカット受注センターを新設し供給体制も整えている。

- 商品名
断熱材割付システム　プレカット
- 企業名
カネカケンテック株式会社
- 価格
問い合わせ
- ウェブサイト
https://www2.kenzai.kaneka.co.jp/kanelite/images/catalog/cat009.pdf
- お問い合わせ
kkt.tokyo2@kaneka.co.jp

省施工（省施工型建材・設備、ユニット化、プレカットなど）

サビの上にも塗れる高性能下塗材

ルビゴール

新世代高性能下塗ルビゴールは、錆残存面への塗装を可能とし、素地調整の軽減に寄与する。「錆びる」現象の本質をつき、従来の錆転換処理剤や錆固定剤のように素材に対して不動態化を求めるのではなく、腐食電流を抑制することで錆の促進を制御するという、常識を覆す画期的な錆止め塗料だ。

- 商品名
ルビゴール
- 企業名
関西ペイント株式会社
- 価格
オープン価格
- ウェブサイト
https://www.kansai.co.jp/rubigoal/
- お問い合わせ
yura02@als.kansai.co.jp

省施工（省施工型建材・設備、ユニット化、プレカットなど）

負担軽減と工期短縮を実現する耐火シート

ケイミュー耐火シート

わずか0.7mmの厚さながら、火災時の熱により発泡し、熱の伝達を抑制することで耐火性に寄与。施工性に優れた鉄骨造外壁1時間耐火構造を提供する。従来の認定に必要だった屋外側せっこうボード2枚張りのうち、1枚をKMEW耐火シートに置き換え、外壁の工期を短縮。約1.6kg/枚と軽量のため、運搬性・加工性・施工性に優れ、工事作業者の負担を軽減する。認定は屋内側の内装せっこうボードを含めた構造で取得。

- 商品名
ケイミュー耐火シート
- 企業名
ケイミュー株式会社
- 価格
8,360円/枚（税抜 7,600円/枚）
- ウェブサイト
https://www.kmew.co.jp/release/kmew231005.html
- お問い合わせ
https://www.kmew.co.jp/inquiry/inquiry.php

省施工（省施工型建材・設備、ユニット化、プレカットなど）

ハイブリッド工法の防蟻・防湿シート

ターメッシュ EM

ポリエチレンフィルムに防蟻成分を混入した防蟻・防湿シート。床下からのシロアリの侵入を防ぐ。基礎コンクリート打設前の防湿シート施工の際に、ターメッシュ EMを使用することで、基礎下の防蟻土壌処理を省略する事が可能。製品寸法は、幅2m×長さ50m×厚み0.1mm　（ロール巻き）約15kg / 本。

- 商品名
ターメッシュEM
- 企業名
株式会社ザイエンス
- 価格
問い合わせ
- ウェブサイト
https://www.xyence.co.jp/
- お問い合わせ
sl-kasei@xyence.co.jp

省施工（省施工型建材・設備、ユニット化、プレカットなど）

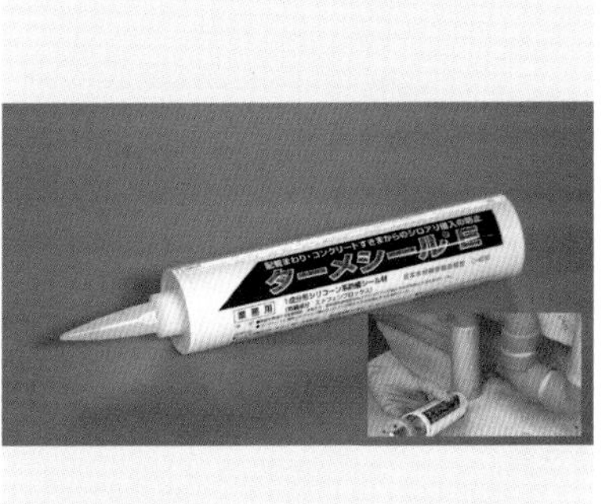

防蟻性能を持つ シリコーン系コーキング剤

ターメシールE

防蟻成分を混入したシリコーン系コーキング剤。配管部分の隙間やコンクリートの亀裂を充填する事により、シロアリの侵入を防ぐ。防蟻性能以外の機能は通常の市販シリコーン系コーキング剤とほぼ同一。コーキングガンを用いて使用できる。誰でも取り扱いしやすい防蟻剤だ。ターメッシュ EM、サンソイル AM(粒剤)と組み合わせて使用することで、専門業者による防蟻工事の代替が可能。

- 商品名
ターメシールE
- 企業名
株式会社ザイエンス
- 価格
問い合わせ
- ウェブサイト
https://www.xyence.co.jp
- お問い合わせ
sl-kasei@xyence.co.jp

省施工（省施工型建材・設備、ユニット化、プレカットなど）

省施工に寄与する横葺の金属屋根

横葺

深刻な建築技能者不足が将来的な社会的課題として認識され、より具体的な施工省力化・省人化が求められているなか、同社の横葺は、葺足が350mmと一般的な金属屋根（約250mm）と比べて大きい事が特徴だ。葺足が大きい事により、単位時間あたりの施工面積が大きくなり施工効率が向上する。また、屋根の長さは、荷揚げや屋根上で扱い易い定尺の1, 680mmとしている。化粧スレートのカバー工法にも最適だ。

- 商品名
横葺
- 企業名
JFE鋼板株式会社
- 価格
問い合わせ
- ウェブサイト
http://www.jfe-kouhan.co.jp
- お問い合わせ
https://cpjb.f.msgs.jp/webapp/form/24052_cpjb_1/index.do

省施工（省施工型建材・設備、ユニット化、プレカットなど）

安全・安心なこれからの アルミシステム塀

アートウォール seed

フェンスと同様に柱とパネルを施工して、各種仕上げ材で完成させるアルミシステム塀。コンクリートブロック塀の約1/20（60㎜厚仕様の場合）という軽量構造のため、施工時の負担軽減はもちろん、大地震による万一の倒壊時も危険が最小限に抑えられ、撤去も容易。ブロック塀のような控え壁は不要で最大高さ 2.4m まで対応。塗り壁や吹付け、タイル貼りなど仕上げ材も豊富だ。

- 商品名
アートウォールseed
- 企業名
四国化成建材株式会社
- 価格
10万870円/m（税込・60㎜厚H1.8mの製品目安価格（仕上げ材は含まず））
- ウェブサイト
https://kenzai.shikoku.co.jp

省施工（省施工型建材・設備、ユニット化、プレカットなど）

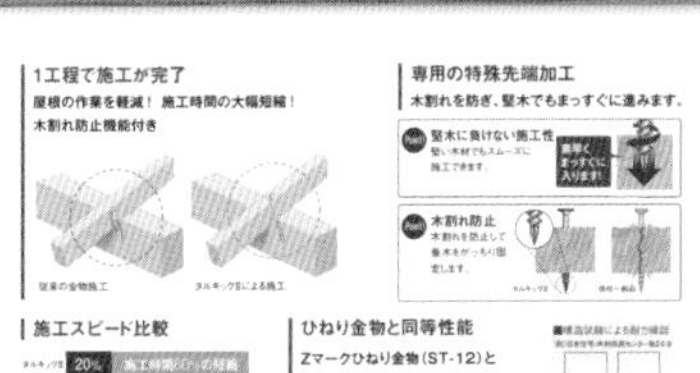

高所作業の負担を大幅軽減する 垂木留めビス

タルキックII

ひねり金物の代わりにビス1本で垂木留めを可能にした商品。1本でZマークひねり金物 (ST-12) と同等以上である事を公的試験で確認しているため、金物の代わりに安心して使用できる。施工時間はひねり金物の「約1/5」に短縮できる。強風時に屋根が破損した場合の保証制度も用意。もしもの災害に備える事もできる商品だ。品確法上の床(屋根)倍率の算定も可能。

- 商品名
タルキックII
- 企業名
シネジック株式会社
- 価格
TK5-105設計価格 44円/本
- ウェブサイト
https://www.synegic.co.jp/
- お問い合わせ
PR@synegic.co.jp

省施工（省施工型建材・設備、ユニット化、プレカットなど）

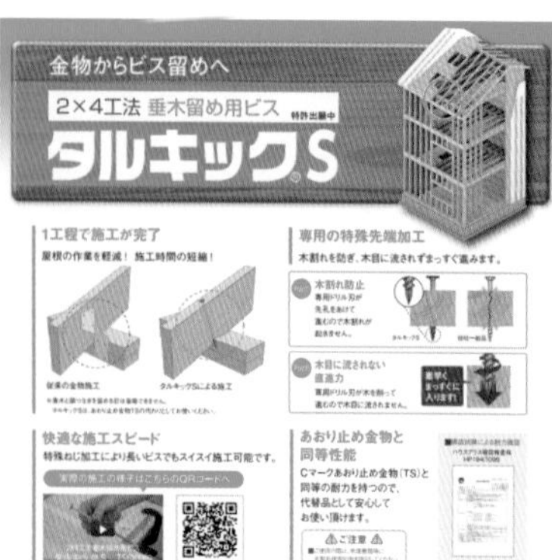

作業負担を大幅に軽減するツーバイ用ビス

タルキックS

あおり留め金物の代わりにビス1本で垂木留めを可能にした商品。1本でCマークあおり止め金物(TS)、Zマークひねり金物(ST-15)と同等以上である事を公的試験で確認しているため、金物の代替として安心して使用できる。施工時間はあおり止め金物の「約1/4」に短縮が可能。軒の出が無い場合など、金物の取り付け位置や後処理を気にせずスッキリとした納まりが実現可能だ。

- 商品名
タルキックS
- 企業名
シネジック株式会社
- 価格
TS6-160設計価格 144円/本
- ウェブサイト
https://www.synegic.co.jp/
- お問い合わせ
PR@synegic.co.jp

省施工（省施工型建材・設備、ユニット化、プレカットなど）

金属製側板付属の引出し専用スライドレール

ボックス型レール RUN-BPS2 型

プッシュオープン & ソフトクロージング機構付の引出し専用スライドレール。金属の側板が付属しているため、側板の用意・穴あけ加工が不要で、施工時間を短縮できる。また、本製品を使用した家具の設計・製造の手間削減につながる「設計製造支援ツール」をスガツネ工業 WEB サイトで公開している。機種を選び、家具・引出しの寸法を入力すると、コンバイン図・ユニット図・加工図の DXF と PDF を出力可能だ。

- 商品名
ボックス型レール RUN-BPS2型
- 企業名
スガツネ工業株式会社
- 価格
2万4,600円~
- ウェブサイト
https://www.sugatsune.co.jp/
- お問い合わせ
support@sugatsune.co.jp

省施工（省施工型建材・設備、ユニット化、プレカットなど）

引き際の軽さを実現した住宅用引戸金物

住宅用引戸金物 FD25SP

住宅ドアに最適化された新設計クローザーユニットにより、わずか1kgf の引き際の軽さを実現した引戸金物。クローザー・ローラーは、新設計の可倒式レバーにより、工具不要かつワンタッチで扉から脱着できる。一般的なねじ止めの吊金具と比べて、簡単かつスピーディに施工が可能。スガツネ工業 WEB サイトでは、本製品を含む FD シリーズを簡単に製品選定、寸法計算、見積できる「WEB 選定ツール」を公開している。

- 商品名
住宅用引戸金物 FD25SP
- 企業名
スガツネ工業株式会社
- 価格
1万3,500円~
- ウェブサイト
https://www.sugatsune.co.jp/
- お問い合わせ
support@sugatsune.co.jp

省施工（省施工型建材・設備、ユニット化、プレカットなど）

糊残りが少ない養生・軽包装用テープ

P ーカットテープ (P-CUT(TM)TAPE) シリーズ

様々な材料によくつき、長時間貼り付け後も糊が残りにくいテープ。手切れ性が良い上、持ち運びや作業しやすい軽さで養生・軽包装にお勧め。貼る対象や粘着力に応じたグレードを多数用意している。4100 には袋開封の手間とゴミを削減するノンパッケージ品（個包装の袋なし）も用意。4140 は 2015 年度グッドデザイン・ロングライフデザイン賞を受賞。

- 商品名
P−カットテープ(P-CUT(TM)TAPE)シリーズ
- 企業名
株式会社寺岡製作所
- 価格
オープンプライス
- ウェブサイト
https://www.teraokatape.co.jp/
- お問い合わせ
products@teraokatape.co.jp

省施工（省施工型建材・設備、ユニット化、プレカットなど）

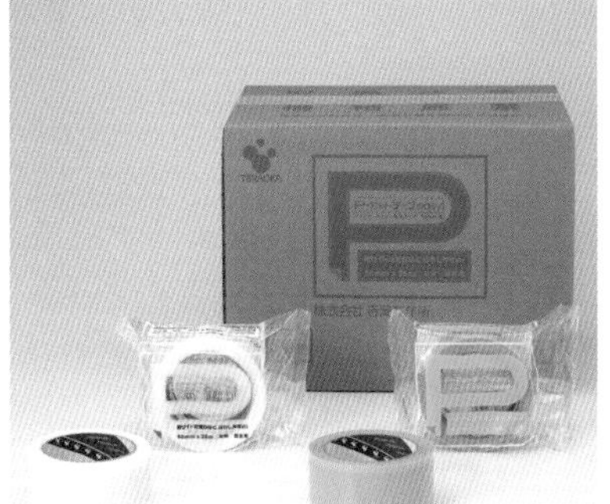

つまんで剥がせる養生・軽包装用テープ

P ーカットテープ（P-CUT(TM)TAPE）easy!　No. 4140D

様々な材料によくつき、長時間貼り付け後も糊が残りにくいテープ。テープの両サイドに剥がしやすい糊なし部を設けた。爪で引っかいて剥がす必要がなく、作業効率がアップ。軍手やネイルをしていても楽に剥がせる。持ち運びや作業しやすい軽さで養生・軽包装にお勧め。

- 商品名　P-カットテープ(P-CUT(TM)TAPE) easy!　No. 4140D
- 企業名　株式会社寺岡製作所
- 価格　オープンプライス
- ウェブサイト　https://www.teraokatape.co.jp/
- お問い合わせ　products@teraokatape.co.jp

省施工（省施工型建材・設備、ユニット化、プレカットなど）

耐久性に優れた構造接着用両面テープ

アクリルフォーム両面テープ　No. 7831、7832、7833R

強固な接合に適した両面テープ。環境に配慮し PFAS 等のフッ素含有物は不使用。各種グレード、厚さをラインアップ。金属やガラス、樹脂材、オレフィン、ガラス、多種素材向けなどを用意。それぞれ柔軟性や長期耐久性、耐熱性、防水性、強靭性、応力緩和性などにこだわって開発。

- 商品名　アクリルフォーム両面テープ　No.7831、7832、7833R
- 企業名　株式会社寺岡製作所
- 価格　オープンプライス
- ウェブサイト　https://www.teraokatape.co.jp/
- お問い合わせ　products@teraokatape.co.jp

省施工（省施工型建材・設備、ユニット化、プレカットなど）

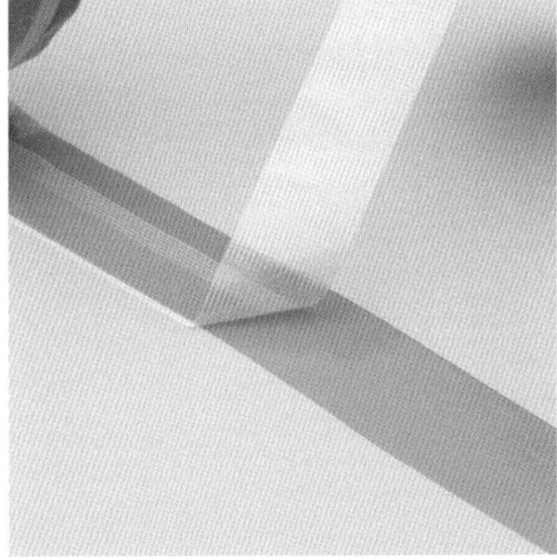

2 回塗りの養生作業を 1 回に短縮できるテープ

一発養生シリーズ　No. 4140W、4141W

テープが 2 層になっており、1度の貼りつけで 2 回分の養生が可能。養生作業時間が約半分になる（同社調べ）。キレイに仕上がるチリが付いており、口取り用の糊なし部分があるため剥がすのも楽。4140W は強粘着力で道路塗装・遮熱塗装・樹脂塗装にお勧め。上層は透明、下層は若葉色。4141W は中粘着力で糊残りしにくく窓枠サッシ周り・外壁塗装・樹脂塗装・防水塗装用にお勧め。上層は透明、下層は青色。

- 商品名　一発養生シリーズ　No.4140W、4141W
- 企業名　株式会社寺岡製作所
- 価格　オープンプライス
- ウェブサイト　https://www.teraokatape.co.jp/
- お問い合わせ　products@teraokatape.co.jp

省施工（省施工型建材・設備、ユニット化、プレカットなど）

防水性、耐候性に優れた気密防水用テープ

気密防水用テープ　No. 152B、152F、718、718W

気密・防水性、耐候性、耐久性に優れる気密防水用テープ。粗面にもつきやすいのが特長。外壁材・屋根材の仮固定、接合部の防水シール、透湿防水シート、気密防水シートの継ぎ目シール、2×4パネル・断熱ボードの継ぎ目シールなどにお勧め。片面タイプ 152B（スタンダード）、152F（テープの上から防水剤、接着剤、塗料などを塗ってもはじきづらい）と両面タイプ 718（黒色）、718W（白色）を用意。

- 商品名　気密防水用テープ　No.152B、152F、718、718W
- 企業名　株式会社寺岡製作所
- 価格　オープンプライス
- ウェブサイト　https://www.teraokatape.co.jp/
- お問い合わせ　products@teraokatape.co.jp

省施工（省施工型建材・設備、ユニット化、プレカットなど）

大谷石を再現した簡単施工の不燃化粧板

stonetex

大谷石や十和田石の色・風合い・触感を忠実に再現した不燃化粧パネル。ラグジュアリーな空間演出に適した壁をローコストで実現できるお役立ちのアイテム。軽量で取り回しの良さが特長で、カット、穴あけ、接着剤やエアフィニッシュでの施工が可能。通常の石工事でのネックであった、下地の準備や職人の手配、養生や施工時間の長さなどを解消し、材料以外のコストを抑えることができる。

- 商品名
  stonetex
- 企業名
  株式会社トーザイクリエイト
- 価格
  2万4,400円/㎡(設計単価)
- ウェブサイト
  https://www.tozaicreate.com/
- お問い合わせ
  info@tozaicreate.com

省施工（省施工型建材・設備、ユニット化、プレカットなど）

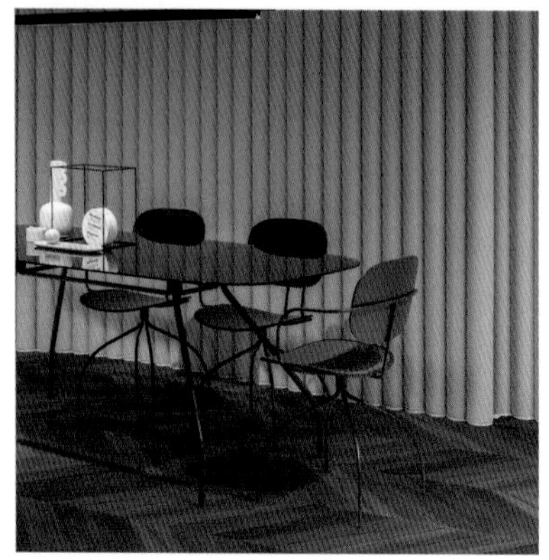

簡単施工のフレンチヘリンボーンフローリング

複合フレンチヘリンボーンパーケット

個性際立つヘリンボーン商品。表層には落ち着きのある紫色を帯びた茶褐色が魅力のブラックウォールナット、柔軟な肌ざわりに仕上がった高級感のあるチーク、優しい色合いとキメ細やかさが美しいオークを使用している。5ピースのヘリンボーンを1枚にまとめた形状となっているため、ヘリンボーンフローリング特有の施工手間が軽減される。

- 商品名
  複合フレンチヘリンボーンパーケット
- 企業名
  株式会社ニッシンイクス
- 価格
  問い合わせ
- ウェブサイト
  https://www.nissin-ex.co.jp/
- お問い合わせ
  info-ex@nissin-ex.co.jp

省施工（省施工型建材・設備、ユニット化、プレカットなど）

邸別配送できる給水給湯のヘッダー配管システム

エルラインシステム「給水給湯」

エルラインシステム「給水給湯」は住宅戸建て給水給湯のヘッダー配管システム。ヘッダー工法によりメンテナンス・点検を容易化した。事前プレカットにより邸別配送を可能にし、施工品質の向上と効率化を図った。給水給湯図面の作図も対応、データ化し保存管理することでリフォーム時にも活躍する。様々なメリットを持つ給水配管工法だ。

- 商品名
  エルラインシステム「給水給湯」
- 企業名
  日東エルマテリアル株式会社
- 価格
  10万~50万円
- ウェブサイト
  https://www.nitto-lmaterials.com/product/drain/sy_drain/
- お問い合わせ
  nitto-lmaterials@nitto.com

省施工（省施工型建材・設備、ユニット化、プレカットなど）

電気施工を簡略化する電線ユニット

エルラインシステム「電線ユニット」

電線プレカットにより、電気施工を簡略化し、施工を均一化。CADによる承認図面作成までカバーする。「省施工」により職人不足問題を解決。カラーケーブルと行き先表示の記載で施工ミスを削減。現場での結線が不要の為、作業時間を短縮できる。電力会社への承認図面を作成、データ化し保存管理が可能。工場にて事前に結線されており、高品質・高信頼性を担保する。情報系・配線器具類の拾い出し、邸別出荷もできる。

- 商品名
  エルラインシステム「電線ユニット」
- 企業名
  日東エルマテリアル株式会社
- 価格
  10万~50万円
- ウェブサイト
  https://www.nitto-lmaterials.com/product/drain/wr_wire/
- お問い合わせ
  nitto-lmaterials@nitto.com

省施工（省施工型建材・設備、ユニット化、プレカットなど）

工場生産による安定した品質の屋外鉄骨階段

段十廊II

厳しい品質管理のもとで工場生産される、安定した品質の屋外鉄骨階段廊下ユニット。鉄骨部材には、高耐食めっき鋼板、溶融亜鉛めっき処理により、防錆処理が施され、長寿命・高耐久を実現する。さらに、豊富な納まりバリエーションが様々な現場への対応を可能にした。スピード施工で工期短縮に貢献する。

- 商品名
  段十廊II
- 企業名
  文化シヤッター株式会社
- 価格
  要見積もり
- ウェブサイト
  https://bunka-s-pro.jp/product_category/exterior/balcony/
- お問い合わせ
  https://www.bunka-s.co.jp/inquiry/form/

高意匠

先進的・革新的なデザイン性など

高意匠（デザイン）（先進的・革新的なデザイン性など）

洗練されたスタイリッシュな金属外壁

SP- ガルスパン

金属だからできるクールなデザインと、上品で豊富なカラーラインアップ。成形品を工業製品として施工性を高め、工期の短縮などに繋げる。現場のニーズに応えることで、多くの支持を集めた課題解決型の商品である。さびに強いガルバ鋼板、熱を伝えにくいポリイソシアヌレートフォーム、アルミライナー紙を一体化した外壁材。長尺品対応可能、専用部材も豊富で美観性を向上。カラーラインアップは12色。

- 商品名
  SP-ガルスパン
- 企業名
  アイジー工業株式会社
- 価格
  2万7,770円/坪(税別)
- ウェブサイト
  https://www.igkogyo.co.jp/
- お問い合わせ
  info@igkogyo.co.jp

高意匠（デザイン）（先進的・革新的なデザイン性など）

フラットデザインを実現した金属外壁

SP- ガルブライト

金属が持つ質感と美しさを追求した、設計の自由度を広げるプレーンなデザイン。硬質プラスチックフォームを芯材とする住宅向けの金属サイディング業界で、初めてのフラットデザインを実現。さびに強いガルバ鋼板、熱を伝えにくいポリイソシアヌレートフォーム、アルミライナー紙を一体化した外壁材である。長尺品対応可能、専用部材も豊富で美観性を向上。カラーラインアップは7色。

- 商品名
  SP-ガルブライト
- 企業名
  アイジー工業株式会社
- 価格
  2万7,770円/坪(税別)
- ウェブサイト
  https://www.igkogyo.co.jp/
- お問い合わせ
  info@igkogyo.co.jp

高意匠（デザイン）（先進的・革新的なデザイン性など）

美観性と機能性を両立した金属外壁

SP- ガルボウ

縦葺き屋根を外壁に使用するデザインを取り入れた縦リブ形状の金属サイディング。最大 8000㎜まで製造可能な長尺品で継ぎ目のない外観を実現。表面材には超高耐久ガルバを採用し、赤さび 15 年・穴あき 25 年保証付きで、さびに強く、ひび割れ、凍害の心配もない。また、断熱材で裏打ちされており、軽量で耐震性、断熱性に優れている。さらに、役物も多数そろい、施工性にも優れる。

- 商品名　SP-ガルボウ
- 企業名　アイジー工業株式会社
- 価格　2万9,100円/坪(税別)
- ウェブサイト　https://www.igkogyo.co.jp/
- お問い合わせ　info@igkogyo.co.jp

高意匠（デザイン）（先進的・革新的なデザイン性など）

美しい水平ラインの金属外壁

SP- ビレクト

金属横葺き屋根のような意匠を金属サイディングで忠実に再現。高い技術によって実現したフラットな表面と直線のシンプルな組み合わせで、多様で自由なプランニングを可能にし、こだわりの住まいに応える。さびに強いガルバ鋼板、熱を伝えにくいポリイソシアヌレートフォーム、アルミライナー紙を一体化した外壁材である。長尺品対応可能、専用部材も豊富で美観性を向上。カラーラインアップは 8 色。

- 商品名　SP-ビレクト
- 企業名　アイジー工業株式会社
- 価格　2万7,770円/坪(税別)
- ウェブサイト　https://www.igkogyo.co.jp/
- お問い合わせ　info@igkogyo.co.jp

高意匠（デザイン）（先進的・革新的なデザイン性など）

美しさ、強さに燃えにくさをプラスした和紙

セルフネン不燃和紙

和紙の自然な風合いは柔らかで奥行きのある空間づくりが可能。国土交通大臣「不燃材料」認定品のため内装制限がある場所に使用できる。また、防虫、防カビ、防菌効果があり、不燃化することで変色などの経年劣化も防ぐことができる。希望の和紙（厚さ約2.5mm まで）を持ち込むと、後工程で不燃処理を行う。そのほか、オリジナル規格品「セルフネン不燃和紙（900 × 600 mm・オフホワイト）」も用意。

- 商品名　セルフネン不燃和紙
- 企業名　株式会社アサノ不燃
- 価格　問い合わせ
- ウェブサイト　https://www.funen.jp
- お問い合わせ　asano-info@funen.jp

高意匠（デザイン）（先進的・革新的なデザイン性など）

低彩度な微着色を施した天然木フローリング

Live Natural MSX-L

化粧材に 0.3mm 厚の天然木突き板を採用し、表面に低彩度な微着色を施すことで、豊かな天然木の表情はそのままに淡くやさしい色合いを楽しめるフローリング。木肌そのものの肌触りや、摩耗・汚れへの耐久性、メンテナンス性能、抗ウイルス・抗菌性能等の機能性を備えたマット塗装で仕上げた。トレンドのグレイッシュカラーを始めとする、より幅広いインテリアスタイルにマッチする。

- 商品名　Live Natural MSX-L
- 企業名　朝日ウッドテック株式会社
- 価格　1万1,070円~1万2,280/㎡(税別)
- ウェブサイト　https://www.woodtec.co.jp/products/lineup/flooring/livenatural/livenatural-msx/

高意匠（デザイン）（先進的・革新的なデザイン性など）

新しい外壁／内壁用建築素材

SHiZEN

シンプルでありながら個性を感じさせるデザイン。そして耐候性や防火性能など、長期の使用を見据えた機能性。建築の可能性を拡大する、あたらしい外壁 / 内壁用建築素材。

- 商品名
SHiZEN
- 企業名
旭トステム外装株式会社
- 価格
1万372円/㎡
- ウェブサイト
https://www.asahitostem.co.jp/
- お問い合わせ
asahitostem-sd@lixil.com

高意匠（デザイン）（先進的・革新的なデザイン性など）

使い込まれたようなタフでハードな金属感の壁材

Dan サイディング「dMETAL002」

酸化した鉄板を部分的に磨いて、素地を露出させたような荒々しい表情のデザイン。大きなムラのある意匠で個性的な外観を演出する。

- 商品名
Danサイディング「dMETAL002」
- 企業名
旭トステム外装株式会社
- 価格
3万4,200円/坪～
- ウェブサイト
https://www.asahitostem.co.jp/
- お問い合わせ
asahitostem-sd@lixil.com

高意匠（デザイン）（先進的・革新的なデザイン性など）

美しく、繊細な「柾目」を表現した軒天ボード

MATERIA 軒天ボードシリーズ「Planer Wood nokiten」

ランダムに色幅の変化を持たせて板ごとに色パターンが異なるため、板1枚1枚を際立たせ、リアリティのある「自然な木の質感」を演出。天然木にはない機能性で、住まいに安心を届ける。

- 商品名
MATERIA軒天ボードシリーズ「Planer Wood nokiten」
- 企業名
旭トステム外装株式会社
- 価格
8,559円/㎡
- ウェブサイト
https://www.asahitostem.co.jp/
- お問い合わせ
asahitostem-sd@lixil.com

高意匠（デザイン）（先進的・革新的なデザイン性など）

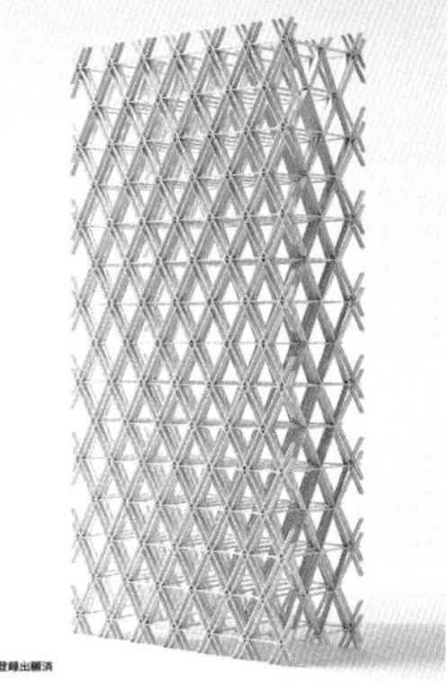

組子の技術を応用した立体パーテーション

forêt

日本の伝統的な技法の一つである組子技術を応用し、立体的に組み付けた木製パーテーション。フランス語で森を意味する「forêt（フォレ）」と名付けたこの作品は、美しい肌目の檜材が連続する、奥行きを感じるものとなっている。

- 商品名
forêt
- 企業名
阿部興業株式会社
- 価格
オープン価格
- ウェブサイト
https://www.abekogyo.co.jp/
- お問い合わせ
press@abekogyo.co.jp

省エネ / 資源循環 / 創エネ・蓄エネ / ヘルスケア / 木造化・木質化 / 家事負担の軽減 / 子育て支援 / 高齢者対応 / 防災 / リフォーム対応 / 省施工 / 高意匠 / 長寿命 / IoT / その他

高意匠（デザイン）（先進的・革新的なデザイン性など）

モダンな無機質柄のシートフローリング

クルードフローリング

抗ウイルス・抗菌効果を備えた無機質柄シートフローリング。素材の美しさを打ち出したマットな風合いがクールな空間だけでなく、木質素材との組み合わせによる絶妙な異素材コントラストを演出する。

- 商品名
  クルードフローリング
- 企業名
  株式会社イクタ
- 価格
  設計価格 1万610円/㎡(税別)
- ウェブサイト
  https://ikuta.co.jp/
- お問い合わせ
  info@ikuta.co.jp

高意匠（デザイン）（先進的・革新的なデザイン性など）

木の奥行きが感じられる複合フローリング

エアー・ウォッシュ・フローリング ビンテージフロアーラスティック

自然が育んだ節や色のバラツキを意匠として取り込み、手技や手作りを感じさせる荒削りな仕上げに。表面に2ミリの無垢挽き板材を使用。可視光型光触媒機能を備えた、木本来の表情が楽しめる安心・安全・健康な床材。

- 商品名
  エアー・ウォッシュ・フローリング ビンテージフロアーラスティック
- 企業名
  株式会社イクタ
- 価格
  設計価格 1万7,880円~2万9,750円/㎡(税別)
- ウェブサイト
  https://ikuta.co.jp/
- お問い合わせ
  info@ikuta.co.jp

高意匠（デザイン）（先進的・革新的なデザイン性など）

小洒落た空間にぴったりなフローリング

エアー・ウォッシュ・フローリング 銘木フロアーラスティックエイジング

天然木ツキ板ナラ材に、木目を際立たせるエイジング加工を施して、オイル塗装のようなマットな風合いと可視光型光触媒機能を加えた。お手入れも簡単で、木の素材感をより強く気軽に感じられるシリーズ。

- 商品名
  エアー・ウォッシュ・フローリング 銘木フロアーラスティックエイジング
- 企業名
  株式会社イクタ
- 価格
  設計価格 1万2,120円/m²(税別)
- ウェブサイト
  https://ikuta.co.jp/
- お問い合わせ
  info@ikuta.co.jp

高意匠（デザイン）（先進的・革新的なデザイン性など）

空間の向こう側をデザインする内装建材

plume-aile プリュムエイル

3㎜カラーガラスと樹脂を接着したガラス樹脂複合内装仕上げ材。本物のガラスによる鏡面反射を有し、その鏡像によって空間の奥行きを広げ、実空間の向こう側までもデザイン。これまでにない空間価値を高めることができる。また、ガラスと樹脂を組合わせる事で、軽量化および割れへの耐久性向上、飛散を抑制する。不燃材料であり、キッチンパネルとしても利用できる。

- 商品名
  plume-aileプリュムエイル
- 企業名
  ウチヤマコーポレーション株式会社
- 価格
  4万5,000円/㎡
- ウェブサイト
  https://uchiyama-corp.co.jp/
- お問い合わせ
  y-sasaki@umc-net.co.jp

高意匠（デザイン）（先進的・革新的なデザイン性など）

家族とともに育つ、木のキッチン

無垢の木のキッチン　su:iji

家の柱や梁といったものから調度品、お椀や箸に至るまで、同社は「木」をさまざまな形で暮らしに取り入れてきた。「スイージー」は日本の暮らしにしっくりと馴染み、何十年経っても長く愛されるキッチン。使われている素材たちは使い続ける中で過ごした時間が刻まれ、じっくりじっくりと味わいを深めていく。新品とは違う、使い込まれた道具だけに宿る空気感。本物の素材だけがおびてゆくまろやかさを家族の成長とともに育む。

・商品名
無垢の木のキッチン　su:iji

・企業名
株式会社ウッドワン

・価格
問い合わせ

・ウェブサイト
https://www.woodone.co.jp/

・お問い合わせ
pr-info@woodone.co.jp

高意匠（デザイン）（先進的・革新的なデザイン性など）

ドアと化粧壁材が一体化したリブデザインのパネル

「グランマジェスト グレインエレメント」　リブパネルデザイン

「グランマジェスト グレインエレメント」リブパネルデザインは、ドアから壁面に至るまでを同一ディテールで連続させた壁面一体化デザインが特長。リブの形状にもこだわり、インテリア空間を象徴的に魅せることができる。日本人が好む大和比 (1：1.414) のデザイン思想をリブ幅の設計に取り入れており、視覚的に安心感のあるバランスと美しさを追求したデザイン。

・商品名
「グランマジェスト グレインエレメント」リブパネルデザイン

・企業名
永大産業株式会社

・価格
「グランマジェスト　グレインエレメント」リブパネルデザイン:室内ドアセット67万円（H2400mm/マエストダーク柄）、化粧壁材価格63万円（4550mm）、合計130万円（消費税、工事費別）

・ウェブサイト
https://www.eidai.com

高意匠（デザイン）（先進的・革新的なデザイン性など）

洗練された豪華なインテリアを実現する照明

GORGEOUS RING

ジュエリーのような耀きをもつリングのシルエット。複雑な光の屈折を高度な成型技術で実現させた、透明樹脂によるあたらしい豪華さのシャンデリア。アクリルの表裏に施されたランダムな造形が、光の粒を増幅させ華やかなきらめきを作る。目指したのは、洗練された上質感と求めやすい価格。浮かび上がる光の環が空間に特別な高揚感を与える。天井直付けタイプは８畳用６万9,800円から。

・商品名
GORGEOUS RING

・企業名
オーデリック株式会社

・価格
6万9,800円

・ウェブサイト
https://www.odelic.co.jp/

・お問い合わせ
https://www.odelic.co.jp/support/

▷ p.038

高意匠（デザイン）（先進的・革新的なデザイン性など）

コミュニケーションが生まれる階段

シースルー階段「ObjeA（オブジェア）」

「玄関から入ってリビングを通り、階段を上がって自室に行く」。こうした間取りであれば、自然と家族間でコミュニケーションが生まれる。「ObjeA」は、リビングに設置することを前提に開発されたスチール製階段。ささら桁、手すり、段板をカスタマイズでき、作図から施工まで一括で請け負えるのが特徴。こだわり抜いた仕上げと塗装を施し、高級家具にも見劣りしないクオリティを実現している。

・商品名
シースルー階段「ObjeA（オブジェア）」

・企業名
カツデン株式会社

・価格
103万6,000円～

・ウェブサイト
https://kdat.jp/

・お問い合わせ
hidaka@katzden.co.jp

▷ p.020

高意匠（デザイン）（先進的・革新的なデザイン性など）

使っていないときも美しい物干し

スチール製物干し「Hosuba（ホスバ）」

内装をおしゃれに彩るシンプルな物干し「Hosuba」。一体物でできているため、ビス等、デザインのノイズとなるものが極限まで減らされており、近くで見ても美しいのが特徴。お得な価格で購入できる標準サイズの他、1mm単位でのオーダーも可能。パイプの形状（丸パイプ・角パイプ）や太さ、色も複数種類から選べる。使わないときは植栽を吊るすだけでも、素敵な空間演出が可能だ。

- 商品名
  スチール製物干し「Hosuba（ホスバ）」
- 企業名
  カツデン株式会社
- 価格
  3万円（標準サイズの場合）
- ウェブサイト
  https://kdat.jp/
- お問い合わせ
  hidaka@katzden.co.jp

高意匠（デザイン性）

使いやすい金額の金属巾木

鉄巾木「ハバテツ」

店舗やオフィスなどで使用されることの多い金属巾木は、空間デザインを格上げするが、値段の高さがネックだった。「ハバテツ」は、ノイズを極力排除したことで、最小限の加工にとどめ、非住宅ではもちろん、一般住宅でも使いやすい、m単価700円～に設定。わずか0.8mmという薄さは、空間をすっきりとした印象に変える。また、カツデンならではの美しい表面仕上げは、金属家具やタイルとの相性も良い。

- 商品名
  鉄巾木「ハバテツ」
- 企業名
  カツデン株式会社
- 価格
  700円/m～
- ウェブサイト
  https://kdat.jp/
- お問い合わせ
  hidaka@katzden.co.jp

高意匠（デザイン）（先進的・革新的なデザイン性など）

憧れを、よろこびに変えるキッチン

ステンレスシステムキッチン「セントロ」

「憧れに向かい、自分らしく進みたい」。そう願う全ての人にまっすぐ寄り添うハイエンドキッチン。クラフツマンシップが紡ぎ出す品質と洗練されたデザイン、そして使う人のことを考えた機能が一人ひとりの理想を形にする。内部構造はカビやニオイ、汚れに強く、長寿命でリサイクルも簡単にできる、ステンレス構造で、環境にも優しい。

- 商品名
  ステンレスシステムキッチン「セントロ」
- 企業名
  クリナップ株式会社
- 価格
  127万3,800円～（税別）/B-style基本プラン・I型255㎝・扉06クラス
- ウェブサイト
  https://cleanup.jp/kitchen/centro/
- お問い合わせ
  inq@cleanup.jp

高意匠（デザイン）（先進的・革新的なデザイン性など）

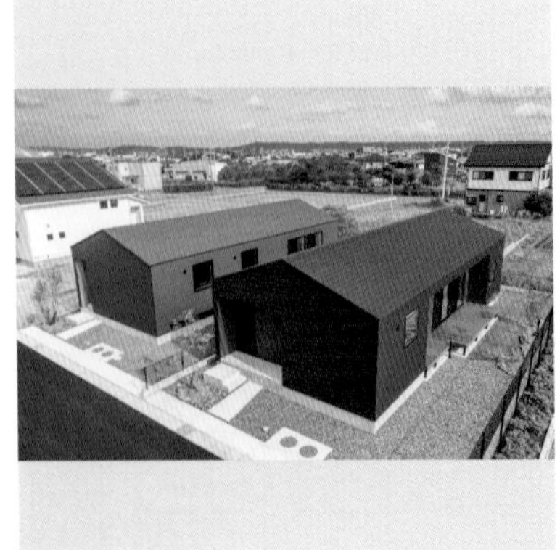

工夫を重ね、素材を重ね。創造力際立つ外壁

LAP-WALL

外装材をトータルに扱う同社が、屋根で培った技術を外壁に融合させた、新しい外壁材。屋根材を外壁に使用することで、建物全体を一つの建築材料で包み込み、屋根壁一体のシームレスデザインを実現した。また、壁面にシーリングを使わないため、ノイズレスな外観表現が可能。独特の縦横の比率や、よろい張りによる陰影のある表情が、設計される方の感性に働きかけ、新たな外観デザインを提供する。

- 商品名
  LAP-WALL
- 企業名
  ケイミュー株式会社
- 価格
  5,181円/㎡（税抜 4,710円/㎡）～6,853円/㎡（税抜 6,230円/㎡）
- ウェブサイト
  https://www.kmew.co.jp/shouhin/siding/lapwall/
- お問い合わせ
  https://www.kmew.co.jp/inquiry/inquiry.php

高意匠（デザイン）（先進的・革新的なデザイン性など）

建築美との調和を生み出すライン照明

SOLID DESIGN BASE LIGHT

「均一な発光」「角へのこだわり」「光のつながり」にこだわり、シームレスな光を作り出すなど妥協のないディテールが建築美との調和を生み出すライン照明シリーズ。2017年に店舗・施設向けに発売以来好評を受け、毎年シリーズのラインアップを拡充している。住宅空間向けに提案しやすいよう、2線式の専用調光器などを用いて、調光調色の設定が出来るタイプなど幅広く用意している。

- 商品名
  SOLID DESIGN BASE LIGHT
- 企業名
  コイズミ照明株式会社
- 価格
  Solid Seamless Slimの場合:2万7,000円(税抜)~
- ウェブサイト
  https://www.koizumi-lt.co.jp/

高意匠（デザイン）（先進的・革新的なデザイン性など）

建築に溶け込む素材としての照明

arkia

「arkia」はミニマムサイズで建築空間に馴染み、主張しないフォルムと飽きのこないデザインを目指したシリーズ。特に薄型ブラケットライトは、専用レンズによって壁面の輝度を抑えつつ前方向に光を照射するため、壁面に溶け込み、美しく空間と調和する。また専用の調光器を設ければ、調光が可能なため、眩しさを考慮する必要がある空間でも活用できる。他にもエクステリアやスポットライトなど幅広く用意している。

- 商品名
  arkia
- 企業名
  コイズミ照明株式会社
- 価格
  薄型ブラケットライトの場合:1万5,000円(税抜)~
- ウェブサイト
  https://www.koizumi-lt.co.jp/

高意匠（デザイン）（先進的・革新的なデザイン性など）

美しいラインのスタイリッシュなカーテン

SA ウェーブ

天井高のあるリビング、窓の大開口化などの“形状の変化”や“インテリアトレンドのシンプル傾向”に対応した、新しいウェーブ状のカーテン。形状記憶加工と専用の部材により均一なウェーブを形成し、ファブリックの美しさをより一層際立たせる。住宅の窓や間仕切りからホテルの客室、オフィスのガラスパーティションとの組み合せや店舗のディスプレイ等、多様な用途、ニーズに対応している。

- 商品名
  SAウェーブ
- 企業名
  株式会社サンゲツ
- 価格
  要問い合わせ
- ウェブサイト
  https://www.sangetsu.co.jp
- お問い合わせ
  kouhou@sangetsu.co.jp

高意匠（デザイン）（先進的・革新的なデザイン性など）

壁・床に施工できるモルタル調の内装材

ルミデコール SOLID

重厚感のあるモダンな空間演出ができるモルタル調の内装仕上げ材。白から黒のモノトーンのほか多彩なカラーバリエーション（75色）からイメージに合った色が選べる。高強度なセメント系の仕上げ材のため、壁面はもちろんカウンターの天板や床面など水まわりにも施工が可能。

- 商品名
  ルミデコールSOLID
- 企業名
  四国化成建材株式会社
- 価格
  3,730円/㎡(税込・壁面施工の材料目安価格)
- ウェブサイト
  https://kenzai.shikoku.co.jp

高意匠（デザイン）（先進的・革新的なデザイン性など）

CLOSE　　OPEN

扉を奥に押してからスライド

造作で隠し扉を制作できるフラット扉金物

モノフラット ユニゾン MFU1200 型

扉を閉じたとき、壁面とフラットに納まる引戸金物。開けるときは、扉を奥に押してからスライドさせる構造で、表側にハンドルが不要となり、インテリアと調和する。隠し扉として使用すれば、ゲストに特別感を演出できる。また、全開・全閉時の衝撃をデュアルソフトクローザーが抑えるため、空間の静けさを邪魔しない。住宅のウォークインクローゼットの入り口や店舗のシークレットルームの入り口に最適だ。

- 商品名
  モノフラット ユニゾン MFU1200型
- 企業名
  スガツネ工業株式会社
- 価格
  9万9,500円~
- ウェブサイト
  https://www.sugatsune.co.jp/
- お問い合わせ
  support@sugatsune.co.jp

高意匠（デザイン）（先進的・革新的なデザイン性など）

ノイズレスなデザインを実現する隠し丁番

隠し丁番 HES1F-140 型

薄枠と一体化する高いデザイン性が特長の隠し丁番。一般的な枠の約 1/3 である 8mm 幅の薄枠に納まる。通常よく使われる調整丁番や旗丁番、ピボット丁番は外側に露出しドア周りに凹凸ができてしまう一方、本品は薄枠と丁番が一体化するようなデザインでフラットに納まりドア本来のデザインを損なわない。他にも、さまざまなサイズ・納まりの隠し丁番を「HES シリーズ」としてラインアップしている。

- 商品名
  隠し丁番 HES1F-140型
- 企業名
  スガツネ工業株式会社
- 価格
  4,800円
- ウェブサイト
  https://www.sugatsune.co.jp/
- お問い合わせ
  support@sugatsune.co.jp

高意匠（デザイン）（先進的・革新的なデザイン性など）

シックなカラーと洗練されたデザインが魅力のカーテン

mode S (モードエス)

mode S (モードエス) は、シックなカラーと洗練されたデザインが魅力の上質なファブリックコレクション。「BLUR " ブラー "（境界をぼかす / 曖昧にする)」をコンセプトに、室内と外（風景）に繋がりを持たせたデザインで、SOFT ELEGANT さをプラスした、全品防炎のオーダーカーテン。写真は売れ筋のドレープ D-4014。

- 商品名
  mode S（モードエス）
- 企業名
  株式会社スミノエ
- 価格
  7万500円(税抜)
- ウェブサイト
  https://suminoe.jp/
- お問い合わせ
  https://suminoe.jp/inquiry/

高意匠（デザイン）（先進的・革新的なデザイン性など）

上質な素材の高密度シャギーラグ

NEOGLASS (ネオグラス)

「NEOGLASS (ネオグラス)」は、ラグジュアリー&ゴージャスな高密度シャギーラグ。ラグは、デザイン品質に加えて生活空間に合ったサイズであってこそ、はじめて喜ばれる商品となる。ベーシックを極めた中にも、様々な素材のもつ、様々なテクスチャー。空間にベストなラグが選択可能だ。

- 商品名
  NEOGLASS（ネオグラス）
- 企業名
  株式会社スミノエ
- 価格
  6万9,080円(税込)
- ウェブサイト
  https://suminoe.jp/
- お問い合わせ
  https://suminoe.jp/inquiry/

高意匠（デザイン）（先進的・革新的なデザイン性など）

塩ビでコートされた ガラス繊維の糸で織り上げた床材

2tec2®（ツーテックツー）

2tec2® は、ガラス繊維を芯として塩ビをコーティングした繊維をジャカード製織した床材。裏面にフェルト材を施すことで歩行音を抑え、快適性が向上。写真の木目調の新作 SILVA(シルバ) のみ 20 × 75cm の長方形タイル形状により意匠貼りの幅が拡がった。旧来品は、50cm 角と 2m 巾ロール形状をラインアップ。ベルギー製。

- 商品名
2tec2®（ツーテックツー）
- 企業名
株式会社スミノエ
- 価格
1万1,500円/㎡(税抜)
- ウェブサイト
https://suminoe.jp/
- お問い合わせ
https://suminoe.jp/inquiry/

高意匠（デザイン）（先進的・革新的なデザイン性など）

正方形のピースが特長の大判フロア材

特殊加工化粧シート木質床材「ハピアフロア スクエア」

広幅かつ短辺方向に横溝をいれることで正方形デザインを表現した、他社には無い、オリジナリティ溢れる木質系シート化粧床材。基材自体の寸法安定性に加え、高い寸法精度での溝加工を行うことで、木質系の床材でありながら、マス目状のタイルのような意匠性を実現している。色柄が統一感のある空間作りはもちろん、部材毎に異なる素材感と色合いの対比を演出し、多素材柄で構成したオリジナリティ溢れる空間作りも可能だ。

- 商品名
特殊加工化粧シート木質床材「ハピアフロア スクエア」
- 企業名
大建工業株式会社
- 価格
2万7,100円/梱、2枚入り(1.65㎡)税抜き
- ウェブサイト
https://www.daiken.jp/
- お問い合わせ
https://www.daiken.jp/support/

高意匠（デザイン）（先進的・革新的なデザイン性など）

伝統的な粘土瓦×現代的な シンプルデザインの屋根材

陶板屋根材スーパートライ美軽

陶器瓦の素材、耐久性、高級感はそのままに、軽量化を実現した新しい屋根材。高温で焼き締めて着色するので、紫外線・酸性雨などによる色落ちや劣化が起こりにくく屋根塗り替えのコストも不要で、自然な風合いの美しさが続く。瓦と同等の高い耐久性で、過酷な環境から住まいを守る。また、陶板を中空構造にすることで、屋根材重量 31.0kg/㎡を実現。従来の陶器瓦と比べて約 28%軽量。

- 商品名
陶板屋根材スーパートライ美軽
- 企業名
株式会社鶴弥
- 価格
設計価格 3万2,000円/㎡~(切妻のみ)
- ウェブサイト
https://www.try110.com/
- お問い合わせ
info2@try110.com

高意匠（デザイン）（先進的・革新的なデザイン性など）

リアルな天然石の凹凸感が特長の壁面材

DSC BRICK stonetex-type

大谷石、十和田石などの天然石の「たたき」「割れ肌」の特長的な仕上げを再現した GRC 製ブリック（セメント成形品）。様々な仕上げを組み合わせたデザイン貼りを施すことで高級感を実現し、壁面演出に適した壁面材。屋外でも使用できるため、様々な空間での使用が可能 (屋外での使用は条件がある)。

- 商品名
DSC BRICK stonetex-type
- 企業名
株式会社トーザイクリエイト
- 価格
4,900円/枚~
- ウェブサイト
https://www.tozaicreate.com/
- お問い合わせ
nabata@tozaicreate.com

高意匠（デザイン）（先進的・革新的なデザイン性など）

手軽にウェーブスタイルを実現するカーテンレール

ウェーブスタイル

カーテンレールに内蔵される専用のピッチキープテープを使用することで、いつものフラットカーテンといつものカーテンレールで手軽にウェーブスタイルを楽しめる。ヒダをとらないスタイルのため、カーテンをすっきりと納めることができる。対応カーテンレールは、レガートユニ、ネクスティ、ニューデラック。

- 商品名
  ウェーブスタイル
- 企業名
  トーソー株式会社
- 価格
  7,430円(税別)（ネクスティ 2.00m 両開き シングルの場合）
- ウェブサイト
  https://www.toso.co.jp/
- お問い合わせ
  info@toso.co.jp

高意匠（デザイン）（先進的・革新的なデザイン性など）

ノイズレスデザインでさまざまな空間に調和するキッチン

システムキッチン　ザ・クラッソ

「ザ・クラッソ」は、余分な凹凸や段差を削ぎ落としたノイズレスデザインで、さまざまな空間に調和するキッチン。「美しい、使いやすい、きれい」を実現するアイテムを揃えている。オリジナルアイテム「クリスタルカウンター」は、すりガラスのような仕上げで、滑らかな手触りのカウンタートップ。透明感と明るさで、空間を明るく魅力的に演出するだけでなく、手入れがしやすく、丈夫で使いやすいのが特長。

- 商品名
  システムキッチン　ザ・クラッソ
- 企業名
  TOTO株式会社
- 価格
  I型2550mmの場合、基本プランは希望小売価格85万5,000円(税込)から、おすすめのアイテムを搭載したプランだと希望小売価格110万円(税込)から用意。
- ウェブサイト
  https://jp.toto.com/
- お問い合わせ
  https://jp.toto.com/support/contact/

高意匠（デザイン）（先進的・革新的なデザイン性など）

セミオーダー感覚でアレンジできるシステムドレッサー

システムドレッサー　エスクア

「エスクア」は、一人ひとりのライフスタイルや住まいにあわせてアレンジできるシステムドレッサー。多彩なパーツを組み合わせ、セミオーダー感覚でカスタマイズでき、TOTO独自技術のクリスタルカウンターがすりガラスのように美しい質感で空間を魅力的に演出する。また、化粧鏡は、タッチレスで照明のオン・オフができ、影を抑えて顔映りが美しい「パッとフェイス」で、使いやすさにも配慮している。

- 商品名
  システムドレッサー　エスクア
- 企業名
  TOTO株式会社
- 価格
  添付写真のプラン:92万6,300円(税別) フローティングプラン、間口W1240mm エスクアは6つのプランから選択でき、33万8,700円から用意。※サイズ、選択アイテムによって希望小売価格は変わる。
- ウェブサイト
  https://jp.toto.com/
- お問い合わせ
  https://jp.toto.com/support/contact/

高意匠（デザイン）（先進的・革新的なデザイン性など）

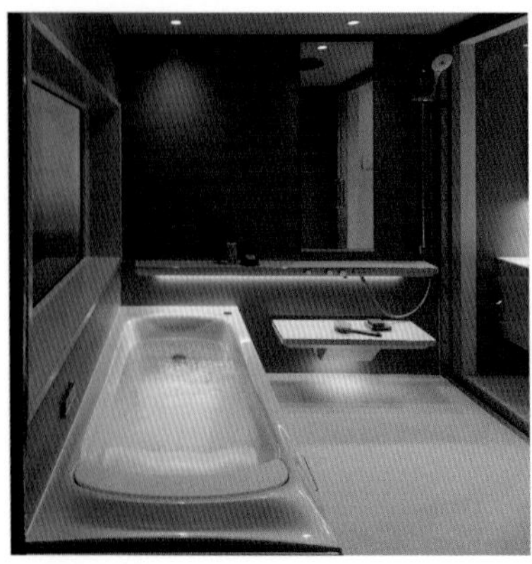

上質で心休まる時間をすごせる浴槽

システムバスルーム　シンラ

入浴感を科学した「ファーストクラス浴槽」と、肩も腰もたっぷりの水流で同時に温める「楽湯」が生み出す至福のファーストクラス体験が可能。自動洗浄機能や安心のユニバーサルデザイン＆エコ機能なども充実。人が心地よいと感じる自然界のリズム 1/f ゆらぎに基づく明かりが、浴室に穏やかな癒しの雰囲気を演出する。調光調色システムなど、リラックスを追求した先進機能を堪能できるバスルームだ。

- 商品名
  システムバスルーム　シンラ
- 企業名
  TOTO株式会社
- 価格
  シンラは5タイプの構成。希望小売価格は1坪(16161)サイズ、Cタイプ123万円～用意。※サイズ、タイプ、選択アイテムによって希望小売価格は変わる。
- ウェブサイト
  https://jp.toto.com/
- お問い合わせ
  https://jp.toto.com/support/contact/

高意匠（デザイン）（先進的・革新的なデザイン性など）

クラフトマンシップが息づく キッチンカウンター

TENOR（テノール）カウンター

人造大理石カウンターに、手塗り塗装でドットを何層にも積層することで、独特な立体感や柄を表現した新質感人造大理石カウンター。エンボス調の仕上がりにより、光の当たり方で陰影が変わる、趣豊かな表情が魅力。同時に、キッチンでの使用を想定した耐久性や耐熱、耐汚染性などの高い性能も実現。料理づくりの舞台となるワークトップに求められる機能美のすべてを備えた、クラフトマンシップが息づく逸品。

- 商品名
  TENOR(テノール)カウンター
- 企業名
  トクラス株式会社
- 価格
  トクラスキッチンCollagia標準プラン(I型2550mm)より差額11万7,800円
- ウェブサイト
  https://www.toclas.co.jp/
- お問い合わせ
  koho@toclas.co.jp

高意匠（デザイン）（先進的・革新的なデザイン性など）

宅配ボックスにも使える多機能ボックス

ホームスライドダスポンシリーズ

機能性と美しさを兼ね備えた次世代型ゴミステーション「ダスポン」は、日常の様々なシーンでその性能を発揮する。本体素材は耐久性に優れたステンレス（SUS304）、黒ZAM® を使用。厳しい環境にも耐えうる耐久性、サビや腐食といった経年劣化に強く、そして置く場所を選ばずに調和するデザイン性は、従来のゴミステーションと一線を画す高い評価を獲得している。

- 商品名
  ホームスライドダスポンシリーズ
- 企業名
  株式会社ナカノ
- 価格
  17万3,525円~
- ウェブサイト
  https://na-ka-no.co.jp/
- お問い合わせ
  duspon@na-ka-no.co.jp

高意匠（デザイン）（先進的・革新的なデザイン性など）

限られたスペースに最適な 多機能ボックス

ホームスライドダスポン スリム

従来のダスポンシリーズが誇る耐久性・容量・高級感といったメリットはそのままに、ホームスライドダスポン スリムは低価格化・コンパクト化を図ることで、より使い勝手の良さを追求した。これまで設置場所として検討できなかった室内や、屋外でスペースの限られた場所にもフィットする最適なサイズ感。

- 商品名
  ホームスライドダスポン スリム
- 企業名
  株式会社ナカノ
- 価格
  14万7,400 円~
- ウェブサイト
  https://na-ka-no.co.jp/
- お問い合わせ
  duspon@na-ka-no.co.jp

高意匠（デザイン）（先進的・革新的なデザイン性など）

スマートな時代に適したゴミステーション

Intelligent DUSPON HISLIM シリーズ

セキュリティ面でさらなる進化を遂げた「Intelligent DUSPON HISLIM」は、ダスポンが持つ機能性とデザイン性はそのままに、収納物を守る新たな機能「スマートロック」を搭載。ゴミからの個人情報流出を防ぎ、入居者のプライバシー保護に絶大な効果を発揮する。美しさと実用性、そして堅牢性を高めた「新時代のダスポン」が、入居者の安全な暮らしを守る。

- 商品名
  Intelligent DUSPON HISLIM シリーズ
- 企業名
  株式会社ナカノ
- 価格
  53万860 円~
- ウェブサイト
  https://na-ka-no.co.jp/
- お問い合わせ
  duspon@na-ka-no.co.jp

\# 高意匠（デザイン）（先進的・革新的なデザイン性など）

スマートロック搭載の大型ゴミステーション

Intelligent DUSPON SD-BZ-1670 H-Type

大型商業施設やオフィスビル、集合住宅向けの大型ゴミステーションシリーズ。セキュリティ面でさらなる進化を遂げ新たに「スマートロック」を搭載。ゴミからの個人情報流出を防ぎ、プライバシー保護に絶大な効果を発揮する。ゴミステーション横についているカードリーダーへかざすだけで解錠が可能。

- 商品名
Intelligent DUSPON SD-BZ-1670 H-Type
- 企業名
株式会社ナカノ
- 価格
77万6,380円~
- ウェブサイト
https://na-ka-no.co.jp/
- お問い合わせ
duspon@na-ka-no.co.jp

\# 高意匠（デザイン）（先進的・革新的なデザイン性など）

高さを生かした収納力を持つ多機能ボックス

SLIDE DUSPON HIGH SLIM

限られたスペースでも性能が発揮できるよう、奥行きを縮めた分、高さを出すことにより収納力を向上させた多機能ボックス。オプションでワンタッチ棚を装備すれば、上下に収納空間ができるので物置としても使える。ワンタッチ棚は折りたためることができるため、スコップやほうきなどの長尺のものも収納できる。

- 商品名
SLIDE DUSPON HIGH SLIM
- 企業名
株式会社ナカノ
- 価格
36万5,860 円~
- ウェブサイト
https://na-ka-no.co.jp/
- お問い合わせ
duspon@na-ka-no.co.jp

\# 高意匠（デザイン）（先進的・革新的なデザイン性など）

セキュリティ性を備えた薄型ポスト

薄型ポスト KS-MB36F

MB36F は、無駄な要素を削ぎ落とし洗練されたフォルムと、セキュリティ性を兼ね備えた大型郵便物対応の薄型のポスト。投函口は独自のフラップ構造「ナスタガード」の採用により抜き取り行為に対して威力を発揮する。宅配ボックス（KS-TLT340）との組み合わせも可能。

- 商品名
薄型ポスト KS-MB36F
- 企業名
株式会社ナスタ
- 価格
定価:4万1,800円(税込)
- ウェブサイト
https://www.nasta.co.jp/support/
- お問い合わせ
https://www.nasta.co.jp/support/

\# 高意匠（デザイン）（先進的・革新的なデザイン性など）

シンプルかつ洗練されたミニマルデザインの外壁材

モエンエクセラード16　Fu-ge　ルフレクトType-S／L

異なる幅のストライプをランダムに配置したデザイン。Type-L が働き幅（455mm）の長さのストライプに対し、Type-S は、横ラインが一本入った、より細かいストライプを表現。どちらも様々なシチュエーションに馴染む、シンプルかつ洗練されたミニマルデザインが魅力。四方合いじゃくりにより、Type-S と Type-L を組み合わせたオリジナルなデザインパターンの壁面をつくりあげることが可能。

- 商品名
モエンエクセラード16　Fu-ge　ルフレクトType-S／L
- 企業名
ニチハ株式会社
- 価格
設計価格(税別):5,000円/枚(6,038円/㎡)
- ウェブサイト
https://www.nichiha.co.jp/
- お問い合わせ
y-matsuyama@nichiha.co.jp

高意匠（デザイン）（先進的・革新的なデザイン性など）

さまざまな空間に調和する プリーツスクリーン

プリーツスクリーン「もなみ」

均等に連なる水平なプリーツラインが、やさしい光と陰影を演出する。日本の伝統技法を活かした和紙調をはじめ、和のコーディネートが楽しめる色柄全201アイテムを用意。リサイクル素材を用いた生地や遮熱生地など、環境に配慮した生地も充実している。それぞれの生活シーンに対応できるよう、コード穴が見えず光漏れが気にならない「もなみグランツ」や、安心・安全操作のスマートコード式や電動式をラインアップ。

- 商品名
  プリーツスクリーン「もなみ」
- 企業名
  株式会社ニチベイ
- 価格
  参考価格 1万2,500円～（シングルスタイルコード式）
  ※消費税および取付施工費、送料は別
- ウェブサイト
  https://www.nichi-bei.co.jp
- お問い合わせ
  https://www.nichi-bei.co.jp/jsp/contact/contact.jsp

高意匠（デザイン）（先進的・革新的なデザイン性など）

薪を割ったような木の 荒々しくも上質な壁材

スプリットランバー

薪を割ったような木のナチュラルな凹凸感とラスティックな存在感は、荒々しくも上質な壁面を演出する。厚み5～55mm、幅110～200mm、長さ350mmと存在感のあるサイズが強みだ。住宅･店舗など、どのような空間にもマッチするナチュラル色と重厚感のあるブラウン色の2種類を用意。

- 商品名
  スプリットランバー
- 企業名
  株式会社ニッシンイクス
- 価格
  問い合わせ
- ウェブサイト
  https://www.nissin-ex.co.jp/
- お問い合わせ
  info-ex@nissin-ex.co.jp

高意匠（デザイン）（先進的・革新的なデザイン性など）

ナチュラル & モダン & リファインドが コンセプトの床材

複合オーク600角　パーケットクロス

ナチュラル＆モダン＆リファインドをコンセプトに、イレギュラーな形・大きさの木の組み合わせが生み出す美しさを表現した、ニッシンイクスオリジナルのフローリング。樹種は、淀みのない流れるような木目のオーク材を使用。無機質でありながらナチュラルな色合いの温かさが特徴で、より上質な空間を演出する。

- 商品名
  複合オーク600角　パーケットクロス
- 企業名
  株式会社ニッシンイクス
- 価格
  問い合わせ
- ウェブサイト
  https://www.nissin-ex.co.jp/
- お問い合わせ
  info-ex@nissin-ex.co.jp

高意匠（デザイン）（先進的・革新的なデザイン性など）

飾って、魅せて、楽しむシンプルな収納

キャニティ　スクエアフレーム

「アイアン×天然木」の異素材の組み合わせが落ち着きと洗練をもたらすキャニティフレーム。ブラック色のフレームと集成材の棚板で構成され、壁に付ける・床に施工するなど設置スタイルやサイズも自由にカスタマイズできる。インテリアとコーディネートしやすく、様々な空間にも馴染みやすいシンプルなフォルムが魅力。

- 商品名
  キャニティ　スクエアフレーム
- 企業名
  株式会社ノダ
- 価格
  16万1,000円
- ウェブサイト
  https://www.noda-co.jp/

高意匠（デザイン）（先進的・革新的なデザイン性など）

天然木のような風合いの個性的な表情の木質建材

カナエル　Rデザイン　建具

使い込まれた木材の風合いを化粧シートで再現。木材の温もりが溢れるラスティックな雰囲気やリゾートのような空間を演出する。建具・収納・フロアなどを用意。色柄は「ヒッコリーブラック色」「ウォールナットダーク色」「チェリーミディアム色」「オークライト色」「メープルペール色」「メープルミルキー色」「オークグレージュ色」「アッシュホワイト色」の全8色。サイズのバリエーションも豊富。

- 商品名：カナエル　Rデザイン　建具
- 企業名：株式会社ノダ
- 価格：6万6,000円（D11型ドア）
- ウェブサイト：https://www.noda-co.jp/

高意匠（デザイン）（先進的・革新的なデザイン性など）

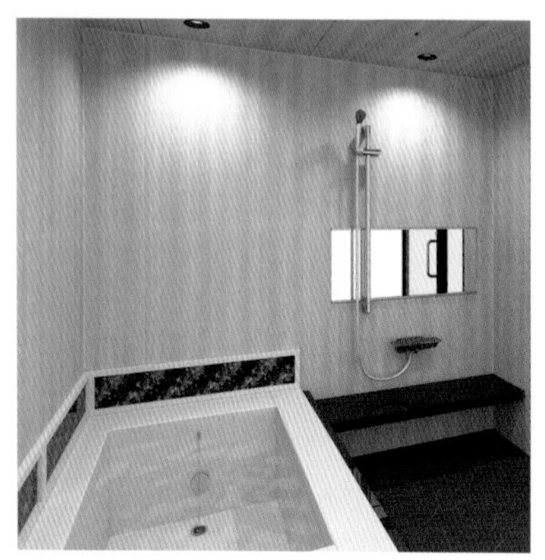

至福のひとときを過ごせる木曽檜の風呂

システムバスルーム 雅月（みやびつき）

木曽檜や青森ひばの浴槽や御影石のカウンターで温泉宿の「非日常」を味わいながら、浴室空間としての快適さを損なわないために、ハウステックの樹脂成形技術を融合させた完全受注生産モデル。限りある天然の素材を大切にしながら、1台、1台、心を込めてつくった世界でたったひとつの特別な空間で、至福のひとときを過ごすことができる。

- 商品名：システムバスルーム 雅月（みやびつき）
- 企業名：株式会社ハウステック
- 価格：設計価格（定価）：1616サイズ 185万円（税抜）～
- ウェブサイト：www.housetec.co.jp
- お問い合わせ：www.housetec.co.jp/info/contact.html

PickUp! ▷ p.040

高意匠（デザイン）（先進的・革新的なデザイン性など）

狭小耐力壁で大開口を実現する柱脚金物

ベースセッター

基礎と450mm幅の平角柱を接合し、狭小耐力壁を実現する柱脚金物。壁倍率5倍相当の強度を狭小スペースで確保できる。門型フレームのように対の柱の位置を気にすることなく、自由に配置することができ、様々な平面計画の中での活用が拡がる。高さ6m（カラマツの場合は5.4m）まで対応可能で、階高の高い店舗や保育園、吹き抜けのある住宅にも適用できる。

- 商品名：ベースセッター
- 企業名：BXカネシン株式会社
- 価格：問い合わせ
- ウェブサイト：https://www.kaneshin.co.jp/products/list.php?skbn=4-7
- お問い合わせ：info-kaneshin@ys-gr.jp

高意匠（デザイン）（先進的・革新的なデザイン性など）

木目エンボスによる高意匠デッキ

ソライエデッキ彫 PLUS

戸建向け再生木エクステリア「ソライエデッキ」に、木目エンボスを施した高意匠の「ソライエデッキ彫（ちょう）PLUS」を新たにラインナップ。原料にはフクビの独自技術で生産する木粉と樹脂の複合素材プラスッドを使用。デッキ材の表面を、粗しと独自の木目エンボス加工とすることで、色差と陰影のコントラストで木目柄が際立つ美しいデザイン。

- 商品名：ソライエデッキ彫PLUS
- 企業名：フクビ化学工業株式会社
- 価格：7,600円～/本（税別）
- ウェブサイト：https://www.fukuvi.co.jp/
- お問い合わせ：knz-kikaku@fukuvi.co.jp

PickUp! ▷ p.016

高意匠（デザイン）（先進的・革新的なデザイン性など）

印刷のプロ集団と共創したテキスタイル

ナミノアヤ

凹凸のある生地にプリントをするという挑戦的なテキスタイル。美術印刷などを手がける日本写真印刷コミュニケーションズとのコラボレーションによるもの。ベース生地そのものの立体感と繊細な色の移ろいが一枚の布に広がりをもたらす。シワ加工によって折り紙のようにたたまれた部分には色がのらず、生地を触ったり揺れたりしたときには白さが見え隠れする。

- 商品名
  ナミノアヤ
- 企業名
  株式会社フジエテキスタイル
- 価格
  9,860円/m²（生地価格・税別）
- ウェブサイト
  https://www.fujie-textile.co.jp/
- お問い合わせ
  fujie-tokyo@fujie-textile.co.jp

高意匠（デザイン）（先進的・革新的なデザイン性など）

唯一無二の高意匠性内装壁面用塗材

MURA　WALL（斑ウォール）

洗練されたスタイリッシュな“斑”が、魅力的で多様な空間を演出する。フジワラ化学独自の技術により生み出された唯一無二の高意匠性塗材。調湿・耐汚染性などの性能にも優れ、安全・安心・快適なハイグレードの住環境を提供する。

- 商品名
  MURA　WALL（斑ウォール）
- 企業名
  フジワラ化学株式会社
- 価格
  9,400円/㎡（50㎡以上の材工設計価格、税別）
- ウェブサイト
  https://www.fujiwara-chemical.co.jp
- お問い合わせ
  manabe@fujiwara-chemical.co.jp

高意匠（デザイン）（先進的・革新的なデザイン性など）

リビング空間を魅力的に演出する室内階段

BX モダンステアーズ

シンプルで洗練されたスチールのシャープさに加え、木目を施した暖かな雰囲気の踏板で住宅に力強さと癒しを与える室内階段。2階の吹抜けにも同じデザインの手すりを配することが可能で、開放的な住空間を実現する。

- 商品名
  BXモダンステアーズ
- 企業名
  文化シヤッター株式会社
- 価格
  ササラ桁：ストレート型、手すり：片手すり 横桟タイプ、カラー：ブラック、階段数：13段の場合で1,42万円
- ウェブサイト
  https://bunka-s-pro.jp/product/bxmodernstairs/
- お問い合わせ
  https://www.bunka-s.co.jp/inquiry/form/

高意匠（デザイン）（先進的・革新的なデザイン性など）

魅せる、癒す、ゆらぎの照明

特殊導光板 LED シーリング

天井をスッキリと見せる美しい光を実現。非日常的なマリンブルーの光が、心地よい癒しの空間を演出。2種類のゆらぎ機能は、リラックス時間におすすめ。

- 商品名
  特殊導光板LEDシーリング
- 企業名
  株式会社ホタルクス
- 価格
  10万4,000円
- ウェブサイト
  https://www.hotalux.com/
- お問い合わせ
  hotalux_j@dm.hotalux.com

高意匠（デザイン）（先進的・革新的なデザイン性など）

扉の表裏どちら側からも押せる折り戸金具

両側折り戸金具「FSD-HDC」

収納や公共施設など、限られた場所にしか使われていなかった折り戸を住宅向け間仕切り扉に再設計した。開き扉と比較すると可動範囲が小さく、軽く開けやすいのが特徴。独自設計のローラー機構により滑らかな動きとソフトクローズ機構を搭載。ソフトな開閉を実現した。扉の表裏両側から押して開く事ができるこの折り戸は居室やトイレなど、住居のどこにおいても活躍でき、ノブやレバーハンドルの操作も必要ない。

- 商品名
両側折り戸金具「FSD-HDC」
- 企業名
株式会社ムラコシ精工
- 価格
1万6,500円(税込)(金具一式)(扉含まず)(開口サイズによって異なる)
- ウェブサイト
https://www.murakoshiseikou.com/
- お問い合わせ
webcontact@murakoshiseikou.com

▷ p.028

高意匠（デザイン）（先進的・革新的なデザイン性など）

ここに欲しかった！が叶う壁面収納ユニット

壁面アルミレールユニット「ウォールレール」

玄関の鍵おき、子供部屋のランドセル、洗面所のタオル掛けなど、「ここに棚があればいいのに」という希望を叶える壁面ユニット。他にもベッドボードの上に間接照明や、クローゼットで帽子の収納兼ディスプレイなど使い方はユーザー次第。アルミのため、軽くて錆びにくい。白と黒の２色展開で、一般住宅への後付けが可能な仕様。部屋のアクセントにもなる。

- 商品名
壁面アルミレールユニット「ウォールレール」
- 企業名
株式会社ムラコシ精工
- 価格
7,700円(税込)(フックセット)
- ウェブサイト
https://www.murakoshiseikou.com/
- お問い合わせ
webcontact@murakoshiseikou.com

高意匠（デザイン）（先進的・革新的なデザイン性など）

佇まいが美しく、機能的な宅配ボックス一体型門柱

ミース

高まり続ける、戸建て住宅向け宅配ボックスの需要に対し、シルエットの美しさをとことん追求し完成した宅配ボックス一体型の門柱。シンプルな姿ながら、宅配ボックスを２つ備え、機能的なファサードデザインをかなえる。正面には表札のみ、アプローチ側にインターホンと扉が配されているため、宅配物を出し入れするためのスペースを考慮する必要がなく、限られた空間への設置など、外構計画の幅を広げる。

- 商品名
ミース
- 企業名
株式会社ユニソン
- 価格
ミース 埋込仕様 350×1510:29万円(税別)、ミース アンカー仕様 350×1500:25万5,000円(税別)
- ウェブサイト
https://www.unison-net.com/
- お問い合わせ
info@unsn.co.jp

高意匠（デザイン）（先進的・革新的なデザイン性など）

ワンランク上の心地よさを演出する内装建材

Raffis

ノイズレスなデザインで、ワンランク上の心地よさを演出するハイドアシリーズ。扉を天井高で納めることで、空間にさらなる解放感をもたらす。木質建具のほかに、アルミガラス建具をラインアップに追加。アルミガラス建具は、マットな質感で縦框 15mm のスリムなフレームと、フレームに意匠を合わせたハンドルでノイズを抑え、仕切りながらも開放感をもたらす上質な空間を演出する。

- 商品名
Raffis
- 企業名
株式会社LIXIL
- 価格
ラフィス アルミガラス建具(標準ドア2方枠RZAガラス色クリアの場合):23万2,000円/セット(税別)※23年12月時点の価格
- ウェブサイト
https://www.lixil.co.jp/lineup/livingroom_bedroom/raffis/

高意匠（デザイン）（先進的・革新的なデザイン性など）

アクタスが監修した多配色壁紙シリーズ

NORDIC Board

自然のカラーパレットから構成した繊細なカラーとテクスチャー。木の家具や自然素材と調和する4柄25点のラインアップ。アクタスが考えるインテリアを上質に彩る壁紙シリーズ。

- 商品名
  NORDIC Board
- 企業名
  ルノン株式会社
- 価格
  参考価格 1,000円/m　材料のみ
- ウェブサイト
  https://ssl.runon.co.jp
- お問い合わせ
  runon@sin.suminoe.co.jp

高意匠（デザイン）（先進的・革新的なデザイン性など）

癒しの空間を演出する 上質な空気清浄壁紙

空気を洗う壁紙®クラフトライン

光を豊かに、印象的に感じる、マテリアル。インテリアと調和する、幅広いカラーバリエーション。空気を清浄化する消臭機能。シンプルでありながら、ディティールにこだわったデザインが、癒しの空間を演出する。心からリラックスできる、美しい空気感。心地よさを肌で感じる質感を実現。

- 商品名
  空気を洗う壁紙。クラフトライン
- 企業名
  ルノン株式会社
- 価格
  参考価格 1,000円/m　材料価格
- ウェブサイト
  https://ssl.runon.co.jp
- お問い合わせ
  runon@sin.suminoe.co.jp

高意匠（デザイン）（先進的・革新的なデザイン性など）

SNSでも人気の62配色の カラーシリーズ壁紙

壁紙「幼児の城」

きれいなペイント調の多配色壁紙。マットで落ち着いたカラーリングは、天然木やフローリングとの相性も良く、コーディネーターやデザイナーからも注目されている。一般住宅でも人気のシリーズ。発売以来、幼稚園・保育園はもちろん、住宅・マンションにも多く利用されている。子供部屋だけでなく、リビングやキッチン、洗面所などにも最適。ホワイトやベージュのベースカラーも豊富に用意。組み合わせて利用できる。

- 商品名
  壁紙「幼児の城」
- 企業名
  ルノン株式会社
- 価格
  参考価格 1,000円/m　材料価格
- ウェブサイト
  https://ssl.runon.co.jp
- お問い合わせ
  runon@sin.suminoe.co.jp

高意匠（デザイン）（先進的・革新的なデザイン性など）

天然木の質感を追求した高意匠なデッキ

リウッドデッキ 200 EG

リウッド（再生木）のため、環境にやさしく耐久性（耐候性・耐腐朽性・耐水性）に優れ、長期間にわたって美しさを維持できる。また、独自の表面加工により、高級感を演出する「硬木調」の「柾目柄」の木肌を再現。天然木のようなランダムな溝が光の角度やデッキを眺める角度により、木肌の色やさまざまな表情の変化を楽しみながら、おうち時間を充実させるこだわりの空間を創出。

- 商品名
  リウッドデッキ 200 EG
- 企業名
  YKK AP株式会社
- 価格
  10万8,700円（奥行920 ㎜×間口1,851 ㎜×高さ170 ㎜）※消費税・組立施工費等除く
- ウェブサイト
  https://www.ykkap.co.jp/
- お問い合わせ
  https://www.ykkap.co.jp/ask/contact/b_index.php

省エネ / 資源循環 / 創エネ・蓄エネ / ヘルスケア / 木造化・木質化 / 家事負担の軽減 / 子育て支援 / 高齢者対応 / 防災 / リフォーム対応 / 省施工 / 高意匠 / 長寿命 / IoT / その他

長寿命

耐久性の向上、交換・維持管理の簡易化など

長寿命（耐久性の向上、交換・維持管理の簡易化など）

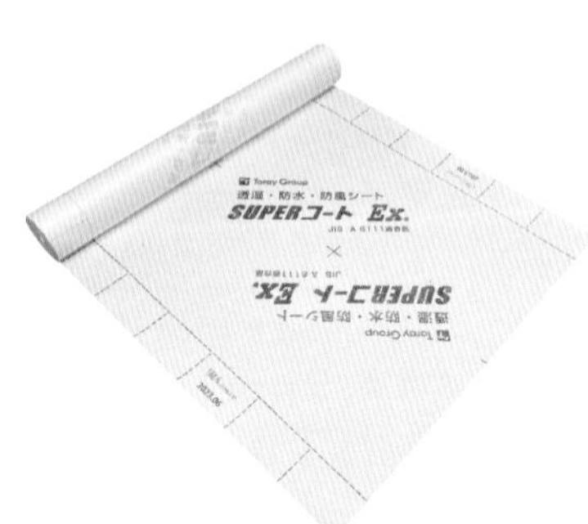

高耐久な透湿防水シート

SUPER コート EX.

特殊構造により JIS A6111 の耐久性Ⅲ -1（50 年相当）に適合する耐久性能を持った透湿防水シート。防水性能を従来より長期間保持することにより、住まいの高耐久化を実現する。※上記 50 年相当の耐久性は保証値ではない。詳細は同社に問い合わせを。

- 商品名
  SUPERコートEX.
- 企業名
  一村産業株式会社
- 価格
  オープン価格
- ウェブサイト
  www.ichimura.co.jp
- お問い合わせ
  koji.shiochi.p3@ima-ichimura.jp

長寿命（耐久性の向上、交換・維持管理の簡易化など）

サンディングで生まれ変わる床材

無垢ピノアースフローリング

無垢材のフローリングなら張り替えいらずで、けずって生まれ変わる。長くつきあえる床材。家族とともに育つ無垢のフローリングは傷も味の一つと言える。雰囲気を変更したいといった時はサンディングで生まれ変わらせることができる。サンディングとは体育館や欧米の住宅ではよく行われる作業で、コストも張り替えるよりもお得。長寿命な無垢のフローリングで家族の暮らしをもっと心地よく。

- 商品名
  無垢ピノアースフローリング
- 企業名
  株式会社ウッドワン
- 価格
  問い合わせ
- ウェブサイト
  https://www.woodone.co.jp/
- お問い合わせ
  pr-info@woodone.co.jp

長寿命（耐久性の向上、交換・維持管理の簡易化など）

粘着ゴムアスファルト「屋根下のルーフィン」の優位性

低価格アスファルトルーフィング	改質ゴムアスファルトルーフィング	粘着式改質アスファルト屋根下のルーフィン
【シート厚さ：非常に薄い】	【シート厚さ：やや薄い】	【シート厚さ：厚い】

打ち込んだビスとルーフィング（防水シート）の隙間が広くて空いているうえに経年劣化の硬化が早いため穴が広がったり破れたりして浸水してきます。

粘度の高いゴムアスファルト層がビスに絡みつき、雨水の侵入を防ぎ破れにくい不織布を基材保護層のブロンアスファルト層で挟み込むことで破れにくく従来の耐久の約3倍の強度があります。

粘着式改質アスファルトルーフィング

屋根下のルーフィン

「屋根下のルーフィン」は、1.3㎜の厚みがある粘度の高い改質アスファルト製のため、釘・ビス穴をしっかりと塞ぎ、雨漏りを防ぎ耐久性も抜群だ。さらに、貼り直し可能な粘着層付の改質ルーフィングなので剥離フィルムを剥がすだけで接着し、風による飛散の心配もない。

- 商品名
  屋根下のルーフィン
- 企業名
  エイム株式会社
- 価格
  t1.3㎜×1m×14m、20kg/巻 1,950円/㎡
- ウェブサイト
  https://www.aimkk.com/
- お問い合わせ
  aim@aimkk.com

\# 長寿命（耐久性の向上、交換・維持管理の簡易化など）

除湿・脱臭効果を発揮する床下調湿炭

健康炭

除湿・脱臭に抜群の効果を発揮する床下調湿炭。原木に調湿効果の高いナラ・クヌギ等の間伐材をブレンド。発売以来 20 年以上にわたって愛されているロングセラー商品だ。

- 商品名
健康炭
- 企業名
エイム株式会社
- 価格
設計価格 7,000円/1セット4袋
- ウェブサイト
https://www.aimkk.com/
- お問い合わせ
aim@aimkk.com

\# 長寿命（耐久性の向上、交換・維持管理の簡易化など）

「炭×ホウ酸塩」相乗効果の防腐・防蟻塗料

エコパウダー BX

「炭×ホウ酸塩」相乗効果の防腐・防蟻塗料。炭とホウ酸塩の相乗効果で、塗膜を形成して木材をシロアリ・腐朽菌から強力に保護する。水性塗料のため扱いやすく、ハケやローラーで施工可能。青森ヒバ精油成分を含有しており、仕上がりは爽やかな木の香り。シロアリ保証制度を用意している。安全性が高く、防腐性・防蟻性は京都大学で実証。また、過酷な屋外シロアリ試験で長期の防蟻性を確認している。

- 商品名
エコパウダーBX
- 企業名
株式会社エコパウダー
- 価格
オープン価格
- ウェブサイト
https://ecopowder.com
- お問い合わせ
info@ecopowder.com

\# 長寿命（耐久性の向上、交換・維持管理の簡易化など）

「珪藻土×ホウ酸塩」の防腐・防蟻塗料

エコパウダー BX ホワイトタイプ

珪藻土とホウ酸塩の相乗効果で、塗膜を形成して木材をシロアリ・腐朽菌から強力に保護する防腐・防蟻塗料。水性塗料のため扱いやすく、ハケやローラーで施工可能。塗布後も墨付けが透けて見えるため施工性に優れる。青森ヒバ精油成分を含有しており、仕上がりは爽やかな木の香り。シロアリ保証制度あり。安全性が高く、防腐性・防蟻性は京都大学で実証。また、過酷な屋外シロアリ試験で長期の防蟻性を確認している。

- 商品名
エコパウダーBXホワイトタイプ
- 企業名
株式会社エコパウダー
- 価格
オープン価格
- ウェブサイト
https://ecopowder.com
- お問い合わせ
info@ecopowder.com

\# 長寿命（耐久性の向上、交換・維持管理の簡易化など）

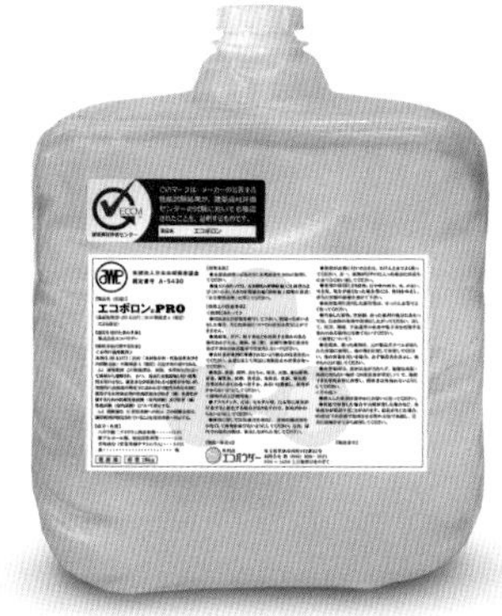

キッズデザイン賞を受賞した安心の防腐・防蟻剤

エコボロンPRO

省エネ基準義務化により、防腐・防蟻剤の安全性がますます重要視されている。キッズデザイン賞を受賞しているエコボロンPROは、子どもや妊婦にも安心の防腐・防蟻剤。部屋の空気を汚すことがなく全館空調システムとの相性は抜群。（公社）日本木材保存協会の認定を取得しており、長期優良住宅にも対応。長期シロアリ保証制度あり。木造住宅に限らず熊本城や東本願寺といった社寺仏閣や、保育園・医療施設などにも実績多数。

- 商品名
エコボロンPRO
- 企業名
株式会社エコパウダー
- 価格
オープン価格
- ウェブサイト
https://ecopowder.com
- お問い合わせ
info@ecopowder.com

長寿命（耐久性の向上、交換・維持管理の簡易化など）

エコボロンシリーズのスプレータイプ

エコボロンスプレー

家庭内で手軽に使用できる、エコボロンのスプレータイプ。木部の防腐・防蟻・防虫剤として利用できるほか、畳・カーペット・ペットの寝具などの雑菌対策にも。ホームクリーニングの仕上げにもおすすめ。

- 商品名
エコボロンスプレー
- 企業名
株式会社エコパウダー
- 価格
1本715円
- ウェブサイト
https://ecopowder.com
- お問い合わせ
info@ecopowder.com

長寿命（耐久性の向上、交換・維持管理の簡易化など）

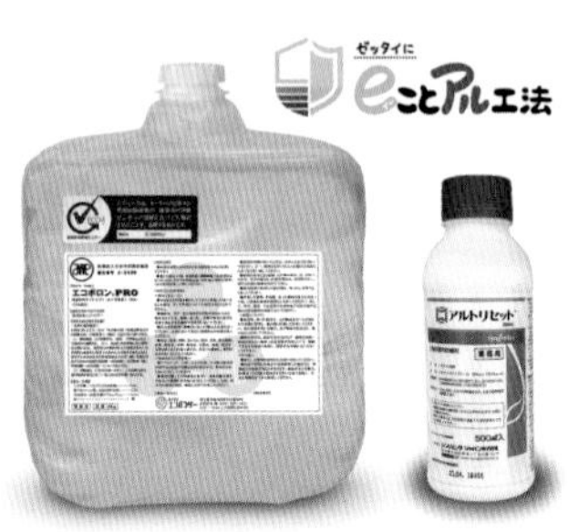

土壌処理+木部処理で家を守る防腐・防蟻工法

e ことアル工法

「e ことアル工法」は、木部に「エコボロン（エコパウダー社）」を、土壌に「アルトリセット 200SC（シンジェンタ社）」を処理し、W 効果で住宅全体を守る工法。最近では基礎断熱の普及と共に、断熱材を伝ってシロアリ被害が広がるケースが増加しており、住宅全体をシロアリから守る土壌処理の必要性が増している。「e ことアル工法」は安全性と持続性に優れており、最長 30 年の長期保証にも対応。

- 商品名
eことアル工法
- 企業名
株式会社エコパウダー
- 価格
オープン価格
- ウェブサイト
https://ecopowder.com
- お問い合わせ
info@ecopowder.com

長寿命（耐久性の向上、交換・維持管理の簡易化など）

深彫りの造形　光触媒による汚れ分解の外壁

光セラ 18

新築時の外壁の色を長く保つ色 40 年品質。耐候性を高めた紫外線トリプルガードの塗膜で、色あせを防ぎ、メンテナンスコストを削減する。また、光触媒が汚れを分解し雨で洗い流すため、白い外壁におすすめだ。ウイルスや菌の不活化も実現し、感染症対策の面でも安心。

- 商品名
光セラ18
- 企業名
ケイミュー株式会社
- 価格
1万120円/枚(税抜 9,200円/枚)~1万1,220円/枚(税抜 1万200円/枚)
- ウェブサイト
https://www.kmew.co.jp/shouhin/siding/hikaricera/
- お問い合わせ
https://www.kmew.co.jp/inquiry/inquiry.php

長寿命（耐久性の向上、交換・維持管理の簡易化など）

日本の四季と温暖化に対応したスマートな調湿シート

すかっとシートプレミアム

2025 年に新築住宅の省エネ基準適合が義務化され、更に断熱等級 6、7 が追加されることで、高気密高断熱化の省エネ住宅が普及し、外皮に厚く断熱材が施工されるようになる。地球温暖化とヒートアイランド現象による酷暑の夏を考慮すると、カビの繁殖が活発になる、夏型結露対策も住宅の長寿命化には不可欠。すかっとシートプレミアムは、透湿抵抗の可変により外皮内を調湿し省エネ住宅の長寿命化に貢献する。

- 商品名
すかっとシートプレミアム
- 企業名
酒井化学工業株式会社
- 価格
問い合わせ
- ウェブサイト
https://www.sakai-grp.com/
- お問い合わせ
eigyokaihatsu_gyomu@sakai-grp.com

長寿命（耐久性の向上、交換・維持管理の簡易化など）

通気性能を有する高意匠な金属屋根

プレーゲル

脱炭素社会に向けて建物の長寿命・高耐久化が求められ、過酷な自然環境から構造体を守る屋根や外壁の重要度が増している。また、屋根の長寿命・高耐久化対策には、通気層を確保する事も有効とされている。プレーゲルは通気機能を発揮する独自形状から、コスト増なく通気工法を実現する。実証実験から通気性能による野地板の乾燥効果・温度低減効果を確認、軽量・防水性・デザイン性と合わせて更なる付加価値を提案する。

- 商品名
  プレーゲル
- 企業名
  JFE鋼板株式会社
- 価格
  問い合わせ
- ウェブサイト
  http://www.jfe-kouhan.co.jp
- お問い合わせ
  https://cpjb.f.msgs.jp/webapp/form/24052_cpjb_1/index.do

長寿命（耐久性の向上、交換・維持管理の簡易化など）

長寿命と優れた施工性を兼ね備えた鉄骨構造

フレームキット

フレームキットは、木造軸組工法の柱、梁、筋交、土台などを鉄骨に置き換えたシステム鉄骨構造体だ。高い耐震性に加え、品確法に基づく特別評価認定を取得し、標準仕様で劣化対策等級の最高等級3である75〜90年の耐久性を誇る。コンパクトな部材設定は、狭小・狭隘な敷地でも難なく施工できる。自由度の高い設計、容易な施工、1棟毎の性能表示など、次世代の住宅にふさわしい機能を備えている。

- 商品名
  フレームキット
- 企業名
  JFE鋼板株式会社
- 価格
  問い合わせ
- ウェブサイト
  http://www.jfe-kouhan.co.jp
- お問い合わせ
  https://cpjb.f.msgs.jp/webapp/form/24052_cpjb_1/index.do

長寿命（耐久性の向上、交換・維持管理の簡易化など）

高品位ホーローだからずっと長持ちのキッチン

ホーローシステムキッチン

タカラスタンダードのキッチンは「高品位ホーロー」なので、ゴシゴシこすってもキズがつきにくく、衝撃にも強いので、うっかり鍋などを落としたりした際も安心。また表面がガラス質なので洗剤や調味料が付着しても変色・変質の心配がなく、油汚れも染み込まないのでお手入れ簡単。購入したときと変わらないキレイなままで長く安心して使用できる。

- 商品名
  ホーローシステムキッチン
- 企業名
  タカラスタンダード株式会社
- 価格
  レミュージンプルプラン（グループ3）間口255cmの場合 83万9,300円（税別76万3,000円）~
- ウェブサイト
  https://www.takara-standard.co.jp/
- お問い合わせ
  asahi-kurokawa@takara-standard.co.jp

長寿命（耐久性の向上、交換・維持管理の簡易化など）

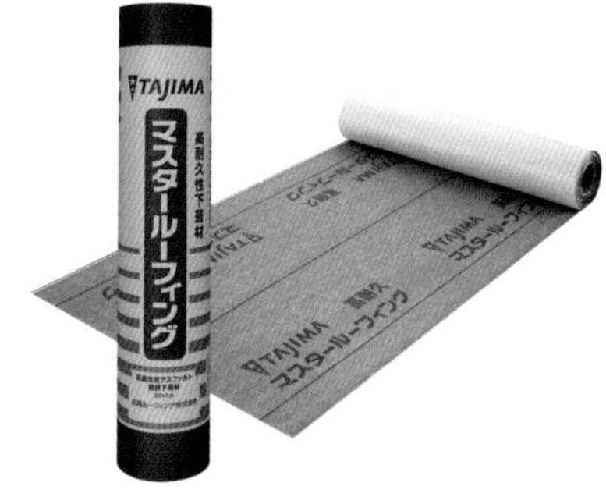

耐用年数 60 年の超高耐久ルーフィング

マスタールーフィング

製品表面、裏面をバリア層（劣化防止層）にすることで、内部（改質アスファルト）への酸素の侵入を抑えて酸化を防ぎ、耐久性を向上。これにより、約60年の耐久性を実現。屋根材に耐久性の高いものを併用することで、屋根全体としての耐用年数が向上し、建築後の改修・維持・管理にかかるメンテナンスコストを大幅に軽減。

- 商品名
  マスタールーフィング
- 企業名
  田島ルーフィング株式会社
- 価格
  問い合わせ
- ウェブサイト
  https://tajima.jp
- お問い合わせ
  juken-sougou@tajima.co.jp

長寿命（耐久性の向上、交換・維持管理の簡易化など）

30年耐用の改質アスファルトルーフィング

ニューライナールーフィング

改質アスファルトルーフィングの先駆けとなった、防水性・耐久性共に最高級品質を誇る下葺材。改質アスファルト層を不織布と原紙で挟み込むことで、軽量でありながら改質アスファルト本来の性能を十二分に発揮。釘穴シーリング性、寸法安定性、機械的強度を高い次元で実現することにより、30年の耐用年数実現。

- 商品名
  ニューライナールーフィング
- 企業名
  田島ルーフィング株式会社
- 価格
  問い合わせ
- ウェブサイト
  https://tajima.jp
- お問い合わせ
  juken-sougou@tajima.co.jp

長寿命（耐久性の向上、交換・維持管理の簡易化など）

陶器の強さと美しさを持つ壁材

陶板壁材スーパートライ Wall

瓦と同じ自然素材の粘土を1,130℃の窯で焼き締めた、陶器の強さと美しさをもつ壁材。塗装による着色と違い、色落ちや劣化がおこりにくい。圧倒的な存在感で格調高い空間を演出し、陶器の重厚感とぬくもりの両方を併せ持ち、屋内外を問わず施工可能。豊富なカラーとラインナップでどんなデザインにもマッチする。

- 商品名
  陶板壁材スーパートライWall
- 企業名
  株式会社鶴弥
- 価格
  参考価格 2万500円/㎡~（工事費用別途）
- ウェブサイト
  https://www.try110.com/
- お問い合わせ
  info2@try110.com

長寿命（耐久性の向上、交換・維持管理の簡易化など）

日本の歴史にはぐくまれた、安らぎの形の瓦

防災J形瓦　エース

柔らかな曲線を描く、日本の歴史に育まれた伝統の形で住まいを格調高く際立たせる。カラーバリエーションは豊富な全11色。純和風はもちろん、モダンなデザインにも合う強さを秘めた日本伝統の形。

- 商品名
  防災J形瓦　エース
- 企業名
  株式会社鶴弥
- 価格
  設計価格 9,800円/㎡（切妻・スタンダードカラー）~
- ウェブサイト
  https://www.try110.com/
- お問い合わせ
  info2@try110.com

長寿命（耐久性の向上、交換・維持管理の簡易化など）

洗練された形状の屋根瓦

防災F形瓦　スーパートライ110　スマート

屋根面と一体となる直線的なデザインと、フラットで洗練された形状が、トレンドの住宅デザインにマッチし、スマートで高級感のある屋根を演出。緩勾配屋根のニーズに対応した屋根勾配2.5寸まで施工可能。ソーラーパネル設置の場合は瓦の上に設置する据え置型だけでなく、仕上がりが美しい瓦一体型ソーラーパネルの施工も可能に。

- 商品名
  防災F形瓦　スーパートライ110　スマート
- 企業名
  株式会社鶴弥
- 価格
  設計価格 9,900円/㎡（切妻・スタンダードカラー）~
- ウェブサイト
  https://www.try110.com/
- お問い合わせ
  info2@try110.com

長寿命（耐久性の向上、交換・維持管理の簡易化など）

適度なボリューム感が華やかな屋根瓦

防災 F 形瓦　　スーパートライ 110　タイプ I

伝統の風格と気品を再現した華やかな屋根瓦。スタンダードな形状なので、和洋問わず様々な屋根にマッチし、住まいに格調高さと高級感を演出。タイプIの外観はそのままに緩勾配屋根のニーズに対応した「業界初」屋根勾配 2 寸が施工可能の「防災F形瓦　スーパートライ 110　タイプ I　Plus」も揃える。

- 商品名
  防災F形瓦　スーパートライ110　タイプI
- 企業名
  株式会社鶴弥
- 価格
  設計価格 9,900円/㎡(切妻・スタンダードカラー)~
- ウェブサイト
  https://www.try110.com/
- お問い合わせ
  info2@try110.com

長寿命（耐久性の向上、交換・維持管理の簡易化など）

i-ROOF II

金属屋根用棟換気の決定版

i-ROOF II シリーズ

シリーズ全ての製品に採用したサイドウィング換気構造は、飛行機の翼（ウィング）が空気の流れで負圧を発生させるように、小屋裏内から屋外へ空気を排出する流れを作ることで換気性能を向上させる構造だ。また、サイドウィング換気構造は、換気性能だけでなく風の力を利用したウィング効果により大型台風・ゲリラ豪雨でも安心な防水性能を発揮する。

- 商品名
  i-ROOFIIシリーズ
- 企業名
  株式会社トーコー
- 価格
  i-ROOFII　1万1,500円/1P　2万1,300円/2P　片流れi-ROOFII　1万6,100円/1P　3万2,200円/2P　雨押えi-ROOFII　1万6,100円/1P　3万2,200円/2P
- ウェブサイト
  https://www.metal-toko.co.jp/
- お問い合わせ
  https://www.metal-toko.co.jp/contact/inquiry.html

長寿命（耐久性の向上、交換・維持管理の簡易化など）

長くキレイに使える人造大理石カウンター

GRANA（グラーナ）カウンター

汚れ、キズ、衝撃、熱に強く、なめらかな形状が特徴。単一かつ、高密度の無垢素材でできており、細かなキズがついてもナイロンたわしで補修が可能。購入直後だけではなく、数十年先の毎日まで長く美しく使うことができる。調理のメインステージであるワークトップに求められる条件に対し、45 年以上もの間、素材の研究・開発から成形まで自社で一貫生産を続けるトクラスならではのキッチンカウンター。

- 商品名
  GRANA(グラーナ)カウンター
- 企業名
  トクラス株式会社
- 価格
  トクラスキッチンCollagia・Bbシリーズ標準搭載
- ウェブサイト
  https://www.toclas.co.jp/
- お問い合わせ
  koho@toclas.co.jp

長寿命（耐久性の向上、交換・維持管理の簡易化など）

なめらかな肌触りと美しいツヤの人造大理石バスタブ

エクラン

厚さ 9mm の人造大理石に、汚れに強く美しさを守るゲルコート（タフぴかコート）を重ねて成形。なめらかな肌触りはもちろん、高い耐熱水性と、奥行きのある深みと美しさを備える。細かいキズがついても磨いてリニューアル可能なため、長く美しく使用できる。型に樹脂を流し込み、時間をかけてじっくりと固めていく「注型製法」により生み出されるトクラスこだわりのバスタブ。

- 商品名
  エクラン
- 企業名
  トクラス株式会社
- 価格
  トクラスバスルームYUNO Base標準バスタブ(1616サイズ)からの差額15万4,000円
- ウェブサイト
  https://www.toclas.co.jp/
- お問い合わせ
  koho@toclas.co.jp

\# 長寿命（耐久性の向上、交換・維持管理の簡易化など）

超速硬化防水システム
アクアハジクン®

シームレス施工で優れた防水効果の防水材

アクアハジクン

イソシアネートとポリアミンの化学反応によって生成されるポリウレア樹脂化合物。この樹脂は、防水性、耐薬品性、耐摩耗性、耐熱性、防食性に非常に優れた性能を発揮し、ビル、マンション、倉庫、木造住宅などの幅広い対象物の屋上、バルコニー、駐車場などに施工されている。特筆すべきは、超速硬化により工期が短縮され、優れた強度と防水性を提供すると同時に、無溶剤であるため施工環境や周辺環境にも安全だということ。

- 商品名
  アクアハジクン
- 企業名
  株式会社日本アクア
- 価格
  問い合わせ
- ウェブサイト
  https://www.n-aqua.jp/
- お問い合わせ
  sys_monitoring@n-aqua.co.jp

\# 長寿命（耐久性の向上、交換・維持管理の簡易化など）

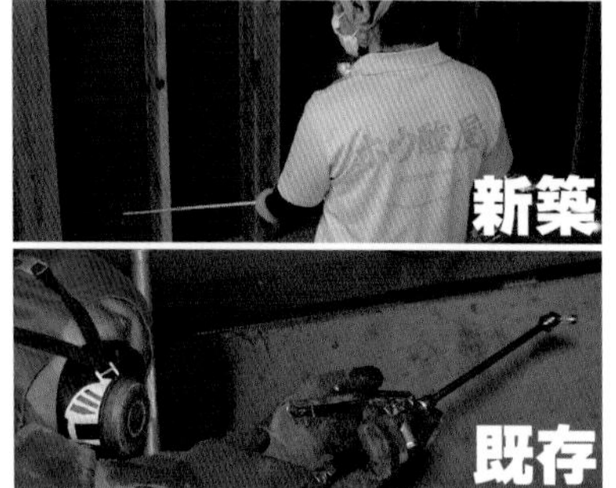

プロの手によるホウ酸防腐防蟻処理工法

ボロン de ガード ®

自然素材である『ホウ酸』を使用した、人と環境に優しいSDGs時代に相応しい防腐防蟻処理工法。専門の施工員の手により新築、既存を問わず施工可能で、合成殺虫剤を使用しないため住まい手の健康を害さず、再処理不要で長期間効果が持続することからコストパフォーマンスにも優れる。シロアリ保証あり。長期優良住宅対応。外来種アメリカカンザイシロアリ対策可。グッドデザイン賞など、公的機関による各賞を受賞。

- 商品名
  ボロンdeガード®
- 企業名
  日本ボレイト株式会社
- 価格
  問い合わせ
- ウェブサイト
  https://borate.jp/
- お問い合わせ
  matsumura@borate.jp

\# 長寿命（耐久性の向上、交換・維持管理の簡易化など）

誰もが手軽に扱える防腐防蟻用ホウ酸水溶液

シロアリポリス ®BHK-1870-C

化学物質過敏症の方を含め、誰もが安心して施工できる防腐防蟻用ホウ酸水溶液。DIY や小修繕などの木工事に手軽に使えるほか、規定の講習を受講することで、シロアリ保証を付保することも可能。自然素材である『ホウ酸』は、空気を汚さず防蟻・防腐効果が長期に渡って持続するため、人や環境に優しく、コストパフォーマンスにも優れる。優良木材保存剤認定。長期優良住宅対応。

- 商品名
  シロアリポリス®BHK-1870-C
- 企業名
  日本ボレイト株式会社
- 価格
  問い合わせ
- ウェブサイト
  https://borate.jp/
- お問い合わせ
  matsumura@borate.jp

\# 長寿命（耐久性の向上、交換・維持管理の簡易化など）

ホウ酸配合の防蟻気密シーリング材

ボレイトシール ®

日本唯一のホウ酸が配合された防蟻気密シーリング材。自然素材である『ホウ酸』は有効成分が揮発、分解しないため、長期に渡って防蟻効果が持続する。また、シリコン系シーリング材のように完全に硬化しないため、地震時の揺れや交通振動などによる隙間が生じにくく、シロアリの侵入経路を長期間遮断することができる。

- 商品名
  ボレイトシール®
- 企業名
  日本ボレイト株式会社
- 価格
  問い合わせ
- ウェブサイト
  https://borate.jp/
- お問い合わせ
  matsumura@borate.jp

長寿命（耐久性の向上、交換・維持管理の簡易化など）

ホウ酸配合の防蟻気密パテ

ボレイトフィラー ®

日本唯一のホウ酸が配合された防蟻気密パテ。自然素材である『ホウ酸』は有効成分が揮発、分解しないため防蟻効果が長期間持続する。施工の際にも工具が不要なため、水抜き穴、配管周り、セパレート金具などの基礎周りの隙間を充填するうえで能率的な作業が可能。再度練り直して使用することで再利用できる。

- 商品名
ボレイトフィラー®
- 企業名
日本ボレイト株式会社
- 価格
問い合わせ
- ウェブサイト
https://borate.jp/
- お問い合わせ
matsumura@borate.jp

長寿命（耐久性の向上、交換・維持管理の簡易化など）

木材内部で溶けて広がるホウ酸木材保存剤

ボレイトスティック ®

ホウ酸の水に溶けやすい性質を利用したチョーク状の木材保存剤。ウッドデッキや木塀、杭などの屋外で使用される木材の地面に近い部分にボレイトスティックを挿入して使用する。雨に濡れた際にボレイトスティックからホウ酸が溶け出し、木材にホウ酸が浸透することで防腐防蟻効果を持たせることができる。

- 商品名
ボレイトスティック®
- 企業名
日本ボレイト株式会社
- 価格
問い合わせ
- ウェブサイト
https://borate.jp/
- お問い合わせ
matsumura@borate.jp

長寿命（耐久性の向上、交換・維持管理の簡易化など）

金属屋根の問題を解決する通気立平

通気立平　デネブエアルーフ

金属屋根は透湿抵抗の高い野地合板やアスファルトルーフィングと密着する為、野地合板上面に滞留した水分による腐朽事故が多発している。同社はこの問題を「デネブエアルーフ」で解決。通気リブ構造で屋根材と野地間に通気層を確保し、専用の軒先換気部材、換気棟、透湿ルーフィングと組み合わせることで、野地合板上面の含水率を20% 以下に保ち、腐朽リスクを低減する。50 年以上の屋根の耐久性を目指す。

- 商品名
通気立平　デネブエアルーフ
- 企業名
株式会社ハウゼコ
- 価格
1万1,000円/㎡
- ウェブサイト
https://hauseco.jp/
- お問い合わせ
info@hauseco.jp

長寿命（耐久性の向上、交換・維持管理の簡易化など）

天然木のような熱くなりにくいウッドデッキ

彩木ガーデンデッキ

人工木材彩木（あやぎ）は天然木のような見た目を持ち、熱くなりにくく、素材は水を含まないので腐らない等の特徴があるエクステリア用建材だ。そんな建材を使用したウッドデッキは天然木の見た目にこだわりがあり、カビが生えたりする心配もないのでメンテナンスを気にする顧客にも選ばれている。カラーは 6 色展開。Web サイトにてカットサンプルをプレゼント中。

- 商品名
彩木ガーデンデッキ
- 企業名
MINO株式会社
- 価格
問い合わせ
- ウェブサイト
https://nuan.jp/
- お問い合わせ
order@nuan.jp

IoT

ネットワーク経由での自動制御、生活データ取得など

IOT（ネットワーク経由での自動制御、生活データ取得など）

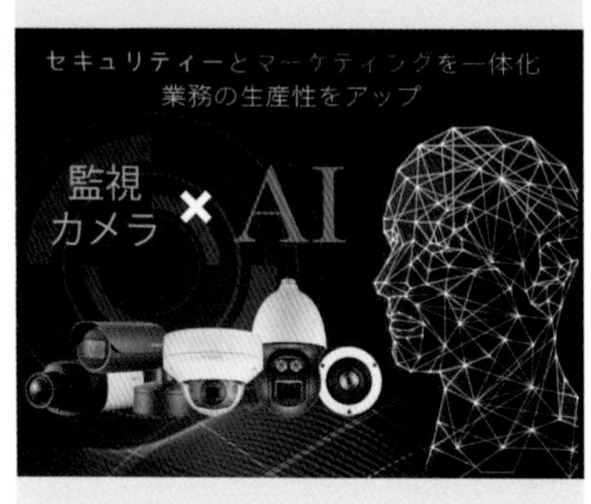

暮らしと建物を支える監視カメラシステム

監視カメラシステム

オフィスはもちろん個人の住宅まで、現代社会においては、防犯・防災のための映像監視システムの存在は欠かせないものになっている。CCTV システム事業部では「安心できる暮らし」を実現するため、安心と安全を守り、ネットワークを利用した高度な映像監視システムを提供する。また、防犯対策だけでなく、監視カメラで撮影した映像データをマーケティングや業務改善に活用する「監視カメラ×AI」も提供している。

- 商品名
  監視カメラシステム
- 企業名
  兼松サステック株式会社
- 価格
  問い合わせ
- ウェブサイト
  https://www.ksustech.co.jp/
- お問い合わせ
  e-inoue@ksustech.co.jp

IoT（ネットワーク経由での自動制御、生活データ取得など）

Wi-Fi 通信で遠隔操作できる自動散水システム

SMART−IS（スマートアイエス）コントローラー

「スマートプロ散水シリーズ」の新商品「SMART-IS（スマートアイエス）」コントローラー。従来の自動散水システムより簡単に、よりスマートにアプリを使い遠隔管理できるシステム。複数の物件（コントローラー）管理を Wi-Fi 通信で遠隔操作ができ、気象情報とも連動。オプションの流量計センサーを設置する事で漏水等の散水トラブルも回避し、現場でしか行えなかった管理を遠隔で行なえる。

- 商品名
  SMART−IS（スマートアイエス）コントローラー
- 企業名
  グローベン株式会社
- 価格
  設計価格 11万円
- ウェブサイト
  http://www.globen.co.jp
- お問い合わせ
  info@globen.co.jp

IoT（ネットワーク経由での自動制御、生活データ取得など）

ガレージシャッターの開閉をスマホで行える専用アプリ

「RemoSma」（リモスマ） シリーズ「ガレージ用スマートフォン操作システム」

専用アプリ「RemoSma」にガレージシャッターを登録することで、スマホでの開閉操作が可能に。スマホ１台に複数のシャッターを登録できるためリモコンの使い分けも不要。シャッター１台につき５台までスマホの登録が可能。アプリは簡単に操作できるシンプルな設計で、開閉操作は画面をタップ&スライドの２アクションとすることで誤作動を防止し、安全性も確保している。

- 商品名
  「RemoSma」(リモスマ) シリーズ「ガレージ用スマートフォン操作システム」
- 企業名
  三和シヤッター工業株式会社
- 価格
  参考価格 155万1,000円(税込、取付工事費・搬入費・諸経費別/仕様 サンオート静々動々W3,200㎜×H2,500㎜ カラー:ステンカラー)
- ウェブサイト
  https://www.sanwa-ss.co.jp/

IoT（ネットワーク経由での自動制御、生活データ取得など）

家電製品と一緒に操作できるロールスクリーン

マイテック AT

マイテック AT とスマートリモコン（別売・市販）を組合せることでスマートフォンやスマートスピーカーで操作することができる。タイマー設定で生活リズムに合わせて操作したり、家事をしながら声で操作することも可能。コンセントがあれば特別な配線工事は必要ない。

・商品名
マイテックAT
・企業名
トーソー株式会社
・価格
手動ロールスクリーン製品価格+3万4,800円(税別)
・ウェブサイト
https://www.toso.co.jp/
・お問い合わせ
info@toso.co.jp

IoT（ネットワーク経由での自動制御、生活データ取得など）

セット納入できる高速インターネット環境の設備

インターネット配線設備　エルラインシステム「マルチメディア配線」

エルラインシステム「マルチメディア配線」は新築時に高速 LAN に対応した配線をする事で、ICT の高速化と需要に適した家作りを可能にする。配線をまとめる「情報分電盤」、高速通信用「CAT6A 対応 LAN ケーブル」、各部屋に「ルーター (Wi-Fi)」を設置できる LAN 差し込み口をセットで納入。新築時に今後の高速インターネット普及を見据えた環境を整備できる。コンセント、スイッチ類等の同時納入も可能。

・商品名
インターネット配線設備　エルラインシステム「マルチメディア配線」
・企業名
日東エルマテリアル株式会社
・価格
約10万円
・ウェブサイト
https://www.nitto-lmaterials.com/product/drain/wr_multimedia/
・お問い合わせ
shotaro.kayashima@nitto.com

その他

その他

愛犬が滑りにくい天然木フローリング

Live Natural for Dog

ペットのことを考えた時、フローリングで一番重要なのは滑りへの配慮。小型犬に多い膝蓋骨脱臼は床の滑りによる転倒が原因となることも。Live Natural for Dog は、適度に滑りにくい塗装仕上げとして、愛犬の足腰への負担を軽減した。木肌そのものの感触と耐久性も両立している。愛犬という大切な家族の一員との暮らしに快適さとやさしさを実現する。戸建て・リフォーム上貼り・マンション直貼り用を用意。

・商品名
Live Natural for Dog
・企業名
朝日ウッドテック株式会社
・価格
1万円～1万9,310円/㎡(税別)
・ウェブサイト
https://www.woodtec.co.jp/products/lineup/flooring/fordog/

その他

エクステリアライトにカメラ機能をプラス

CAMERA × LIGHT

エクステリアライトに人検知カメラ機能の追加が可能に。カメラが人を検知すると動画を録画し、同時に照明を点灯する。日常の出迎えのあかりとしても、防犯対策としても使用できるあかり。汎用性の高いシンプルなポーチライトや実用的なスポットライト、意匠性の高いポーチライトなど、取付場所や用途に合わせて最適なデザインを選択できる。

- 商品名
CAMERA × LIGHT
- 企業名
オーデリック株式会社
- 価格
4万1,800円
- ウェブサイト
https://www.odelic.co.jp/
- お問い合わせ
https://www.odelic.co.jp/support/

その他

100% 天然系素材の塗り壁材

ゼオライト内装塗り壁材 AZ　wall

自然素材にこだわり、材料はゼオライトを 95%以上使用。食用糊及びスサのみで形成されている。また、高い吸放出性や臭い吸着性を発揮する。ホルムアルデヒドや悪臭を吸着することで、快適な空気環境を作る。適切な下地準備をした後、仕上げ材を一発施工することが可能。珪藻土と異なり固まりやすいため、バインダー (接着剤) として色々な種類を配合する必要がない。乾燥後に色ムラになり難い性質を持っている。

- 商品名
ゼオライト内装塗り壁材AZ　wall
- 企業名
株式会社キムラ
- 価格
1万2,000円(税別)　10㎏/袋　色粉　AZ1~AZ5 800円/100g・袋
- ウェブサイト
kimuranet.jp
- お問い合わせ
product.sales@kimuranet.jp

その他

LDK をもっと自由に提案するキッチンテーブル

キッチンテーブル「HIROMA」

キッチンテーブル『HIROMA』は、新しい概念のキッチン。家事の省力化や、住宅・LDK 空間のコンパクト化が進む現代において新しい LDK の在り方や暮らしを提案する。キッチンの要素を極力シンプルにしダイニングテーブルと融合させた、生活感を感じさせないデザイン・機能性から、オフィスやコミュニティ施設などの非住宅でも注目されている。天然木のぬくもりふれるデザイン性の高い一品。

- 商品名
キッチンテーブル「HIROMA」
- 企業名
クリナップ株式会社
- 価格
44万7,300円~(税別)/キッチンテーブル(W900×D800×H850(㎜))
- ウェブサイト
https://hiromastyle.jp/
- お問い合わせ
inq@cleanup.jp

その他

リーズナブルな家具金物

diffuL（ディフュール）シリーズ

diffuL（ディフュール）は、日常使いの汎用部材をリーズナブルに提供するシリーズ。特に、購入数に応じて販売価格が変わるため、まとめ買いや多ロットの要望に最適だ。ステンレス製のボールベアリング丁番・埋込取手・フック・棚受けなど幅広い製品カテゴリをラインアップしている。

- 商品名
diffuL(ディフュール)シリーズ
- 企業名
スガツネ工業株式会社
- 価格
スガツネ工業のWEBサイトに掲載
- ウェブサイト
https://www.sugatsune.co.jp/
- お問い合わせ
support@sugatsune.co.jp

敷くだけでシロアリ忌避効果を発揮するシート

防蟻防湿シート「ターミダンシート」

従来の薬剤防蟻工法はシロアリが侵入してから駆除する方法だったが、ターミダンシートは忌避剤が含まれたシートを基礎下に敷くことで、未然に侵入を防ぐ。また、所定の施工、申請をする事で、シロアリ被害が発生した場合に1000万円の保証(10年ないし20年間)が標準で付帯する。

・商品名
防蟻防湿シート「ターミダンシート」

・企業名
日東エルマテリアル株式会社

・価格
約5万円程度

・ウェブサイト
https://www.nitto-lmaterials.com/product/foundation/termidan/

・お問い合わせ
shotaro.kayashima@nitto.com

その他

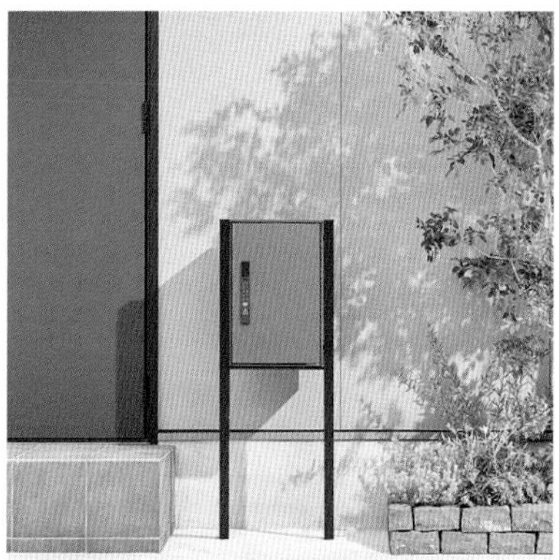

受取だけでなく発送もできる宅配ボックス

イーコンボライト

受取りだけではなく、発送も可能な二刀流の宅配ボックス。「重たい荷物を持ってコンビニや集荷場所への持込みが大変だった」「集荷依頼の待ち時間を拘束された」などの困り事もイーコンボライトが解決する。さらに、SMARI対応タイプであれば、自宅からメルカリの発送が可能に。接着剤での据置固定も可能で、リフォームにも最適。

・商品名
イーコンボライト

・企業名
パナソニック ハウジングソリューションズ株式会社

・価格
標準価格:7万6,780円~(税込)(カラー、サイズ、SMARI対応タイプの有無でお値段が変わる)

・ウェブサイト
https://sumai.panasonic.jp/exterior/

・お問い合わせ

その他

不燃手すき和紙化粧板

越柊

福井県の伝統工芸品である越前和紙に、独自のコーティング技術で不燃性と耐久性と防汚の効果を付与し、不燃認定を取得した不燃手すき和紙化粧板。手すき和紙の質感をそのまま残し、越前和紙の温もりに満ちた、やさしい空間デザインを演出できる壁装材として大判パネル化。一般的な化粧板と同じ両面テープと接着剤による施工方法で、熟練した職人でなくても施工が可能となっている。

・商品名
越柊

・企業名
フクビ化学工業株式会社

・価格
6万6,000円/枚(税別)

・ウェブサイト
https://www.fukuvi.co.jp/

・お問い合わせ
knz-kikaku@fukuvi.co.jp

仕上げてる棚板はいかがですか？
WOODONE
"仕上げてる"が
スゴいYO!!!!!
切れてるYO!!!
ジャストサイズ。
ゴミが出なくて綺麗だYO!!!
面倒な掃除は必要なし。
貼れてるYO!!!
木口は貼り付け済み。
Good!
早いYO!!!!!!
受注から3日で出荷。
開けたら置くだけ
マジEASY!!!!
チョー時間短縮。
Easy!
【仕上げてる棚板】
施工比較動画公開中だYO!!!

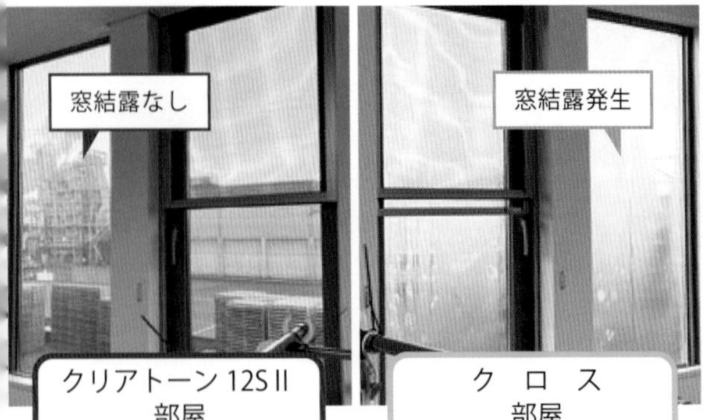

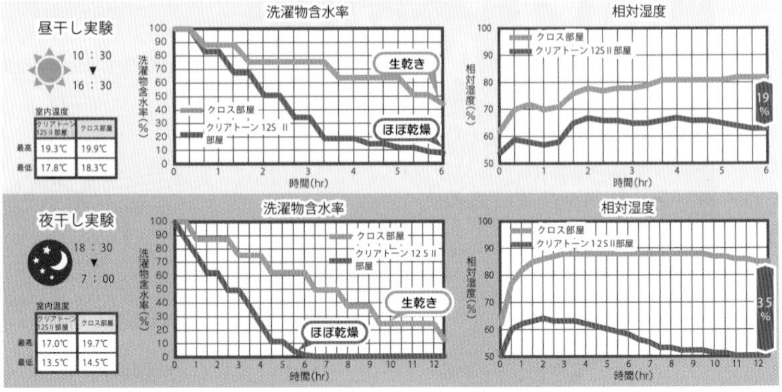

キーワードで選ぶ
今、使いたい住宅建材・設備 2024

2024年6月6日発行

制作	中山　紀文
	湯澤　貴志
	絵鳩　絢子
	村田　茂雄
デザイン	木田　桃子
発行	株式会社　創樹社 〒113-0034 東京都文京区湯島1-1-2 ATMビル tel. 03-6273-1175 fax. 03-6273-1176 https://www.sohjusha.co.jp
書店販売	株式会社 ランドハウス ビレッジ 〒215-0003 神奈川県川崎市麻生区高石3-24-6 tel. 044-959-2012 fax. 044-281-0276
印刷	日経印刷株式会社

表紙イラスト提供:Valenty / PIXTA

定価　1760円(本体1600円+税10%)
ISBN978-4-88351-157-0 C2052 ¥1600E